「事業承継税制の特例」完全ガイド

平川 忠雄 編著　中島 孝一　西野 道之助　若山 寿裕 共著

税務研究会出版局

推薦にあたって

　税理士は、税務に関する専門家として、独立した公正な立場において、申告納税制度の理念にそって、納税義務者の信頼にこたえ、租税に関する法令に規定された納税義務の適正な実現を図ることが使命です。この使命に基づいて税理士業務を遂行していくことが税理士の存在意義をより一層高めるとともに、税理士の社会的信頼の向上につながります。

　さて、少子高齢化の進展に伴い、中小企業の経営者の高齢化は、大きな社会問題として取り上げられることが少なくありません。

　税制においては、その対応の一つとして、「非上場株式等に係る贈与税・相続税の納税猶予及び免除制度（事業承継税制）」が、平成20年5月の「中小企業における経営の承継の円滑化に関する法律」の成立を受けて、平成21年度税制改正により創設されました。当初は、中小企業の事業承継を後押しする契機として大きな注目を集めたものの、適用要件の厳しさや手続の煩雑さ等から、期待されていたほど利用が進まない状況にありました。

　こうした背景のもと、今後10年間での中小企業の事業承継が喫緊の課題として認識されるに至り、平成30年度税制改正では、中小企業の代替わりの促進を強力に後押しするべく、従来の事業承継税制（一般納税猶予制度）の使い勝手を大幅に向上させる特例措置（特例納税猶予制度）が10年間の時限措置として創設されました。

　この制度は、ほぼすべての中小企業が対象とされることから、税理士としても、当該制度を熟知しておかなければなりません。

　本書は特例納税猶予制度を適用する場合の解説に特化した内容とする趣旨から、一般納税猶予制度の準用規定についても特例納税猶予制度の解説に併せて、贈与税と相続税のそれぞれの制度に分けて記載されており、非常に有益な内容となっています。

　税理士にとって、本書が特例納税猶予制度の理解とその実務に役に立つこととなると確信しております。

平成30年10月

日本税理士会連合会
会長　神津　信一

はしがき

　非上場株式等に係る贈与税・相続税の納税猶予及び免除制度（事業承継税制）は、平成21年度税制改正により創設されました。
　この制度は、中小企業の経営者の高齢化が大きな社会問題として取り上げられていた状況においてその経営者が保有する自社株の移転時の税負担を大幅に軽減することを目的として創設された制度ですが、雇用確保要件をはじめとした適用要件の厳しさ、手続の煩雑さ等は、制度の利用を躊躇させる要因として指摘されていました。
　その後、平成25年度税制改正をはじめ、数次の税制改正により要件緩和が実施されていますが、それでも十分な対応とならず、適用件数の増加のためには更なる緩和が求められるところでした。

　こうした状況の中、2017年衆議院総選挙の自民党マニフェストに事業承継の徹底支援が掲げられたことを追い風として、平成30年度税制改正では、従来の事業承継税制（一般納税猶予制度）の特例措置（特例納税猶予制度）が10年間の時限措置として創設されました。その内容は、一般納税猶予制度の大幅な拡充となっており、我々の業務にも大きな影響を与えるものとして再度脚光を浴びています。

　特例納税猶予制度は、その多くが一般納税猶予制度の準用規定となっていることから、特例納税猶予制度の規定を理解するためは、一般納税猶予制度の条文も確認をする必要があります。

　本書は特例納税猶予制度を適用する場合の解説に特化した内容とする趣旨としており、これらの準用規定ついても特例納税猶予制度の解説に合わせて記載しています。

第1章では、まず、平成30年度税制改正により創設された特例納税猶予制度について、一般納税猶予制度の規定の準用状況やその相違点（拡充された点）について、参考図表を取り入れながら詳解し、特例納税猶予制度の全体像について記載しています。

　次に、特例納税猶予制度の仕組みについて、贈与税と相続税に分けてそれぞれポイントとなる通達も踏まえて詳解しています。なお、事業承継税制の取扱いでは、贈与税と相続税の両方に共通する項目も多くありますが、実務上の利便を考慮し、そうした共通する項目もそれぞれの税目の取扱いとして記載することとしました。

　また、一般納税猶予制度に係る平成30年度税制改正に関する事項についても第1章の最後で取り上げています。

　第2章では、特例納税猶予制度の適用の前提となる特例承継計画や円滑化法申請の手続について、各申請手続の際に使用する様式例を多く掲載し、実務で役立つよう配慮しました。

　第3章では、手続上の留意点や、特例贈与税猶予制度を事例として、先代経営者からの贈与及びその他の株主からの贈与に係る手続について記載しています。

　特例納税猶予制度については、今後さらなる情報や解説が国税庁や中小企業庁などから公表されると予想されますが、それらの情報と併せて、本書が皆様の特例納税猶予制度の理解とその実務のお役に立つことがあれば望外の喜びです。

平成30年10月 執筆者を代表して
　　税理士法人平川会計パートナーズ　統括代表社員　平川忠雄

目 次

第Ⅰ章　特例納税猶予制度の仕組み

1 制度の概要 …… 2

1 特例納税猶予制度の創設の背景 …… 2

2 特例納税猶予制度の全体像 …… 4
（1）本章での呼称 …… 4
（2）特例納税猶予制度の条文構成と一般納税猶予制度の規定の準用状況 … 5
（3）特例贈与税猶予制度の全体像 …… 11
（4）特例相続税猶予制度の全体像 …… 12
（5）特例贈与税猶予制度から特例相続税猶予制度への移行 …… 13
（6）既に事業承継税制の適用を受けている者への適用関係 …… 14

3 特例納税猶予制度と一般納税猶予制度の比較 …… 15
（1）適用要件に係る主な相違点 …… 15
（2）税負担の比較例（一般相続税猶予制度と特例相続税猶予制度）…… 21
（3）平成30年度改正による用語の整理 …… 25

4 特例納税猶予制度の前提となる「特例承継計画」 …… 26
（1）概要 …… 26
（2）特例承継計画 …… 26
（3）特例承継計画の策定・提出・確認 …… 26
（4）特例承継計画の提出時期 …… 26
（5）特例承継計画に変更があった場合 …… 28

| 5 特例納税猶予制度の対象となる贈与・相続等 | 28 |

(1) 概要 ………………………………………………………………… 28

(2) 適用期限と先代経営者以外の者からの贈与・相続等の関係 ………… 28

2 特例贈与税猶予制度 …………………………………………… 32

1 制度の概要 …………………………………………………… 32

(1) 概要 ………………………………………………………………… 32

(2) 適用期限 …………………………………………………………… 33

(3) 特例贈与税猶予制度の対象となる贈与の区分 ……………………… 34

2 用語の意義 …………………………………………………… 39

(1) 特例認定贈与承継会社 …………………………………………… 39

(2) 特例円滑化法認定 ………………………………………………… 39

(3) 資産保有型会社 …………………………………………………… 40

(4) 資産運用型会社 …………………………………………………… 41

(5) 非上場株式等 ……………………………………………………… 41

(6) 特例経営承継受贈者 ……………………………………………… 42

(7) 特例経営贈与承継期間 …………………………………………… 42

(8) 納税猶予分の贈与税額 …………………………………………… 45

(9) 経営贈与報告基準日 ……………………………………………… 45

(10) 特別関係会社 ……………………………………………………… 45

(11) 特定特別関係会社 ………………………………………………… 46

3 適用を受けるための要件 …………………………………… 46

(1) 特例贈与者の要件 ………………………………………………… 46

(2) 特例経営承継受贈者の要件 ……………………………………… 51

(3) 特例認定贈与承継会社の要件 …………………………………… 55

4 納税猶予分の贈与税額の計算 …………………………………………………… 58
　（1） 暦年課税の場合 ………………………………………………………………… 58
　（2） 相続時精算課税の場合 ………………………………………………………… 58
　（3） 特例認定贈与承継会社が 2 社以上ある場合または贈与者が 2 人以上
　　　である場合 …………………………………………………………………… 59
　（4） 計算例 …………………………………………………………………………… 61

5 贈与税の期限内申告書の提出及び担保の提供 ……………………………… 62
　（1） 期限内申告書の提出 …………………………………………………………… 62
　（2） 担保の提供 ……………………………………………………………………… 64
　（3） 特例対象受贈非上場株式等の全部を担保として供託する場合の手
　　　続の概要 ………………………………………………………………………… 70
　（4） 担保提供に関する関係書類 …………………………………………………… 71
　（5） 担保提供した特例対象受贈非上場株式等が処分された場合になお
　　　不足がある場合 ………………………………………………………………… 73

6 継続届出書の提出義務 ………………………………………………………… 74
　（1） 概要 ……………………………………………………………………………… 74
　（2） 届出期限 ………………………………………………………………………… 75
　（3） 継続届出書の添付書類 ………………………………………………………… 75
　（4） 継続届出書未提出の場合 ……………………………………………………… 76

7 贈与税の納付が必要になる場合（期限の確定） …………………………… 77
　（1） 概要 ……………………………………………………………………………… 77
　（2） 特例経営贈与承継期間内の全部確定事由 …………………………………… 77
　（3） 特例贈与税猶予制度における雇用確保要件と円滑化省令との関係 ……… 84
　（4） 特例経営贈与承継期間内の一部確定事由 …………………………………… 85
　（5） 特例経営贈与承継期間経過後の確定事由 …………………………………… 87

8 納税猶予税額が免除される場合 88

(1) 概要 88
(2) 特例贈与者等の死亡等による納税猶予税額の免除 89
(3) 法的な倒産等による納税猶予税額の免除 90
(4) 経営環境の変化に対応した納税猶予税額の免除制度 94

9 その他の取扱い 108

(1) 他の納税猶予制度との重複適用の排除 108
(2) 同族会社等の行為または計算の否認等の規定の準用 108
(3) 利子税 108
(4) 特例認定贈与承継会社に該当しない会社 108
(5) 相続時精算課税制度との併用 109

3 特例相続税猶予制度 116

1 制度の概要 116

(1) 概要 116
(2) 適用期限 116

2 用語の意義 117

(1) 特例認定承継会社 117
(2) 特例円滑化法認定 118
(3) 資産保有型会社 118
(4) 資産運用型会社 120
(5) 非上場株式等 120
(6) 特例経営承継期間 121
(7) 特例経営承継相続人等 123

(8) 納税猶予分の相続税額	123
(9) 経営報告基準日	123

3 適用を受けるための要件 124
　(1) 特例被相続人の要件 124
　(2) 特例経営承継相続人等の要件 125
　(3) 特例認定承継会社の要件 128

4 納税猶予分の相続税額の計算 131
　(1) 納税猶予分の相続税額 131
　(2) 控除未済債務額 131
　(3) 特例認定承継会社が2以上ある場合 132
　(4) 計算例 135

5 相続税の期限内申告書の提出及び担保提供 137
　(1) 期限内申告書の提出 137
　(2) 担保の提供 138
　(3) 特例対象非上場株式等の全部を担保として供託する場合の
　　　手続の概要 145
　(4) 担保提供に関する関係書類 147
　(5) 担保提供した特例対象非上場株式等が処分された場合になお不足
　　　がある場合 148

6 継続届出書の提出義務 149
　(1) 概要 149
　(2) 届出期限 150
　(3) 継続届出書の添付書類 150
　(4) 継続届出書未提出の場合 151

7 相続税の納付が必要になる場合（期限の確定） ……………… 152
(1) 概要 …………………………………………………………………… 152
(2) 特例経営承継期間内の全部確定事由 …………………………… 152
(3) 特例相続猶予制度における雇用確保要件と円滑化省令との関係 …… 157
(4) 特例経営承継期間内の一部確定事由 …………………………… 158
(5) 特例経営承継期間経過後の確定事由 …………………………… 160

8 納税猶予税税額が免除される場合 ……………………………… 162
(1) 概要 …………………………………………………………………… 162
(2) 特例経営承継相続人等の死亡等による納税猶予税額の免除 …… 163
(3) 法的な倒産等による納税猶予税額の免除 ……………………… 164
(4) 経営環境の変化に対応した納税猶予税額の免除制度 ………… 167

9 その他の取扱い ……………………………………………………… 181
(1) 未分割の場合の不適用 …………………………………………… 181
(2) 他の納税猶予制度との重複適用の排除 ………………………… 181
(3) 同族会社等の行為または計算の否認等の規定の準用 ………… 182
(4) 利子税 ……………………………………………………………… 182
(5) 特例認定承継会社に該当しない会社 …………………………… 182

4 特例贈与者が死亡した場合 ………………………………………… 184

1 特例贈与者が死亡した場合の相続税の課税 …………………… 184
(1) 制度の概要 ………………………………………………………… 184
(2) 特例贈与者からの贈与が免除対象贈与の適用に係る贈与の場合 …… 184
(3) 前の贈与者が死亡した場合 ……………………………………… 185
(4) 贈与年に贈与者の相続が開始した場合等 ……………………… 187

(5) 特例贈与者の死亡の日前に納税猶予の期限が確定している場合の
　　 留意点 ………………………………………………………………………… 188
| **2 特例贈与者が死亡した場合の相続税の納税猶予及び免除の特例への移行** | … 189
　(1) 制度の概要 ………………………………………………………………… 189
　(2) 適用期限と本特例の関係 ………………………………………………… 189
| **3 用語の意義** | ………………………………………………………………… 190
　(1) 特例経営相続承継受贈者 ………………………………………………… 190
　(2) 特例認定相続承継会社 …………………………………………………… 191
　(3) 非上場株式等 ……………………………………………………………… 192
　(4) 納税猶予分の相続税額 …………………………………………………… 193
　(5) 特例経営相続承継期間 …………………………………………………… 193
　(6) 経営相続報告基準日 ……………………………………………………… 194
| **4 適用手続** | …………………………………………………………………… 195
| **5 届出書の提出** | ……………………………………………………………… 196

5　一般納税猶予制度の平成 30 年度改正項目 ……………………………… 197

| **1 贈与者及び被相続人の要件の見直し** | ……………………………………… 197
　(1) 最初の贈与者または被相続人 …………………………………………… 197
　(2) 2 回目以降の贈与者または被相続人 …………………………………… 197
| **2 経営（贈与）承継期間等の改正** | ………………………………………… 198

第2章　特例納税猶予制度の適用を受けるための都道府県知事に対する手続

1 手続の概要 ………………………………………………………… 202

1 贈与税の納税猶予に係る手続 ……………………………………… 202

（1）「特例承継計画」の提出・確認 ……………………………… 202

（2）贈与の実行 …………………………………………………… 202

（3）円滑化法の認定 ……………………………………………… 202

（4）贈与税の申告 ………………………………………………… 202

（5）年間の年次報告等 …………………………………………… 204

（6）5年経過後の実績報告等 …………………………………… 204

（7）6年目以降の報告 …………………………………………… 204

2 相続税の納税猶予に係る手続 ……………………………………… 204

（1）「特例承継計画」の提出・確認 ……………………………… 204

（2）相続の開始 …………………………………………………… 206

（3）経営承継円滑化法の認定 …………………………………… 206

（4）相続税の申告 ………………………………………………… 206

（5）5年間の年次報告等 ………………………………………… 206

（6）5年経過後の実績報告等 …………………………………… 207

（7）6年目以降の報告 …………………………………………… 207

2 特例承継計画の策定・提出 ……………………………………… 208

1 特例承継計画の記載事項 …………………………………………… 208

（1）認定申請会社の記載すべき事項 …………………………… 208

（2）認定支援機関の所見等 ……………………………………… 212

2 特例承継計画の記載例 ········· 213
(1) サービス業の記載例 ········· 213
(2) 製造業の記載例 ········· 217
(3) 小売業の記載例 ········· 221
3 変更確認申請書 ········· 225
4 確認取消申請書 ········· 227
5 認定支援機関向け記載マニュアル ········· 228
6 提出書類 ········· 236

3 経営継承円滑化法の認定申請 ········· 240
1 贈与の場合 ········· 240
(1) 先代経営者から後継者への贈与(第一種特例経営承継贈与) ········· 240
(2) 先代経営者以外の株主から後継者への贈与(第二種特例経営承継贈与) ········· 249
2 相続(遺贈)の場合 ········· 254
(1) 先代経営者から後継者への相続(第一種特例経営承継相続) ········· 254
(2) 先代経営者以外の株主から後継者への相続(第二種特例経営承継相続) ········· 263
3 提出書類 ········· 267

4 5年経過後の実績報告等 ········· 273
1 特例承継計画に関する報告書の提出 ········· 273
2 認定支援機関向け記載マニュアル ········· 278

5 その他の申請様式・申請窓口 ········· 281
1 5年間の年次報告等 ········· 281
(1) 年次報告書・継続届出書の提出 ········· 281

(2) 提出書類 ································· 291

2　相続税の納税猶予への切替え　294

　　(1) 贈与税の申告期限から5年以内（認定の有効期間中）の場合 ········· 294

　　(2) 贈与税の申告期限から5年経過後の場合 ················· 294

3　各都道府県の申請窓口　308

第3章　手続上の留意点・認定申請書の記載事例

1　手続上の留意点 ································· 312

　　(1) 一般納税猶予制度との手続の相違 ·················· 312

　　(2) 「特例承継計画」の提出期限 ······················ 312

　　(3) 特例納税猶予制度の適用が未定の場合 ················ 312

　　(4) 「特例承継計画」に記載した後継者を変更等する場合の手続 ········ 313

　　(5) 株式の贈与等を受けていない後継者は変更可能 ·············· 313

　　(6) 認定支援機関と顧問税理士との関係 ·················· 313

　　(7) 「認定申請書」は、贈与者・受贈者等ごとに提出 ············· 313

　　(8) 先代経営者以外の贈与が先に行われた場合 ··············· 314

　　(9) 「その他の株主」からの贈与の対象期間 ················ 314

　　(10) 既に一般納税猶予制度の適用を受けた後継者は特例納税猶予制度
　　　　不適用 ································· 315

　　(11) 代表権が複数ある場合 ························· 315

　　(12) 複数後継者への贈与と納税猶予の対象 ················· 316

　　(13) 税理士法人等の持分は対象外 ····················· 316

2 認定申請書の記載事例 ………………………………………………… 318
　(1) 事例の概要（時系列） ……………………………………………… 318
　(2) 特例承継計画の確認申請書 ………………………………………… 318
　(3) 第一種贈与認定中小企業者に係る認定申請書（先代経営者からの贈与）… 323
　(4) 第二種贈与認定中小企業者に係る認定申請書
　　　（先代経営者以外の株主からの贈与） …………………………… 333

凡例

本書で用いている主な略称は以下のとおりです。

措法	租税特別措置法
措令	租税特別措置法施行令
措規	租税特別措置法施行規則
措通	租税特別措置法関係通達
相法	相続税法
相令	相続税法施行令
相規	相続税法施行規則
円滑化法 （経営承継円滑化法）	中小企業における経営の承継の円滑化に関する法律
円滑化省令	中小企業における経営の承継の円滑化に関する法律施行規則

本書は、平成30年8月1日現在の法令通達に基づいて記述しています。

第1章

特例納税猶予制度の仕組み

第1章　❶ 制度の概要

❶ 制度の概要

1　特例納税猶予制度の創設の背景

　従来の事業承継税制は平成21年度税制改正により創設され、その後、数次の改正を経ていますが、その適用件数は平成27年分においても相続税及び贈与税を合わせて年間で500件程度に留まっており、創設当初に期待されていたような利用状況とは言い難い状況でした。

　一方、中小企業庁によれば、2025年頃までの10年間に平均引退年齢の70歳を超える中小企業・小規模事業者の経営者は約245万人に達する見込みで、このうち、約半数の127万人が後継者が未定と考えられており、この現状を放置することは、中小企業の廃業の急増に伴う雇用や

(参考)中小企業の事業承継は喫緊の課題

◆ 今後10年の間に、70歳(平均引退年齢)を超える中小企業・小規模事業者の経営者は約245万人となり、うち約半数の127万(日本企業全体の1/3)が後継者未定。
◆ 現状を放置すると、中小企業廃業の急増により、2025年頃までの10年間累計で約650万人の雇用、約22兆円のGDPが失われる可能性※。特に地方において、事業承継問題は深刻。

※2025年までに経営者が70歳を越える法人の31%、個人事業者の65%が廃業すると仮定。雇用者は2009年から2014年までの間に廃業した中小企業で雇用されていた従業員数の平均値(5.13人)、付加価値は2011年度における法人・個人事業主1者あたりの付加価値をそれぞれ使用(法人：6,065万円、個人：526万円)。

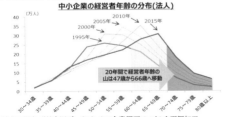

平成28年度(株)帝国データバンクの企業概要ファイルを再編加工

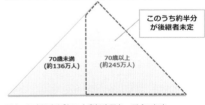

平成28年度総務省「個人企業経済調査」、平成28年度(株)帝国データバンクの企業概要ファイルから推計

◆ 事業承継問題の解決なくして、地方経済の再生・持続的発展なし

特に地方において経営者の高齢化は深刻
60歳以上の経営者割合(法人)

1	秋田県	66.7%
2	島根県	62.8%
3	佐賀県	60.9%
4	北海道	60.3%
5	茨城県	58.9%

(出典)東京商工リサーチのデータを再編・加工
※3カ年以上財務情報があり、黒字の企業におけるデータ

全国各地の産地において後継者不在による倒産・廃業が進展
産地における倒産・廃業の理由(複数回答)

(出典)日本総研株式会社委託調査
※全国578の産地を対象にし、263の産地(西陣織 益子焼、川口鋳物 等)からの回答を元に調査。

（経済産業省資料）

1 特例納税猶予制度の創設の背景

GDPの喪失など、日本経済全体に大きな損失を与える問題として認識されています。

このように中小企業経営者の年齢分布のピークが60歳台半ばとなり、高齢化が急速に進展する中で、今後10年間で日本経済の基盤となる中小企業の円滑な世代交代を集中的に促進し、生産性向上に資する観点から、平成30年度税制改正では、従来の事業承継税制について、10年間の贈与・相続に適用される時限措置として、大幅な拡充が行われました。

中小企業経営者の次世代経営者への引継ぎを支援する税制措置の創設・拡充
（事業承継税制） （相続税・贈与税）

- 事業承継の際の贈与税・相続税の納税を猶予する「事業承継税制」を、**今後5年以内に承継計画（仮称）を提出し、10年以内に実際に承継を行う者を対象**とし、**抜本的に拡充。**
- ①対象株式数・猶予割合の拡大 ②対象者の拡大 ③雇用要件の弾力化 ④新たな減免制度の創設等を行う。

◆ 税制適用の入り口要件を緩和 ～事業承継に係る負担を最小化～

現行制度	改正案
○納税猶予の対象になる株式数には**2/3の上限**があり、相続税の**猶予割合は80％**。後継者は事業承継時に多額の贈与税・相続税を納税することがある。	○対象株式数の**上限を撤廃**し全株式を適用可能に。また、**納税猶予割合も100％に拡大**することで、承継時の税負担ゼロに。
○税制の対象となるのは、**一人の先代経営者から一人の後継者**へ贈与・相続される場合のみ。	○親族外を含む**複数の株主**から、**代表者である後継者（最大3人）**への承継も対象に。中小企業経営の実状に合わせた、多様な事業承継を支援。

◆ 税制適用後のリスクを軽減 ～将来不安を軽減し税制を利用しやすく～

現行制度	改正案
○後継者が自主廃業や売却を行う際、経営環境の変化により株価が下落した場合でも、**承継時の株価を基に贈与・相続税が課税される**ため、過大な税負担が生じうる。	○**売却額や廃業時の評価額を基に納税額を計算**し、承継時の株価を基に計算された納税額との差額を減免。経営環境の変化による将来の不安を軽減。
○税制の適用後、**5年間で平均8割**以上の雇用を維持できなければ猶予打切り。人手不足の中、雇用要件は中小企業にとって大きな負担。	○5年間で平均8割以上の雇用要件を**未達成の場合でも、猶予を継続可能に**（経営悪化等が理由の場合、認定支援機関の指導助言が必要）。

※以上のほか、相続時精算課税制度の適用範囲の拡大及び所要の措置を講じる。

（経済産業省資料）

第1章　1 制度の概要

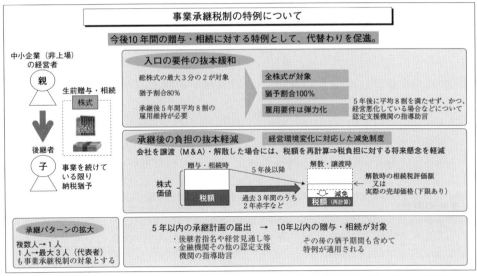

（財務省HP　平成30年度税制改正の解説　P597）

2　特例納税猶予制度の全体像

(1) 本章での呼称

本章では、従来の事業承継税制と平成30年度税制改正による10年間の時限措置を次のように区分して呼称します。

■ 本章での事業承継税制の呼称の区分

非上場株式等に係る贈与税の納税猶予及び免除（措法70の7）	一般贈与税猶予制度	一般納税猶予制度（従来の事業承継税制）	事業承継税制
非上場株式等に係る相続税の納税猶予及び免除（措法70の7の2）	一般相続税猶予制度		
非上場株式等に係る贈与税の納税猶予及び免除の特例（措法70の7の5）	特例贈与税猶予制度	特例納税猶予制度（10年間の時限措置）	
非上場株式等に係る相続税の納税猶予及び免除の特例（措法70の7の6）	特例相続税猶予制度		

(2) 特例納税猶予制度の条文構成と一般納税猶予制度の規定の準用状況

① 特例納税猶予制度の条文構成

特例納税猶予制度の条文構成は、次のとおりです。

■ 特例納税猶予制度の条文構成

措法70の7の5 措令40の8の5 措規23の12の2	非上場株式等についての贈与税の納税猶予及び免除の特例
措法70の7の6 措令40の8の6 措規23の12の3	非上場株式等についての相続税の納税猶予及び免除の特例
措法70の7の7 措令40の8の7 措規23の12の4	非上場株式等の特例贈与者が死亡した場合の相続税の課税の特例
措法70の7の8 措令40の8の8 措規23の12の5	非上場株式等の特例贈与者が死亡した場合の相続税の納税猶予及び免除の特例

租税特別措置法第70条の7の5は、一般贈与税猶予制度の特例であり、贈与した非上場株式等に係る贈与税が100％猶予及び免除される旨が規定されています。

租税特別措置法第70条の7の7は、特例贈与税猶予制度の適用を受けている場合に、その贈与に係る特例贈与者が死亡したときは、贈与を受けた非上場株式等を、特例贈与者から相続または遺贈により取得したものとみなす規定であり、租税特別措置法第70条の7の8は、特例贈与者の死亡により相続または遺贈により取得したものとみなされた非上場株式等に関する特例相続税猶予制度（措法70の7の6①）の準用に係る規定です。

租税特別措置法第70条の7の6は、一般相続税猶予制度の特例であり、相続により取得した非上場株式等に係る相続税が100％猶予及び免除される旨が規定されています。

1 制度の概要

【特例贈与税猶予制度】

［措法70条の7の5］
非上場株式等についての贈与税の納税猶予及び免除の特例
→ 先代経営者から後継者への非上場株式等の全部または一定数以上の贈与による贈与税全額の納税が猶予され、先代経営者の死亡により免除される。

↓

［措法70条の7の7］
非上場株式等の特例贈与者が死亡した場合の相続税の課税の特例
→ 先代経営者の死亡により後継者が贈与により取得した非上場株式等は、相続により取得（贈与時の価額）したものとみなされる。

↓

［措法70条の7の8］
非上場株式等の特例贈与者が死亡した場合の相続税の納税猶予及び免除
→ 後継者は非上場株式等に係る課税価格の100％相当額の相続税の納税が猶予され、後継者の死亡等により免除される。

【特例相続税猶予制度】

［措法70条の7の6］
非上場株式等についての相続税の納税猶予及び免除の特例
→ 後継者が相続等により取得した非上場株式等に係る課税価格の100％相当額について納税が猶予され、後継者の死亡等により免除される。

2 特例納税猶予制度の全体像

② 一般納税猶予制度の規定の準用

イ 一般贈与税猶予制度の規定の準用

特例贈与税猶予制度の規定は下表のとおりであり、その多くが一般贈与税猶予制度の規定を準用しています。

一般贈与税猶予制度 措法70の7		特例贈与税猶予制度 措法70の7の5	
第1項	贈与税の納税猶予制度の仕組み	第1項	贈与税の納税猶予制度の特例の仕組み
第2項	用語の意義(一号～九号)	第2項	用語の意義(一号～九号)
第3項	経営贈与承継期間内における猶予税額の全部の期限確定(一号～十七号)	第3項	第70の7第3項(二号(雇用確保要件)を除く)～第5項の準用
第4項	経営贈与承継期間内における猶予税額の一部の期限確定		
第5項	経営贈与承継期間経過後における猶予中贈与税額の期限の確定(一号～六号)		
第6項	担保の提供	第4項	第70の7第6項の準用
第7項	納税猶予を適用しない場合の定め(後継者は1人)		
第8項	贈与税の申告書への記載要件等	第5項	第70の7第8項の準用
第9項	猶予中贈与税額に係る届出書の提出	第6項	第70の7第9項他の準用
第10項	時効の中断及び停止	第7項	第70の7第10項の準用
第11項	届出書が未提出の場合	第8項	第70の7第11項の準用
第12項	納税猶予の取消し	第9項	第70の7第12項の準用
第13項	納税猶予された場合における国税通則法・国税徴収法・相続税法の規定の適用	第10項	第70の7第13項・第14項の準用
第14項	同族会社等の行為又は計算の否認等の規定の準用		
第15項	贈与者等の死亡による猶予中贈与税額の免除	第11項	第70の7第15項～第20項の準用
第16項	経営贈与承継期間経過後の猶予中贈与税額の免除事由及び申請(一号～四号)		

7

第1章　■ 制度の概要

第17項	税務署長による猶予中贈与税額の免除等の通知		
		第12項	⎫
		第13項	⎟
		第14項	⎬ 経営環境の変化に応じた減免
		第15項	⎟
		第16項	⎟
		第17項	⎭
第18項	税務署長による免除申請贈与税額の徴収の猶予	第18項	第70の7第18項・第19項の準用
第19項	税務署長による延滞税の免除		
第20項	第16項・第17項の政令委任	第19項	第70の7第20項の準用
第21項	猶予中贈与税額の再計算の特例	第20項	第70の7第21項～第25項の準用
第22項	再計算猶予中贈与税額の意義		
第23項	猶予中贈与税額の再計算に係る申請書の提出		
第24項	税務署長が行う再計算免除贈与税額の免除又は却下		
第25項	猶予中贈与税額の再計算に係る政令委任		
第26項	宥恕規定	第21項	第70の7第26項の準用
第27項	経営承継受贈者の贈与税及び利子税の納付	第22項	第70の7第27項の準用
第28項	経営承継受贈者に係る利子税の特例	第23項	第70の7第28項の準用
第29項	納税猶予が適用されない経営贈与承継会社	第24項	第70の7第29項の準用
第30項	被災した認定贈与承継会社に係る要件の緩和	第25項	第70の7第30項～第34項の準用
第31項	前項に係る届出書の提出		
第32項	被災した場合における猶予事由に係る免除の特例		
第33項	前項の適用における第16項の読み替え		
第34項	被災した場合における政令委任		
第35項	経済産業大臣等の国税庁長官等への通知	第26項	第70の7第35項の準用
第36項	税務署長の経済産業大臣等への通知	第27項	第70の7第36項の準用
第37項	第1項の政令委任	第28項	第70の7第37項の準用

ロ 一般相続税猶予制度の規定の準用

特例相続税猶予制度の規定は下表のとおりであり、その多くが一般相続税猶予制度の規定を準用しています。

一般相続税猶予制度 措置法70の7の2		特例相続税猶予制度 措置法70の7の6	
第1項	相続税の納税猶予制度の仕組み	第1項	相続税の納税猶予制度の特例の仕組み
第2項	用語の意義（一号～九号）	第2項	用語の意義（一号～九号）
第3項	経営承継期間内における猶予税額の全部の期限確定（一号～十七号）	第3項	第70の7の2第3項（二号（雇用確保要件）を除く）～第5項の準用
第4項	経営承継期間内における猶予税額の一部の期限確定		
第5項	経営承継期間経過後における猶予中相続税額の期限の確定（一号～六号）		
第6項	担保の提供	第4項	第70の7の2第6項の準用
第7項	未分割の場合の不適用	第5項	第70の7の2第7項の準用
第8項	納税猶予を適用しない場合の定め（後継者は1人）		
第9項	相続税の申告書への記載要件等	第6項	第70の7の2第9項の準用
第10項	猶予中相続税額に係る届出書の提出	第7項	第70の7の7第10項の準用
第11項	時効の中断及び停止	第8項	第70の7の2第11項の準用
第12項	届出書が未提出の場合	第9項	第70の7の2第12項の準用
第13項	納税猶予の取消し	第10項	第70の7の2第13項の準用
第14項	納税猶予された場合における国税通則法・国税徴収法・相続税法の規定の適用	第11項	第70の7の2第14項・第15項の準用
第15項	同族会社等の行為又は計算の否認等の規定の準用		
第16項	経営承継相続人等の死亡による猶予中相続税額の免除	第12項	第70の7の2第16項～第21項の準用
第17項	経営承継期間経過後の猶予中相続税額の免除事由及申請（一号～四号）		
第18項	税務署長による猶予中相続税額の免除等の通知		

第1章　1 制度の概要

		第13項	経営環境の変化に応じた減免
		第14項	
		第15項	
		第16項	
		第17項	
		第18項	
第19項	税務署長による免除申請相続税額の徴収の猶予	第19項	第70の7の2第19項・第20項の準用
第20項	税務署長による延滞税の免除		
第21項	第17項・第18項の政令委任	第20項	第70の7の2第21項の準用
第22項	猶予中相続税額の再計算の特例	第21項	第70の7の2第22項～第26項の準用
第23項	再計算猶予中相続税額の意義		
第24項	猶予中相続税額の再計算に係る申請書の提出		
第25項	税務署長が行う再計算免除相続税額の免除又は却下		
第26項	猶予中相続税額の再計算に係る政令委任		
第27項	宥恕規定	第22項	第70の7の2第27項の準用
第28項	経営承継相続人等の相続税及び利子税の納付	第23項	第70の7の2第28項の準用
第29項	経営承継相続人等に係る利子税の特例	第24項	第70の7の2第29項の準用
第30項	納税猶予が適用されない経営承継会社	第25項	第70の7の2第30項の準用
第31項	被災した認定承継会社に係る要件の緩和	第26項	第70の7の2第31項～第39項の準用
第32項	前項に係る届出書の提出		
第33項	被災した場合における猶予事由に係る免除の特例		
第34項	前項の適用における第17項の読み替え		
第35項	被災した場合における資産管理会社非該当に係る適用要件の特例		
第36項	前項の適用における第9項の読み替え		
第37項	被災した場合における経営承継相続人等の要件の緩和		
第38項	前項の適用における第9項の読み替え		
第39項	被災した場合における政令委任		

2 特例納税猶予制度の全体像

第40項	経済産業大臣等の国税庁長官等への通知	第27項	第70の7の2第40項の準用
第41項	税務署長の経済産業大臣等への通知	第28項	第70の7の2第41項の準用
第42項	第1項の政令委任	第29項	第70の7の2第42項の準用

(3) 特例贈与税猶予制度の全体像

特例贈与税猶予制度は、特例承継計画の提出・確認を前提として、一定の要件を満たす場合に、その非上場株式等の贈与に係る贈与税額を猶予及び免除する制度で、基本的な仕組みは一般贈与税猶予制度の仕組みと同様です。

具体的には、特例経営承継受贈者が、特例認定贈与承継会社の非上場株式等を有していた特例贈与者からその特例認定贈与承継会社の非上場株式等を、この特例の適用期間内に贈与税の申告期限の到来する贈与により取得した場合において、その贈与が一定の要件を満たす贈与であるときは、その特例対象受贈非上場株式等に係る納税猶予分の贈与税額に

■特例贈与税猶予制度

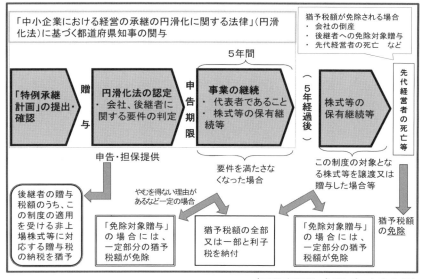

(国税庁資料(H30.4)より抜粋)

第1章　1 制度の概要

相当する贈与税については、その納税猶予分の贈与税額に相当する担保を提供した場合に限り、その特例贈与者の死亡の日までその納税が猶予されます（措法70の7の5①）。

(4) 特例相続税猶予制度の全体像

特例相続税猶予制度は、特例承継計画の提出・確認を前提として、一定の要件を満たす場合に、その非上場株式等の相続または遺贈に係る相続税額を猶予及び免除する制度です。

具体的には、特例経営承継相続人等が、特例認定承継会社の非上場株式等を有していた特例被相続人から、その特例認定承継会社の非上場株式等を、この特例の適用期間内に相続税の申告期限の到来する相続または遺贈により取得した場合において、その相続または遺贈による取得が一定の要件を満たすときは、その特例対象非上場株式等に係る納税猶予分の相続税額に相当する相続税については、その納税猶予分の相続税額

■特例相続税猶予制度

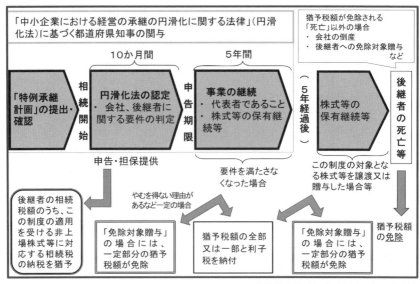

（国税庁資料（H30.4）より抜粋）

に相当する担保を提供した場合に限り、その特例経営承継相続人の死亡の日までその納税が猶予されます（措法70の7の6①）。

(5) 特例贈与税猶予制度から特例相続税猶予制度への移行

特例贈与税猶予制度の適用を受ける特例経営承継受贈者に係る特例贈与者が死亡した場合には、その特例贈与者の死亡による相続または遺贈に係る相続税については、その特例経営承継受贈者がその特例贈与者から相続（特例経営承継受贈者がその特例贈与者の相続人でない場合には、遺贈。）により特例対象受贈非上場株式等の取得をしたものとみなされます（措法70の7の7①）。

この場合には、その死亡による相続または遺贈に係る相続税の課税価格の計算の基礎に算入すべき特例対象受贈非上場株式等の価額については、その特例贈与者から特例の適用に係る贈与により取得した特例対象受贈非上場株式等のその贈与の時における価額を基礎として計算することになります。

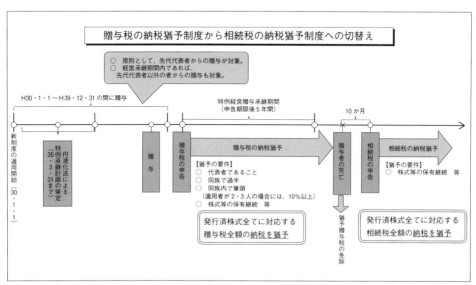

（財務省HP　平成30年度税制改正の解説　P610）

第1章　❶制度の概要

　つまり、先代経営者等の死亡により、特例贈与税猶予制度の適用を受ける後継者の猶予贈与税額は免除されると同時に、その死亡した先代経営者等から贈与を受けた特例対象受贈非上場株式等は、その先代経営者等の死亡時に特例経営承継受贈者が相続または遺贈により取得したものとみなされ、贈与時の課税価格により相続税の計算に取り込まれることで、特例相続税猶予制度の適用へと移行されます（措法70の7の8）。

(6) 既に事業承継税制の適用を受けている者への適用関係

① 重複適用の制限

　特例納税猶予制度の対象となる後継者の要件では、それぞれ、一般納税猶予制度または特例納税猶予制度を適用している者が排除されていることから、同一の会社について、一般納税猶予制度と特例納税猶予制度を重複して適用することはできません。

　つまり、既に一般納税猶予制度の適用を受けている者は、特例納税猶予制度の適用を受けることはできないことになります（措法70の7の5②六ト、措法70の7の6②七ホ、措法70の7の8②一）。

　反対に、特例納税猶予制度の適用を受けている者は、一般納税猶予制度の適用を受けることはできません（措法70の7②三ト、措法70の7の2②三ホ、措法70の7の4②三）。

② 特例経営承継期間内の贈与・相続等

　既に一般納税猶予制度の適用を受けている者が、特例経営（贈与）承継期間内に2回目以降の贈与者または被相続人から贈与もしくは相続または遺贈により取得した非上場株式等について、一般納税猶予制度を適用することは可能です。

③　次の後継者への贈与

　上記①のとおり、同一の会社について、一般納税猶予制度と特例納税猶予制度を重複して適用することはできませんが、既に一般納税猶予制度の適用を受けている者が、贈与により次の後継者に非上場株式等を引き継ぐ場合には、特例納税猶予制度の適用に制限が課せられていませんので、既に一般納税猶予制度の適用を受けている者からの贈与もしくは相続または遺贈について、次の後継者となる者が特例納税猶予制度の適用を受けることは可能です（措法70の7⑮三、措法70の7の2⑯二）。

3　特例納税猶予制度と一般納税猶予制度の比較

(1) 適用要件に係る主な相違点

　特例納税猶予制度と一般納税猶予制度の主な相違点は、下表のとおりです。

■特例納税猶予制度と一般納税猶予制度の主な相違点

	特例納税猶予制度	一般納税猶予制度
①事前の計画策定等	5年以内の特例承継計画の提出 平成30年（2018年）4月1日から 平成35年（2023年）3月31日まで	不要
②適用期限	10年以内の贈与・相続等 平成30年（2018年）1月1日から 平成39年（2027年）12月31日まで	なし
③対象株数及び納税猶予割合	全株式 贈与税・相続税100%	総株式数の最大3分の2まで 贈与税100%　相続税80%
④承継パターン	複数の株主から最大3人の後継者	複数の株主から1人の後継者
⑤雇用確保要件	弾力化	承継後5年間 平均8割の雇用維持が必要
⑥経営環境変化に対応した免除	事業の継続が困難な事由が生じた場合の一定税額の免除	なし
⑦相続時精算課税の適用	60歳以上の者から20歳以上の者への贈与	60歳以上の者から20歳以上の推定相続人・孫への贈与

第1章　■1 制度の概要

① 事前の計画策定等

　特例納税猶予制度の適用を受けるためには、会社の後継者や承継時までの経営見通し等を記載した「特例承継計画」を策定し、認定支援機関の所見を記載の上、平成30年4月1日から平成35年（2023年）3月31日までに都道府県知事に提出し、その確認を受けなければなりません。

　※　平成35年（2023年）3月31日までの相続・贈与については、相続・贈与後に承継計画を提出しても、適用が認められます。

② 適用期限

　特例納税猶予制度は、上記①の期間内に「特例承継計画」を都道府県知事に提出し、10年以内（平成30年1月1日から平成39年（2027年）12月31日）に承継を行う者のうち、一定の要件を満たす者に適用されます（措法70の7の5～措法70の7の8）。

③ 対象株数及び納税猶予割合

　一般納税猶予制度では、制度の対象となる株式数は、議決権株式総数の3分の2に達する部分までとされており、納税猶予割合は、贈与税100％、相続税80％となっています。

　特例納税猶予制度では、特例後継者（※1）が、特例認定（贈与）承継会社（※2）の代表権を有していた者から、贈与もしくは相続または遺贈（以下「贈与等」といいます。）により特例認定（贈与）承継会社の非上場株式等を取得した場合には、その取得したすべての非上場株式等に係る課税価格に対応する贈与税または相続税の全額について、その特例後継者の死亡の日等までその納税が猶予されます（措法70の7の5・措法70の7の6・措法70の7の8）。

(※1)「特例後継者」とは、特例認定（贈与）承継会社の特例承継計画に記載された特例認定（贈与）承継会社の代表権を有する後継者（同族関係者と合わせて特例認定承継会社の総議決権数の過半数を有する者に限ります。）であって、同族関係者のうち、特例認定（贈与）承継会社の議決権を最も多く有する者（特例承継計画に記載された後継者が2名または3名以上の場合には、議決権数において、それぞれ上位2名または3名の者（総議決権数の10％以上を有する者に限られます。））をいいます（措法70の7の5②六、措法70の7の6②七、措法70の7の8②一）。

(※2)「特例認定（贈与）承継会社」とは、平成30年4月1日から平成35年（2023年）3月31日までの間に特例承継計画を都道府県知事に提出した会社であって、中小企業における経営の承継の円滑化に関する法律12条1項の認定を受けたものをいいます（措法70の7の5②一、措法70の7の6②一、措法70の7の8②二）。

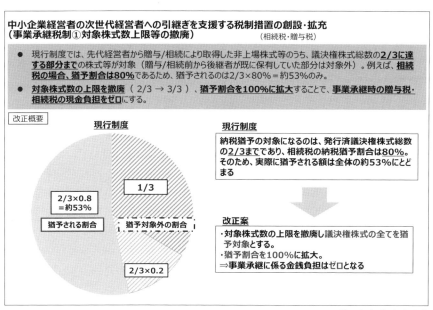

（経済産業省資料）

④ 承継パターン

　特例納税猶予制度では、特例後継者が、特例認定（贈与）承継会社の代表以外の者から贈与等により取得する特例認定（贈与）承継会社の非上場株式等についても、特例経営（贈与）承継期間（5年）内に贈与等に係る申告書の提出期限が到来するものに限り、特例納税猶予制度の対象とされることになりました（措法70の7の5①・②六、措法70の7の6①・②七、措法70の7の8①・②一）。

　なお、この緩和措置は一般納税猶予制度についても改正が行われていますが、最大3人までの複数の後継者への承継は特例納税猶予制度のみとなります。

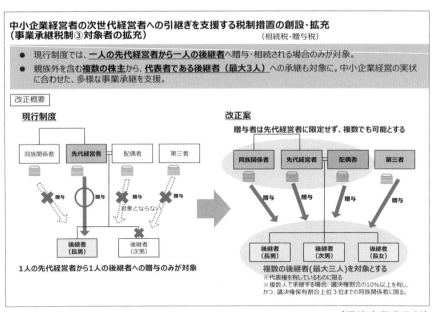

（経済産業省資料）

⑤ 雇用確保要件の緩和

　一般納税猶予制度では、雇用確保要件を満たさなければ、納税猶予の期限が確定します（猶予の取消しになります。）。

　しかし、特例納税猶予制度では、雇用確保要件を満たせない場合であっても、その満たせない理由を記載した書類（認定支援機関の意見が記載されているものに限ります。）を都道府県知事に提出すれば、納税猶予が継続します。

　なお、その理由が、経営状況の悪化である場合または正当なものと認められない場合には、特例認定（贈与）承継会社は認定支援機関から指導及び助言を受けて、その書類にその内容を記載しなければなりません。

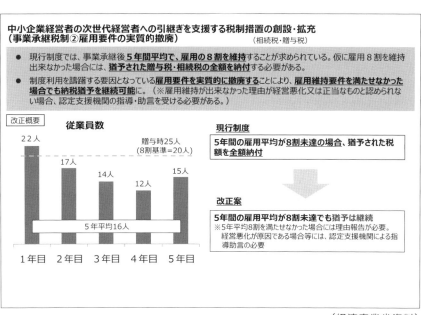

（経済産業省資料）

第1章　1 制度の概要

⑥　事業の継続が困難な事由が生じた場合の免除

　特例納税猶予制度では、一般納税猶予制度の免除事由に加え、新たに事業の継続が困難な事由が生じた場合の免除措置として「経営環境の変化に応じた減免措置」が創設されています。これにより特例経営（贈与）承継期間経過後に、経営環境の変化を示す一定の要件を満たす場合において、特例認定（贈与）承継会社の非上場株式等の譲渡をするとき、特例認定（贈与）承継会社が合併により消滅するとき、特例認定（贈与）承継会社が解散するとき等には、一定の納税猶予税額が免除されます（措法70の7の5⑫～⑲、70の7の6⑬～⑳、70の7の8⑰）。

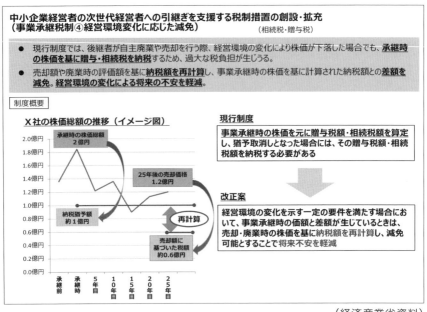

（経済産業省資料）

⑦ 相続時精算課税の適用

特例納税猶予制度では、特例後継者が贈与者の推定相続人以外の者（その年1月1日において、20歳以上である者に限ります。）であり、かつ、その贈与者が同日において60歳以上の者である場合に、相続時精算課税の適用を受けることができることとされました（措法70の2の7）。

これにより、親族外からの贈与についても相続時精算課税制度を選択することができるようになりました。

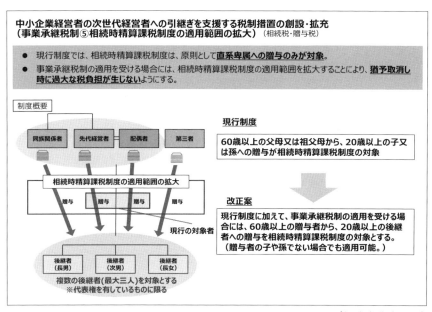

（経済産業省資料）

(2) 税負担の比較例（一般相続税猶予制度と特例相続税猶予制度）

① 特例納税猶予制度による拡充と比較検証のための計算の前提

一般納税猶予制度では、相続または遺贈により取得した非上場株式等について、納税猶予制度の対象となるのは、取得した非上場株式等の3分の2に達するまでの部分であり、納税猶予分の相続税額は、そ

の対象非上場株式等に係る相続税額の80％に相当する相続税額となります。したがって、実質的に猶予される相続税額は、最大でも相続または遺贈により取得した非上場株式等に係る相続税額の約53％程度（2/3 × 80％）に留まります。

特例納税猶予制度では、相続または遺贈により取得した非上場株式等の全株を対象に、納税猶予割合を100％とする拡充が行われました。

以下、次の前提を用いた簡単な計算例で、この改正の影響を検証します。

■計算の前提

	総額	子A	子B（後継者）
甲社株式（注）	1億2,000万円		1億2,000万円
他の財産	2億3,000万円	1億5,000万円	8,000万円
遺産総額	3億5,000万円	1億5,000万円	2億0,000万円
債務	▲3,000万円		▲3,000万円
課税価格	3億2,000万円	1億5,000万円	1億7,000万円
基礎控除	▲4,200万円		
課税遺産の総額	2億7,800万円		

（注）甲社株式の事業承継税制対象株式
　　一般相続税猶予制度の対象株式：1億2,000万円 × 2/3 ＝ 8,000万円
　　特例相続税猶予制度の対象株式：1億2,000万円 × 100％（制限なし）＝ 1億2,000万円

② 納税猶予分の相続税額の比較

上記①の計算の前提に基づく次の「イ　一般相続税猶予制度」と「ロ　特例相続税猶予制度」における納税猶予分の相続税額の比較は次のとおりです。

「イ　一般相続税猶予制度の場合」では、後継者である子Ｂの納税猶予分の相続税額は1,251万円となり、子Ｂが相続した財産に対する甲社株式の割合が約70％であるのに対して、納税猶予分の相続税額は約30％となります。

「ロ　特例相続税猶予制度」では、後継者である子Ｂの納税猶予分

の相続税額は2,542万円となり、子Bが相続した財産に対する甲社株式の割合約70％に対して、納税猶予分の相続税額が約62％となり、「イ 一般相続税猶予制度の場合」に比べて大幅に猶予税額が増加していることがわかります。

イ　一般相続税猶予制度の場合

	総額	子A	子B（後継者）
甲社株式	1億2,000万円		1億2,000万円
他の財産	2億3,000万円	1億5,000万円	8,000万円
遺産総額	3億5,000万円	1億5,000万円	2億0,000万円
債務	▲3,000万円		▲3,000万円
課税価格	3億2,000万円	1億5,000万円	1億7,000万円
基礎控除	▲4,200万円		
課税遺産の総額	2億7,800万円		
相続税の額	7,720万円	3,619万円	4,101万円
猶予税額	▲1,251万円		▲1,251万円
納付税額	6,469万円	3,619万円	2,850万円

甲社株式の課税価格に対する割合（甲社株式÷課税価格）≒70％

納税猶予分の相続税額の相続税額に対する割合

　　　　　　　　　　　　　　　（猶予税額÷相続税の額）≒30％

ロ　特例相続税猶予制度の場合

	総額	子A	子B（後継者）
甲社株式	1億2,000万円		1億2,000万円
他の財産	2億3,000万円	1億5,000万円	8,000万円
遺産総額	3億5,000万円	1億5,000万円	2億0,000万円
債務	▲3,000万円		▲3,000万円
課税価格	3億2,000万円	1億5,000万円	1億7,000万円
基礎控除	▲4,200万円		
課税遺産の総額	2億7,800万円		
相続税の額	7,720万円	3,619万円	4,101万円
猶予税額	▲2,542万円		▲2,542万円
納付税額	5,178万円	3,619万円	1,559万円

第1章　■1 制度の概要

甲社株式の課税価格に対する割合（甲社株式÷課税価格）≒ 70％

納税猶予分の相続税額の相続税額に対する割合

（猶予税額÷相続税の額）≒ 62％

③　子B（後継者）の猶予税額計算過程

上記②の数時の計算過程は以下のとおりです。

	一般相続税猶予制度	特例相続税猶予制度
ステップ1	[相続税の総額の計算] 通常の計算 2億7,800万円×1/2（※） 　＝ 1億3,900万円 （※）子A及びBの法定相続分 1億3,900万円×40％－1,700万円 　＝ 3,860万円 3,860万円×2人 　＝ 7,720万円（相続税の総額） [子B（後継者）の相続税額] 7,720万円×1.7億/3.2億 　＝ 4,101万円	同左
ステップ2	[相続税の総額の計算] 子B（後継者）が納税猶予制度の対象株式（8,000万円）のみを取得したものとして計算 1億8,800万円（※）×1/2 　＝ 9,400万円 （※）子A 1.5億＋子B 0.8億－基礎控除 9,400万円×30％－700万円 　＝ 2,120万円 2,120万円×2人 　＝ 4,240万円 [子B（後継者）の相続税額] 4,240万円×0.8億/2.3億 　＝ 1,474万円	[相続税の総額の計算] 子B（後継者）が納税猶予制度の対象株式（1億2,000万円）のみを取得したものとして計算 2億2,800万円（※）×1/2 　＝ 1億1,400万円 （※）子A 1.5億＋子B 1.2億－基礎控除 1億1,400万円×40％－1,700万円 　＝ 2,860万円 2,860万円×2人 　＝ 5,720万円 [子B（後継者）の相続税額] 5,720万円×1.2億/2.7億 　＝ 2,542万円

ステップ3	[相続税の総額の計算] 子B（後継者）が納税猶予制度の対象株式の20％（8,000万円×20％＝1,600万円）のみを取得したものとして計算 1億2,400万円^{（※）}×1/2 　　　＝6,200万円 （※）子A 1.5億＋子B 0.16億－基礎控除 6,200万円×30％－700万円 　　　＝1,160万円 1,160万円×2人 　　　＝2,320万円 [子B（後継者）の相続税額] 2,320万円×0.16億/1.66億 　　　＝223万円	計算なし
猶予税額	[子B（後継者）の猶予税額] ステップ2－ステップ3 1,474万円－223万円 　　　＝1,251万円	[子B（後継者）の猶予税額] ステップ2 ＝2,542万円

(3) 平成30年度改正による用語の整理

　平成30年度税制改正による特例納税猶予制度の創設に伴い、一般納税猶予制度と特例納税猶予制度の用語は、下表のとおり整理されています。

	一般納税猶予制度			特例納税猶予制度		
	贈与税	相続税	贈与者が死亡した場合の相続税	贈与税	相続税	贈与者が死亡した場合の相続税
承継会社	認定贈与承継会社	認定承継会社	認定相続承継会社	特例認定贈与承継会社	特例認定承継会社	特例認定相続承継会社
非上場株式等	対象受贈非上場株式等	対象非上場株式等	対象相続非上場株式等	特例対象受贈非上場株式等	特例対象非上場株式等	特例対象相続非上場株式等
経営承継する者	経営承継受贈者	経営承継相続人等	経営相続承継受贈者	特例経営承継受贈者	特例経営承継相続人等	特例経営相続承継受贈者
経営承継期間	経営贈与承継期間	経営承継期間	経営相続承継期間	特例経営贈与承継期間	特例経営承継期間	特例経営相続承継期間

（財務省HP　平成30年度税制改正の解説　P611）

4　特例納税猶予制度の前提となる「特例承継計画」

(1) 概要

　特例納税猶予制度の適用を受けるためには、「特例承継計画」（様式第21）を策定して平成35年（2023年）3月31日までに都道府県知事へ提出し、その確認を受けなければなりません。

　「特例承継計画」の提出・確認の後、「贈与の実行」または「相続の開始」があった場合以降の手続については、一般納税猶予制度と同様です（右表参照）。

(2) 特例承継計画

　特例承継計画とは、中小企業における経営の承継の円滑化に関する法律施行規則（円滑化省令）16条1号の計画のことをいいます。

(3) 特例承継計画の策定・提出・確認

　特例納税猶予制度の適用を受けようとする者は、会社の後継者や承継時までの経営見通し等を記載した「特例承継計画」を策定し、認定支援機関の所見を記載のうえ、平成35年（2023年）3月31日までに都道府県知事に提出する必要があります。同日までに特例承継計画が提出されていない場合は、平成35年（2023年）4月1日以降は特例納税猶予制度の適用を受けることはできません。

(4) 特例承継計画の提出時期

　特例承継計画は、贈与等による承継前までに確認を受ける必要がありますが、手続上は、承継後であっても、円滑化法認定の申請時までに提出することでもよいとされています。

　したがって、特例承継計画の提出前に先代経営者が死亡した場合で

4 特例納税猶予制度の前提となる「特例承継計画」

(1) 贈与税の納税猶予についての手続

提出先
- 提出先は「主たる事務所の所在地を管轄する都道府県庁」です。
- 平成30年1月1日以降の贈与について適用することができます。

都道府県庁

承継計画の策定
- 会社が作成し、認定支援機関(商工会、商工会議所、金融機関、税理士等)が所見を記載。
  ※「承継計画」は、当該会社の後継者や承継時までの経営見通し等が記載されたものをいいます。
  ※認定支援機関であれば、顧問税理士でも所見を記載できます。
- 平成35年(2023年)3月31日まで提出可能。
  ※平成35年(2023年)3月31日までに相続・贈与を行う場合、相続・贈与後に承継計画を提出することも可能

贈与の実行

認定申請
- 贈与の翌年1月15日までに申請。
- 承継計画を添付。

税務署

税務署へ申告
- 認定書の写しとともに、贈与税の申告書等を提出。
- 相続時精算課税制度の適用を受ける場合には、その旨を明記。

都道府県庁・税務署

申告期限後5年間
- 都道府県庁へ「年次報告書」を提出(年1回)。
- 税務署へ「継続届出書」を提出(年1回)。

5年経過後実績報告
- 雇用が5年平均8割を下回った場合には、満たせなかった理由を記載し、認定支援機関が確認。その理由が、経営状況の悪化である場合等には認定支援機関から指導・助言を受ける。

6年目以降
- 税務署へ「継続届出書」を提出(3年に1回)。

(2) 相続税の納税猶予についての手続

提出先
- 提出先は「主たる事務所の所在地を管轄する都道府県庁」です。
- 平成30年1月1日以降の相続について適用することができます。

都道府県庁

承継計画の策定
- 会社が作成し、認定支援機関(商工会、商工会議所、金融機関、税理士等)が所見を記載。
  ※「承継計画」は、当該会社の後継者や承継時までの経営見通し等が記載されたものをいいます。
  ※認定支援機関であれば、顧問税理士でも所見を記載できます。
- 平成35年(2023年)3月31日まで提出可能。
  ※平成35年(2023年)3月31日までに相続・贈与を行う場合、相続・贈与後に承継計画を提出することも可能

相続の開始

認定申請
- 相続の開始後8ヶ月以内に申請。
- 承継計画を添付。

税務署

税務署へ申告
- 認定書の写しとともに、相続税の申告書等を提出

都道府県庁・税務署

申告期限後5年間
- 都道府県庁へ「年次報告書」を提出(年1回)。
- 税務署へ「継続届出書」を提出(年1回)。

5年経過後実績報告
- 雇用が5年平均8割を下回った場合には、満たせなかった理由を記載し、認定支援機関が確認。その理由が、経営状況の悪化である場合等には認定支援機関から指導・助言を受ける。

6年目以降
- 税務署へ「継続届出書」を提出(3年に1回)。

認定支援機関とは、中小企業が安心して経営相談等が受けられるために専門知識や実務経験が一定レベル以上の者に対し、国が認定する公的な支援機関です。具体的には、商工会や商工会議所などの中小企業支援者のほか、金融機関、税理士、公認会計士、弁護士等が主な認定支援機関として認定されています。(平成29年12月時点で27,460機関。うち、金融機関488機関、税理士18,555者)

(財務省資料)

あっても、円滑化法認定の申請時までに特例承継計画を提出することも認められています。

(5) 特例承継計画に変更があった場合

特例承継計画の提出・確認後に、特例承継計画に変更があった場合（後継者の変更、後継者の人数の変更、事業計画の大幅な変更等）には、変更計画の提出・確認が必要ですが、この変更計画の提出は円滑化法認定の申請時に提出することでもよいとされています。

なお、提出に当っては、認定支援機関のチェックを受けることが必要です。また、変更計画書の提出は、平成35年（2023年）3月31日後でも提出可能ですが、認定申請後は変更できません。

5 特例納税猶予制度の対象となる贈与・相続等

(1) 概要

特例納税猶予制度の適用に当たっては、平成30年1月1日から平成39年（2027年）12月31日までの間の非上場株式等の贈与・相続等（相続または遺贈をいいます。）であることが必要となります。

また、平成30年度税制改正により、事業承継税制の承継パターンが拡大され、先代経営者以外の者からの贈与・相続等も制度の対象となりました。この場合、最初の（先代経営者からの）特例納税猶予制度の適用に係る贈与・相続等の日から特例経営（贈与）承継期間の末日までの間に贈与税・相続税の申告期限が到来する非上場株式等の贈与・相続等であることが要件となります。

(2) 適用期限と先代経営者以外の者からの贈与・相続等の関係

特例納税猶予制度は、平成30年1月1日から平成39年（2027年）12

5 特例納税猶予制度の対象となる贈与・相続等

月31日までの10年間時限措置として創設されました。

　一方、本制度の対象となる贈与・相続等は、特例経営（贈与）承継期間の末日までの間に贈与税・相続税の申告期限が到来する贈与・相続等となります。

　したがって、特例の適用期限（平成39年（2027年）12月31日まで）を経過した後の贈与・相続等であっても、特例経営（贈与）承継期間内であれば、先代経営者以外の者からの2回目以降の贈与・相続等について、特例納税猶予制度の適用が可能となります。

　例えば、最初に先代経営者からの贈与により非上場株式等の贈与を受けたときは、原則的には、先代経営者以外からの2回目以降の贈与・相続等による特例猶予制度の適用期限は、最初の贈与の時期により下表のとおりとなります。

　ただし、特例経営（贈与）承継期間は、必ずしも最初の贈与に係る贈与税の申告期限から5年を経過する日とは限らないことに留意が必要です。

■最初の贈与の時期と2回目以降の贈与・相続等の適用期限の関係

先代経営者からの最初の贈与	左の申告期限の翌日（最初の贈与の申告期限の翌日）	特例経営贈与承継期間の末日（左欄から5年を経過する日）（※）	先代経営者以外からの2回目以降の贈与・相続等の特例納税猶予制度の対象となる原則的期間（左欄までに申告期限の到来する贈与・相続等）
平成30年（2018年）	平成31年（2019年）3月16日	平成36年（2024年）3月15日	贈与：平成35年（2023年）分まで 相続：平成35年（2023年）5月15日開始分まで
平成31年（2019年）	平成32年（2020年）3月16日	平成37年（2025年）3月15日	贈与：平成36年（2024年）分まで 相続：平成36年（2024年）5月15日開始分まで
平成32年（2020年）	平成33年（2021年）3月16日	平成38年（2026年）3月15日	贈与：平成37年（2025年）分まで 相続：平成37年（2025年）5月15日開始分まで

平成 33 年 （2021 年）	平成 34 年 （2022 年） 3 月 16 日	平成 39 年 （2027 年） 3 月 15 日	贈与：平成 38 年（2026 年）分まで 相続：平成 38 年（2026 年） 　　　 5 月 15 日開始分まで
平成 34 年 （2022 年）	平成 35 年 （2023 年） 3 月 16 日	平成 40 年 （2028 年） 3 月 15 日	贈与：平成 39 年（2027 年）分まで 相続：平成 39 年（2027 年） 　　　 5 月 15 日開始分まで
平成 35 年 （2023 年）	平成 36 年 （2024 年） 3 月 16 日	平成 41 年 （2029 年） 3 月 15 日	贈与：平成 40 年（2028 年）分まで 相続：平成 40 年（2028 年） 　　　 5 月 15 日開始分まで
平成 36 年 （2024 年）	平成 37 年 （2025 年） 3 月 16 日	平成 42 年 （2030 年） 3 月 15 日	贈与：平成 41 年（2029 年）分まで 相続：平成 41 年（2029 年） 　　　 5 月 15 日開始分まで
平成 37 年 （2025 年）	平成 38 年 （2026 年） 3 月 16 日	平成 43 年 （2031 年） 3 月 15 日	贈与：平成 42 年（2030 年）分まで 相続：平成 42 年（2030 年） 　　　 5 月 15 日開始分まで
平成 38 年 （2026 年）	平成 39 年 （2027 年） 3 月 16 日	平成 44 年 （2032 年） 3 月 15 日	贈与：平成 43 年分（2031 年）まで 相続：平成 43 年（2031 年） 　　　 5 月 15 日開始分まで
平成 39 年 （2027 年）	平成 40 年 （2028 年） 3 月 16 日	平成 45 年 （2033 年） 3 月 15 日	贈与：平成 44 年（2032 年）まで 相続：平成 44 年（2032 年） 　　　 5 月 15 日開始分まで

（※）特例経営（贈与）承継期間は、①特例経営承継受贈者の最初の特例贈与税猶予制度の規定の適用に係る贈与の日の属する年分の贈与税の申告書の提出期限の翌日以後5年を経過する日、②その特例経営承継受贈者の最初の相続に関する特例相続税猶予制度の適用に係る相続税の申告書の提出期限の翌日以後5年を経過する日、③特例贈与税猶予制度の適用を受ける特例経営承継受贈者もしくは特例経営承継受贈者に係る特例贈与者の死亡の日の前日のいずれか早い日となることから、必ずしも上表のとおり最初の贈与に係る贈与税の申告期限から5年を経過する日とは限らないことに留意が必要です。

5 特例納税猶予制度の対象となる贈与・相続等

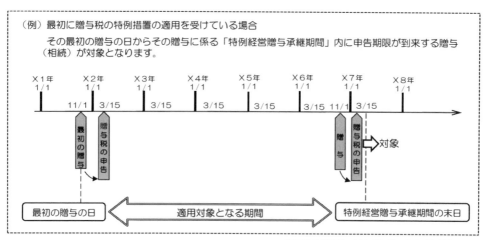

（国税庁資料（H 30.4）より抜粋）

2 特例贈与税猶予制度

1 制度の概要

(1) 概要

　特例経営承継受贈者が、特例認定贈与承継会社の非上場株式等を有していた特例贈与者(※1)から、その特例認定贈与承継会社の非上場株式等を贈与により取得した場合において、その贈与が次の(3)に掲げる場合の区分に応じてそれぞれに掲げる贈与であるときは、その特例対象受贈非上場株式等(※2)に係る納税猶予分の贈与税額に相当する贈与税については、その納税猶予分の贈与税額に相当する担保を提供した場合に限り、その特例贈与者(※3)の死亡の日まで、その納税が猶予されます(措法70の7の5)。

　(※1) その特例認定贈与承継会社の非上場株式等について、既にこの特例の適用に係る贈与をしているものを除きます。

　(※2) 特例対象受贈非上場株式等とは、その贈与により取得した非上場株式等で贈与税の申告書にこの制度の適用を受けようとする旨の記載があるものをいいます。

　(※3) 特例対象受贈非上場株式等が経営承継受贈者または特例経営承継受贈者である特例贈与者の免除対象贈与(その特例対象受贈非上場株式等について受贈者がこの特例の適用を受ける場合における贈与をいいます。)により取得したものである場合には、免除対象贈与をした最初の経営承継受贈者または特例経営承継受贈者にその特例対象受贈非上場株式等の贈与をした者をいいます。

1 制度の概要

(2) 適用期限

　特例贈与税猶予制度（以下**2**において、「本特例」といいます。）は、平成30年1月1日から平成39年（2027年）12月31日までの間の最初の本特例の適用に係る贈与及びその贈与の日から特例経営贈与承継期間の末日までの間（※）に贈与税の申告書の提出期限が到来する贈与に限り適用があります。

　また、本特例の適用に当たっては、平成35年（2023年）12月31日までに、円滑化省令に基づき、認定支援機関の所見を記載した「特例承継計画」を作成して都道府県知事に提出し、確認を受けなければなりません。

（※）本特例の適用を受ける前に非上場株式等について特例相続税猶予制度（措法70の7の6）の適用を受けている者については、最初の特例相続税猶予制度の適用に係る相続の開始の日から特例経営贈与承継期間の末日（すなわち、その相続に係る相続税の申告書の提出期限の翌日から5年を経過する日。）までの間となります。

第1章　❷ 特例贈与税猶予制度

■制度の対象となる承継のタイミング

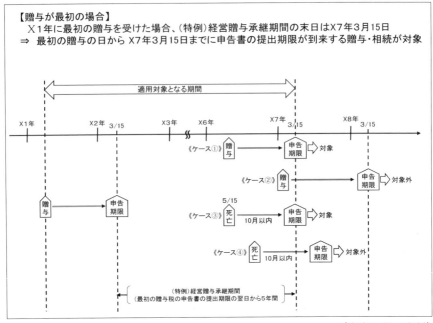

（東京国税局資料）

(3) 特例贈与税猶予制度の対象となる贈与の区分

特例贈与税猶予制度の対象となる贈与は、次の①または②に掲げる場合に応じて、それぞれに掲げる贈与である必要があります。

① 特例経営承継受贈者が1人の場合

次のイまたはロに掲げる贈与の場合の区分に応じそれぞれに定める贈与

| イ | $a \geqq b \times 2/3 - c$ の場合 | 「$b \times 2/3 - c$」以上の数または金額に相当する非上場株式等の贈与 |
| ロ | $a < b \times 2/3 - c$ の場合 | 「a」のすべての贈与 |

1 制度の概要

② 特例経営承継受贈者が2人または3人である場合

次のイ及びロの要件を満たす贈与

イ　$d \geq b \times 1/10$
ロ　$d >$ 贈与後における特例贈与者の有する特例認定贈与承継会社の非上場株式等の数または金額

a：贈与の直前において特例贈与者が有していた特例認定贈与承継会社の非上場株式等の数または金額
b：特例認定贈与承継会社の発行済株式または出資（議決権に制限のない株式または出資に限る。）の総数または総額
c：特例経営承継受贈者が贈与の直前において有していたその特例認定贈与承継会社の非上場株式等の数または金額
d：贈与後におけるいずれの特例経営承継受贈者の有する特例認定贈与承継会社の非上場株式等の数または金額

（参考1）特例対象贈与に係る贈与株式数の判定について

【前提】X社の株式（発行済株式総数：100株）を、甲（先代）が50株、乙が20株、丙が15株、丁が5株、その他が10株を保有（乙、丙及び丁は甲の子）。

【ケース1】乙が贈与する場合（特例経営承継受贈者：1人）

　　A（50株）＋B（20株）≧ C（100株）× 2/3 ＝ 66.6…

　　⇨　C（100株）× 2/3 － B（20株）以上の贈与（46.6株（47株）以上の贈与）

【ケース2】丙に贈与する場合（特例経営承継受贈者：1人）

　　A（50株）＋B（15株）＜ C（100株）× 2/3 ＝ 66.6…

　　⇨　A（50株）の全部贈与

【ケース3】乙・丙・丁に贈与する場合（特例経営承継受贈者：3人）

　　（例）各人に10株ずつ贈与

第1章 ❷ 特例贈与税猶予制度

	甲（贈与者）	乙	丙	丁
贈与前	50株	20株	15株	5株
贈与後	20株	30株	25株	15株

⇨ 贈与後における丁の株数（15株）が甲の株数（20株）を下回るため、適用要件を満たさない。

（資産課税情報第16号（平成30年10月5日）措通70の7の5－3解説より）

（参考2）「特例経営承継受贈者」の数の判定

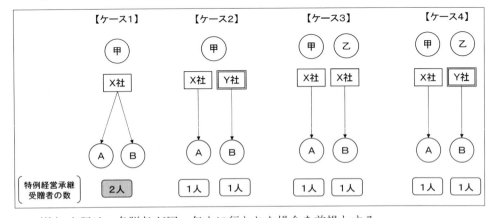

（注）上記は、各贈与が同一年中に行われた場合を前提とする。

なお、【ケース1】において贈与が異なる年に行われた場合（例：×1年にA、×2年にBへ贈与）には、Aへの贈与のみが特例措置の対象となるが（70の7の5－2参照）、この場合の特例経営承継受贈者の数は、「1人」となる。

（資産課税情報第16号（平成30年10月5日）措通70の7の5－3解説より）

（参考3）適用対象となる贈与の期間について

【ケース1】最初の贈与が平成30年中の場合

・　追加の贈与に係る特例経営贈与承継期間の末日は、最初の贈与に係る贈与税の申告書の提出期限（平成31年3月15日）の翌日から

5年を経過する日（平成36年3月15日）

⇨ 最初の贈与の日から平成36年3月15日までに贈与税の申告書の提出期限が到来する贈与が適用対象

【ケース2】最初の贈与が平成39年中の場合

・ 追加の贈与に係る特例経営贈与承継期間の末日は、最初の贈与に係る贈与税の申告書の提出期限（平成40年3月15日）の翌日から5年を経過する日（平成45年3月15日）

⇨ 最初の贈与の日から平成45年3月15日までに贈与税の申告書の提出期限が到来する贈与が適用対象

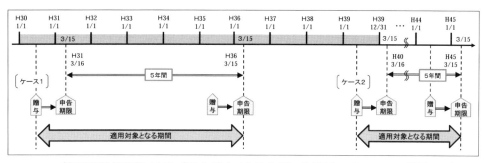

（資産課税情報第16号（平成30年10月5日）措通70の7の5－3解説より）

（参考4）「最初の贈与」の判定

（例）甲が、Aに、X社株式につき特例措置（措法70の7の5）の適用に係る贈与（第1贈与）をした場合において、その後に、以下の贈与（第2贈与）が行われたときにおける、第2贈与に係る「最初の贈与」は以下のとおり。

【ケース1】乙が、Aに、X社株式を贈与する場合

甲からAへの贈与（第1贈与）が、「最初の贈与」に該当。

※ 乙からの贈与は「最初の贈与」に該当しないが、特例経営承継期間の末日までに贈与税の申告期限が到来するものであれば、特例措置の

第 1 章　2 特例贈与税猶予制度

対象となる。

【ケース2】甲が、Aに、Y社株を贈与する場合

　Aは、同じ贈与者（甲）から、既にX社株式の贈与を受けているが、会社が異なることから、甲からAへの贈与（第2贈与）が、AがY社株式につき受ける「最初の贈与」に該当。

【ケース3】甲が、Bに、X社株式を贈与する場合

　同じ会社（X社）の株式につき、既に贈与を受けている者（A）があるが、受贈者が異なることから、甲からBへの贈与（第2贈与）が、BがX社株式につき受ける「最初の贈与」に該当。

《第1贈与》甲がAに、X社株式を贈与

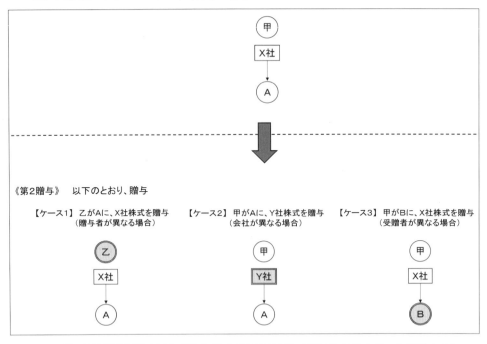

（資産課税情報第16号（平成30年10月5日）措通70の7の5-3解説より）

2 用語の意義

(1) 特例認定贈与承継会社

特例認定贈与承継会社とは、中小企業における経営の承継の円滑化に関する法律（以下「経営承継円滑化法」といいます。）第2条に規定する中小企業者のうち、特例円滑化法認定を受けた会社で、贈与時において、一定の要件を満たすものをいいます（措法70の7の5②一）。一定の要件については、次の3(3)「特例認定贈与承継会社の要件」を参照してください。

[中小企業者の意義]

中小企業者とは、経営承継円滑化法第2条に規定する中小企業者をいいます。同条の中小企業者とは、中小企業基本法上の中小企業者を基本とし、業種の実態を踏まえ政令によりその範囲を拡大しており、その営む業種により以下のような会社または個人とされています。

中小企業基本法上の中小企業者の定義			政令により範囲を拡大した業種（灰色部分を拡大）		
	資本金	従業員数		資本金	従業員数（または）
製造業その他	3億円以下	300人以下	製造業その他	3億円以下	300人以下
卸売業	1億円以下	100人以下	ゴム製品製造業（自動車または航空機用タイヤ及びチューブ製造業並びに工業用ベルト製造業を除く）	3億円以下	900人以下
小売業	5千万円以下	50人以下	ソフトウェア・情報処理サービス業	3億円以下	300人以下
サービス業	5千万円以下	100人以下	旅館業	5千万円以下	200人以下

なお、医療法人や社会福祉法人、外国会社は中小企業基本法における中小企業者には該当しません。

また、事業承継税制の対象となる「会社」は、会社法上の会社と解されることから、税理士法人等の士業法人の持分は対象とならないと解されています。

---

(2) 特例円滑化法認定

特例円滑化法認定とは、経営承継円滑化法第12条第1項（同項1号

に係るものとして円滑化省令第6条第1項第11号または第13号に規定する贈与に係るものに限ります。）の経済産業大臣（同法の政令の規定に基づき都道府県知事が行うこととされている場合にあっては、その都道府県知事。）の認定をいいます（措法70の7の5②二）。

(3) 資産保有型会社

　資産保有型会社とは、本特例の適用に係る贈与の日の属する事業年度の直前の事業年度の開始の日から猶予中贈与税額に相当する贈与税の全部につき納税の猶予に係る期限の確定する日までの期間のいずれかの日において、次の算式を満たす会社をいいます（措法70の7の5②三）。

$$\frac{b + c}{a + c} \geqq \frac{70}{100}$$

a：そのいずれかの日におけるその会社の総資産の帳簿価額の総額
b：そのいずれかの日におけるその会社の特定資産（現金、預貯金その他これらに類する資産として租税特別措置法施行規則第23条の12の2第7項に規定するものをいいます。）の帳簿価額の合計額。

> 「租税特別措置法施行規則第23条の12の2第7項に規定するもの」は、円滑化省令第1条第12項第二号イからホに掲げるものをいうとされ、その内容は以下の通りです。
> 　イ）一定の有価証券及び有価証券とみなされる権利で、会社の特別子会社の株式または持分以外のもの。
> 　ロ）会社が現に自ら使用していない不動産（一部分の場合はその一部分）。
> 　ハ）会社の事業供用目的以外で所有するゴルフ場その他の施設の利用に関する権利。
> 　ニ）会社の事業供用目的以外ので所有する絵画、彫刻、工芸品その他の有形文化的所産である動産、貴金属及び宝石。
> 　ホ）現金、預貯金その他これらに類する資産（後継者への貸付金、未収金その他これらに類する資産を含みます。）。

c：そのいずれかの日以前5年以内において特例経営承継受贈者及びその特例経営

承継受贈者の同族関係者等（その特例経営承継受贈者と租税特別措置法第40条の8の5第14項に定める特別の関係がある者をいいます。）がその会社から受けた次のi及びiiに掲げる額の合計額。
　i　その会社から受けたその会社の株式等に係る剰余金の配当または利益の配当の額の合計額（最初の本特例の適用に係る贈与の時（特例認定贈与承継会社の非上場株式等について、その贈与の時前に特例相続税猶予制度の規定の適用に係る相続または遺贈によりその非上場株式等の取得をしている場合には、最初のその適用に係る相続の開始の時。）前に受けたものを除きます。）。
　ii　その会社から支給された給与（最初の本制度の適用に係る贈与の時前に支給されたものを除きます。）の額のうち、法人税法第34条（過大役員給与）または第36条（過大な使用人給与）の規定によりその会社の各事業年度の所得の金額の計算上損金の額に算入されないこととなる金額。

(4) 資産運用型会社

　資産運用型会社とは、本特例の適用に係る贈与の日の属する事業年度の直前の事業年度の開始の日から、猶予中贈与税額に相当する贈与税の全部につき納税の猶予に係る期限が確定する日までに終了する事業年度の末日までの期間のいずれかの事業年度において次の算式を満たす会社をいいます（措法70の7の5②四）。

$$\frac{b}{a} \geqq \frac{75}{100}$$

a：そのいずれかの事業年度における総収入金額。
b：そのいずれかの日における特定資産の運用収入の合計額。

(5) 非上場株式等

　非上場株式等とは、国内外の金融商品取引所等に上場していない、または、上場の申請等がされていない株式をいい、具体的には次に掲げる要件を満たす株式をいいます（措法70の7の5②五）。
　①　金融証券取引法第2条第16項に規定する金融商品取引所に上場

されていないことその他租税特別措置法施行規則第23条の9第7項に規定する要件を満たす株式。
② 合名会社、合資会社または合同会社の出資のうち租税特別措置法施行規則第23条の9第8項に規定する要件を満たす出資。

(6) 特例経営承継受贈者

特例経営承継受贈者とは、特例贈与者から特例贈与税猶予制度の適用に係る贈与により特例認定贈与承継会社の非上場株式等の取得をした個人で一定の要件を満たす者をいいます(措法70の7の5②六)。具体的な要件については、次の**3**(2)「特例経営承継受贈者の要件」を参照して下さい。

なお、その者が2人または3人以上ある場合には、その特例認定贈与承継会社が定めた2人または3人までに限られます。

(7) 特例経営贈与承継期間

特例贈与税猶予制度の規定の適用に係る贈与の日の属する年分の贈与税の申告書の提出期限の翌日から次の①もしくは②のいずれか早い日、または③のいずれか早い日までの期間をいいます(措法70の7の5②七)。

① 特例経営承継受贈者の最初の特例贈与税猶予制度の規定の適用に係る贈与の日の属する年分の贈与税の申告書の提出期限の翌日以後5年を経過する日。
② 特例経営承継受贈者の最初の相続に関する特例相続税猶予制度の適用に係る相続税の申告書の提出期限の翌日以後5年を経過する日。
③ 特例贈与税猶予制度の適用を受ける特例経営承継受贈者もしくは特例経営承継受贈者に係る特例贈与者の死亡の日の前日。

なお、特例贈与税猶予制度では、同一の会社について、複数の贈与者からの贈与並びに複数の特例経営承継受贈者への贈与が特例贈与税猶予制度の適用対象となりましたが、特例経営贈与承継期間は、本特例の適用を受けるための最初の贈与に係る贈与税の申告書の提出期限（先に特例相続税猶予制度（措法70の7の6①）の適用を受けている場合には、その最初の相続に係る相続税の申告書の提出期限。）から5年間とされています（措法70の7の5②七）。

この特例経営贈与承継期間は、特例経営承継受贈者ごとに判定することになりますので、例えば、A、Bの2人の特例経営承継受贈者がこの特例の適用を受ける場合に、同年中に贈与を受ければ、同時期に特例経営贈与承継期間は終了しますが、仮にBが1年遅れて贈与を受ければ、Bの特例経営贈与承継期間の終了時期は、Aの1年後となります。

（参考）特例経営贈与承継期間等の具体例（原則）

【ケース1】A社株式を、×1年に父から贈与され、×4年に母から贈与された場合

⇨ 父からの贈与に係る特例経営贈与承継期間：

×2年3月16日〜×7年3月15日

母からの贈与に係る特例経営贈与承継期間：

×5年3月16日〜×7年3月15日

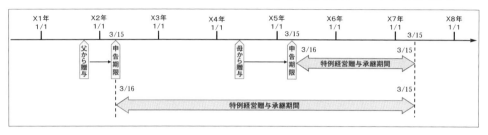

第1章　2 特例贈与税猶予制度

【ケース2】A社株式を、×1年8月1日に父から相続し、×4年に母から贈与された場合

⇨　父からの相続に係る特例経営承継期間：
×2年6月2日～×7年6月2日

母からの贈与に係る特例経営贈与承継期間：
×5年3月16日～×7年6月2日

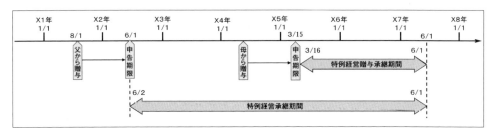

【ケース3】A社株式を、×1年に父から贈与され、×4年に母から贈与された後、×5年6月1日に父が死亡した場合（措置法第70条の7の8第1項を適用）

⇨　父からの贈与に係る特例経営贈与承継期間：
×2年3月16日～×5年5月31日

父からの承継に係る特例経営相続承継期間：
×5年6月1日～×7年3月15日

母からの贈与に係る特例経営贈与承継期間：
×5年3月16日～×7年3月15日

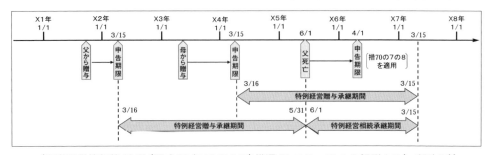

（資産課税情報第16号（平成30年10月5日）措通70の7－13の2解説より（一部改訂））

2　用語の意義

(8)　納税猶予分の贈与税額

　納税猶予分の贈与税額とは、暦年贈与または相続時精算課税を適用する場合に応じ一定の計算をした金額をいいます（措法70の7の5②八）。具体的には、次の **4**「納税猶予分の贈与税額の計算」を参照ください。

(9)　経営贈与報告基準日

　経営贈与報告基準日とは、次の①または②に掲げる期間の区分に応じてそれぞれに定める日をいいます（措法70の7の5②九）。

① 　第1種贈与基準日

　　特例経営贈与承継期間において、特例贈与税猶予制度の適用に係る贈与の日の属する年分の贈与税の申告書の提出期限の翌日から1年を経過するごとの日をいいます。

　　なお、特例経営承継受贈者が既に特例相続税猶予制度の適用を受けている場合には、相続税の申告書の提出期限の翌日から1年を経過するごとの日になります。

② 　第2種贈与基準日

　　特例経営贈与承継期間の末日の翌日から納税猶予分の贈与税額（既にその一部についての確定事由があったことにより、これに対応する部分として計算された金額を除きます。）に相当する贈与税の全部につき、納税の猶予に係る期限が確定する日までの期間において、特例経営贈与承継期間の末日の翌日から3年を経過するごとの日をいいます。

(10)　特別関係会社

　特別関係会社とは、その会社、その代表者及びその代表者の同族関係

者が併せて総株主等議決権数の過半数を有している会社（株式会社、合同会社、合資会社、合名会社）及び外国会社をいいます（措令40の8の5⑥）。

（11）特定特別関係会社

特定特別関係会社とは、特別関係会社のうち、特別関係会社の議決権を保有する代表者の親族の範囲が「生計を一にする親族」に限定されたものです。つまり、その会社、その代表者及びその代表者と生計を一にする親族が併せて総株主議決権数の過半数を有している会社をいいます（措令40の8の5⑦）。

3 適用を受けるための要件

（1）特例贈与者の要件

本特例の対象となる特例贈与者とは、特例贈与税猶予制度の対象となる非上場株式を所有していた個人で、次に掲げる区分に応じ、それぞれに定める者をいいます（措令40の8の5①）。

なお、特例贈与者からは、「既に特例贈与税猶予制度の規定の適用に係る贈与をしているもの」は除かれるので、留意が必要です（措法70の7の5①）。

ただし、特例経営承継受贈者が2人または3人ある場合において、同一年中にこれらの特例経営承継受贈者に特例認定贈与承継会社の非上場株式等の贈与を行うものは、「既に特例贈与税猶予制度の規定の適用に係る贈与をしているもの」には含まれません（措通70の7の5－2）。

① 先代経営者（最初の贈与に係る贈与者）

　贈与の直前において、特例認定贈与承継会社の代表権を有していた個人で次に掲げる要件のすべてを満たす者。

イ 贈与の直前（※）において、その個人及びその同族関係者等の有するその特例認定贈与承継会社の非上場株式等に係る議決権の数の合計が、その特例認定贈与承継会社の総株主等議決権数の100分の50を超える数であること。

（※）その個人が贈与の直前においてその特例認定贈与承継会社の代表権を有していない場合には、その個人が代表権を有していた期間内のいずれかのとき及びその贈与の直前。

ロ 贈与の直前（※1）において、その個人が有する特例認定贈与承継会社の非上場株式等に係る議決権の数が、その個人の同族関係者等（※2）のうち、いずれの者が有するその非上場株式等に係る議決権の数をも下回らないこと。

（※1）その個人が贈与の直前においてその特例認定贈与承継会社の代表権を有していない場合には、その個人が代表権を有していた期間内のいずれかのとき及びその贈与の直前。

（※2）その特例認定贈与承継会社の特例経営承継受贈者となる者を除きます。

ハ 贈与の時において、その個人がその特例認定贈与承継会社の代表権を有していないこと。

② 先代経営者以外の者（2回目以降の贈与に係る贈与者）

贈与の直前において、次に掲げる者のいずれかの者に該当する者がある場合に、特例認定贈与承継会社の非上場株式等を有していた個人で、特例贈与税猶予制度に係る贈与の時において、その特例認定贈与承継会社の代表権を有していないもの。

イ その特例認定贈与承継会社の非上場株式等について、本特例、特例相続税猶予制度（措法70の7の6①）、または、非上場株式等の

特例贈与者が死亡した場合の相続税の納税猶予制度の特例（措法70の7の8①）の適用を受けている者。

ロ　上記①の者からこの特例の適用に係る贈与によりその特例認定贈与承継会社の非上場株式等の取得をしている者で、その贈与に係る贈与税の申告期限が到来していないため、まだその申告をしていないもの。

ハ　特例被相続人から特例相続税猶予制度（措法70の7の6①）の規定の適用に係る相続または遺贈によりその特例認定贈与承継会社の非上場株式等の取得をしている者で、相続に係る相続税の申告期限が到来していないため、まだその申告をしていないもの。

（参考1）「既に措置法第70条の7の5第1項の規定の適用に係る贈与をしているもの」の判定等

（例）×1年に、甲がAにX社株式の贈与（①）をした後に、以下の贈与（②）が行われた場合の、②の贈与に係る判定

1　「既に贈与をしているもの」に該当するケース

【ケース1】同じ会社の株式を、同じ者に贈与した場合

【ケース2】同じ会社の株式を、別の者に、異なる年中に贈与した場合

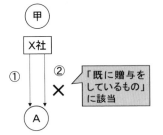
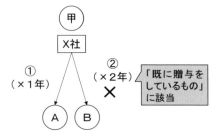

2 「既に贈与をしているもの」に該当しないケース

【ケース1】同じ会社の株式を、別の者に、同一年中に贈与した場合

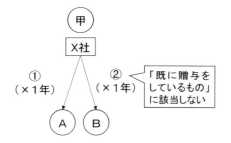

【ケース2】別の会社の株式を、贈与した場合

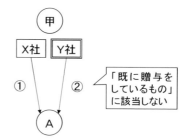

【ケース3】別の贈与者が、同じ会社の株式を贈与した場合

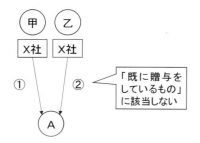

【ケース4】別の贈与者が、別の会社の株式を贈与した場合

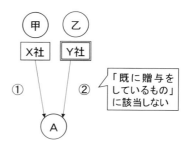

(資産課税情報第16号(平成30年10月5日)措通70の7の5-2解説より)

(参考2) 特例贈与者の要件の判定の具体例

《前提》

・ 甲社の株式を、X(父)が60%、Y(母)が30%、非同族が10%保有。

・ XはAに、YはBに、保有株式の全てを贈与。

・ A及びBは、甲社の代表権を有しており、また、X及びYは、甲社の代表権を有していたことがある。

- 特例贈与者に係る要件以外の措置法第70条の7の5に係る適用要件は満たしている。

① Xの贈与後にYが贈与を行った場合

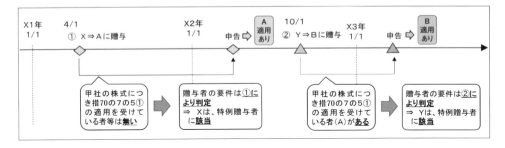

② Yの贈与後にXが贈与を行った場合

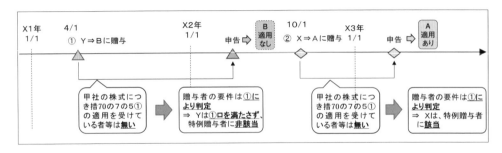

(注) 1 上記①及び②は、X及びYの贈与が同一年中に行われた場合も同様である。

2 上記①及び②は受贈者が異なる場合であるが、X及びYが、同一の受贈者に贈与を行った場合における特例贈与者に係る要件の判定も同様となる。なお、受贈者が同一の場合においてXの贈与後にYが贈与を行うときは、Yの贈与については措置法第70条の7の5第2項第7号に規定する特例経営贈与承継期間の末日までに贈与税の申告書の提出期限が到来するものだけが同条第1項の適用対象となる（70の7の5-3）。

(資産課税情報第16号(平成30年10月5日)措通70の7の5-2解説より(一部改訂))

(2) 特例経営承継受贈者の要件

特例経営承継受贈者とは、特例贈与者から本特例の適用により特例認定贈与承継会社の非上場株式等の取得をした個人で、次に掲げる要件のすべてを満たす者をいいます。

① 年齢要件

その贈与の日において20歳以上であること。

② 代表者要件

その贈与の時においてその特例認定贈与承継会社の代表権（制限を加えられた代表権を除きます。）を有していること。

③ 同族関係者と併せて50％超の議決権を有すること

その贈与の時において、次の算式を満たすこと。なお、この場合の議決権の判定は、贈与直後の株主等の構成により行います（措通70の7の5－10）。

$$\frac{b}{a} > \frac{50}{100}$$

> a：その特例認定贈与承継会社に係る総株主等議決権数
> b：その個人及びその個人の同族関係者等の有するその特例認定贈与承継会社の非上場株式等の議決権の数

④ 同族関係者の中で筆頭株主であること等

次に掲げる場合の区分に応じ、それぞれ次に定める要件を満たしていること。なお、この場合の議決権の判定は、贈与直後の株主等の構成により行います。

イ　その個人が1人の場合

その個人の議決権の数が、その個人の同族関係者（同一の会社について本特例及び特例相続税猶予制度の適用を受ける者を除きます。）のうちいずれの者が有する議決権の数をも下回らないこと。

ロ　その個人が2人または3人の場合

次の（イ）及び（ロ）の要件をすべて満たすこと。

（イ）その個人の有する議決権の数が、総株主等議決権数の100分の10以上であること。

（ロ）その個人の有する同族関係者（同一の会社について本特例及び特例相続税猶予制度の適用を受ける者を除きます。）のうちいずれの者が有する議決権の数をも下回らないこと（※）。

（※）受贈者が2人または3人の場合において、その贈与が異なる時期に行われたときには、この判定における特例贈与者の有する議決権の数については、その贈与のうち最後に行われた贈与直後に有する議決権の数とすることに留意が必要です（措通70の7の5－10）。

（参考）受贈者が複数ある場合において贈与が異なる時期に行われたときにおける措置法第70条の7の5第2項第6号ニ(2)の要件の判定について

【前提】

・　A社株式：発行済株式は100株であり、すべて議決権に制限のない株式に該当（1株1議決権）。

・　甲（特例贈与者）が、A・B・Cに、以下のとおり贈与。

①　×1年3月1日：Aに35株贈与（甲の残株数は55株）

②　×1年6月1日：Bに25株贈与（甲の残株数は30株）

③ ×1年10月1日：Cに20株贈与（甲の残株数は10株）

・上記以外に、非同族株主であるXが10株所有

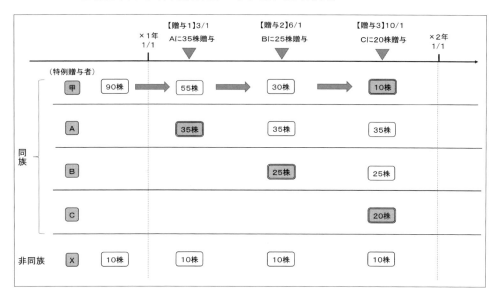

【各受贈者の要件の判定】　　　　　　　　　　　　　　　　　　　　（議決件数）

受贈者	同族過半数要件	10％要件	同族筆頭要件
A	90 ＞ 50 ※1	35 ≧ 10 ※2	35 ≧ 10(甲) ※3
B	90 ＞ 50 ※1	25 ≧ 10 ※2	25 ≧ 10(甲) ※3
C	90 ＞ 50 ※1	20 ≧ 10 ※2	20 ≧ 10(甲) ※3

※1　$100 \times \dfrac{50}{100} = 50$

※2　$100 \times \dfrac{10}{100} = 10$

※3　甲の議決権数は、最後の特例対象贈与（Cへの贈与）後の議決権数による。

（資産課税情報第16号（平成30年10月5日）措通70の7の5－10解説より）

⑤　申告期限までの継続保有

その個人が、その贈与の時からその贈与に係る贈与税の申告期限（そ

の提出期限前にその個人が死亡した場合には、その死亡の日。）まで引き続きその贈与により取得した特例認定贈与承継会社の特例対象受贈非上場株式等のすべてを有していること（措法70の7の5②六ホ）。

⑥　役員期間要件

　その個人が、その贈与の日までに引き続き3年以上にわたりその特例認定贈与承継会社の役員（会社法第329条第1項の規定に基づき株主総会により選任される役員）または持分会社の業務を執行する社員であること（措法70の7の5②六ヘ、措規23の12の2⑧）。

　この場合の期間は、贈与の日からさかのぼって3年目の応当日からその贈与の日までの間に継続して役員または社員としての地位を有していることが要件となっていますので、その3年間において、その地位を有しない期間がある場合はこの要件を満たさないことに留意が必要です（措通70の7の5－11）。

⑦　一般納税猶予制度の適用を受けていないこと

　その個人が、特例認定贈与承継会社の非上場株式等について、一般納税猶予制度（措法70の7①、措法70の7の2①、措法70の7の4①）の規定の適用を受けていないこと。

⑧　特例承継計画に記載された特例後継者であること

　その個人が、特例認定贈与承継会社の経営を確実に承継すると認められる要件として、都道府県知事の確認を受けた特例承継計画に係る特例後継者であること（措法70の7の5②六チ、措規23の12の2⑨）。

　なお、特例納税猶予制度の適用の前提となる都道府県知事の確認を受けようとする者は、平成35年（2023年）3月31日までに、特例承

継計画（円滑化省令16一）を記載した申請書に同項に規定する認定経営革新機関の所見等を記載して、都道府県知事に提出しなければならないので留意が必要です。

(3) 特例認定贈与承継会社の要件

本特例の対象となる特例認定贈与承継会社とは、円滑化法第2条に規定する中小企業者のうち、円滑化法第12条第1項の認定を受けた特例円滑化法認定を受けた会社で、贈与の時において、次に掲げる要件のすべてを満たすものをいいます（措法70の7の5②一）。

なお、その会社が合併により消滅した場合には、その合併によりその会社の権利義務のすべてを承継した会社、株式交換または株式移転により他の会社の株式交換完全子会社等となった場合にはその他の会社がこれらの要件を満たす必要があります。

① 常時使用従業員数

その会社の常時使用従業員の数が、1人以上であること（措法70の7の5②一イ）。ただし、その会社の特別関係会社が会社法第2条第2号に規定する外国会社に該当する場合にあっては、その会社の常時使用従業員の数が5人以上であること（措法70の7の5②一ホ）（その会社またはその会社との間に支配関係（措令40の8の5⑧）がある法人がその特別関係会社の株式等を有する場合に限ります。）。

[常時使用従業員]
　常時使用従業員とは、次に掲げる者をいいます。
① 厚生年金法第9条、船員保険法第2条または健康保険法第3条第1項に規定する被保険者。
② その会社と2月を超える雇用契約を締結している者で、75歳以上で

あるもの。

② 資産保有型会社等でないこと

　その会社が、資産保有型会社または資産運用型会社のうち、事業実態要件を備えていないものとして一定の会社に該当しないこと（措法70の7の5②一ロ）。

[事業実態要件]
　資産保有型会社または資産運用型会社（以下「資産保有型会社等」といいます。）であっても、次に掲げるいずれかに該当する会社である場合には、事業実態があるとされることから、他の要件を満たす限りにおいて、特例認定贈与承継会社となることができます（措令40の8の5⑤、措令40の8⑥）。

(1) その資産保有型会社等が次に掲げる要件のすべてを満たす場合
　イ　贈与の時において、その資産保有型会社等が商品の販売その他の業務で一定のものを行っていること。
　ロ　贈与の時において、その資産保有型会社等の親族外従業員の数が5人以上であること。
　ハ　贈与の時において、その資産保有型会社等が（ロ）の親族外従業員が勤務している事務所、店舗、工場その他これらに類するものを所有しまたは賃借していること。

(2) その資産保有型会社等の特定資産から次の要件を満たす特別関係会社の株式等を除いた場合に、資産保有型会社または資産運用型会社に該当しない場合
　イ　その資産保有型会社等に該当することとなった日（以下「該当日」といいます。）において、その特別関係会社が、商品の販売その他の業務で一定のものを行っていること。
　ロ　その該当日において、その特別関係会社の親族外従業員の数が5人以上であること。
　ハ　その該当日において、その特別関係会社がロの親族外従業員が勤務している事務所、店舗、工場その他これらに類するものを所有しまたは賃借していること。

③ 非上場会社であること

その会社の株式等及び特別関係会社のうち特定特別関係会社の株式等が、非上場株式等に該当すること（措法70の7の5②一ハ）。

④ 風俗営業会社でないこと

その会社及び特定特別関係会社が、風俗営業会社に該当しないこと（措法70の7の5②一ニ）。

> [風俗営業会社]
> 　風俗営業会社とは、風俗営業等の規則及び業務の適正化に関する法律第2条第5項に規定する性風俗関連特殊営業に該当する事業を営む会社をいいます（措法70の7②一ニ）。

⑤ 円滑な事業運営を確保するために必要な要件

会社の円滑な事業の運営を確保するために必要な要件として、次のものを備えていること（措法70の7の5②一ヘ）。

イ　その会社の本特例の適用に係る贈与の日の属する事業年度の直前の事業年度（その贈与の日がその贈与の日の属する事業年度の末日である場合には、その贈与の日の属する事業年度及びその事業年度の直前の事業年度）における総収入金額が零を超えること。

ロ　その会社が発行する黄金株（会社法第108条第1項8号に掲げる事項についての定めがある種類の株式）を特例経営承継受贈者以外の者が有していないこと。

ハ　その会社の特定特別関係会社が、円滑化法第2条に規定する中小企業者に該当すること。

⑥ 現物出資または贈与による取得資産がないこと

　特例認定贈与承継会社が、特例経営承継受贈者及びその同族関係者から、その贈与前3年以内に現物出資または贈与により取得した資産が、その特例認定贈与承継会社の資産の価額の合計額の70％以上でないこと（措法70の7の5㉔）。

4　納税猶予分の贈与税額の計算

　次に掲げる場合の区分に応じ、それぞれに定める金額が納税猶予分の贈与税額となります（措法70の7の5②ハ）。なお、特例認定贈与承継会社との間に支配関係がある特別関係法人に外国会社等がある場合には、その特例認定贈与承継会社がその外国会社等の株式を有していなかったものとみなして計算します。

(1) 暦年課税の場合

　本特例の適用に係る特例対象受贈非上場株式等の価額を特例経営承継受贈者に係るその年分の贈与税の課税価格とみなして、暦年課税の方法により計算した金額

> 暦年課税の場合の納税猶予分の贈与税額
> ＝(特例対象受贈非上場株式等の価額－110万円)×贈与税の税率

(2) 相続時精算課税の場合

　本特例の適用に係る特例対象受贈非上場株式等の価額を特例経営承継受贈者に係るその年分の贈与税の課税価格とみなして、相続時精算課税の方法により計算した金額

> 相続時精算課税制度を選択した場合の納税猶予分の贈与税額
> ＝（特例対象受贈非上場株式等の価額－特別控除）× 20％

(3) 特例認定贈与承継会社が2社以上ある場合または贈与者が2人以上である場合

① 暦年課税の場合

　納税猶予分の贈与税額は、特例経営贈与承継受贈者がその年中において贈与により取得をしたすべての特例認定贈与承継会社の特例対象受贈非上場株式等の価額の合計額をその年分の贈与税の課税価格とみなして、上記(1)により計算します（措令40の8の5⑮、措通70の7の5－13）。

　この場合、特例認定贈与承継会社または特例贈与者の異なるものごとの納税猶予分の贈与税額は、次の算式により計算した金額（100円未満切捨て）となります（措令40の8の5⑮）。

$$上記(1)により計算した金額（端数処理前） \times \frac{特例認定贈与承継会社または特例贈与者の異なるごとの特例対象受贈非上場株式等の価額}{すべての特例対象非上場株式等の価額の合計額}$$

② 相続時精算課税の場合

　納税猶予分の贈与税額は、特例経営贈与承継受贈者がその年中において相続時精算課税制度の適用を受ける贈与により取得をしたすべての特例認定贈与承継会社の特例対象受贈非上場株式等の価額を特定贈与者ごとに合計した額のそれぞれの額をその年分の贈与税の課税価格とみなして、上記(2)により計算します（措令40の8の5⑮、措通70の7の5－13）。

第1章 ❷ 特例贈与税猶予制度

　この場合、特例認定贈与承継会社または特例贈与者の異なるものごとの納税猶予分の贈与税額は次の算式により計算した金額（100円未満切捨て）となります。

上記(2)により計算した金額（端数処理前） × (特例認定贈与承継会社または特例贈与者の異なるごとの特例対象受贈非上場株式等の価額) ÷ (すべての特例対象非上場株式等の価額を特定贈与者ごとに合計した額)

■納税猶予分の贈与税額の計算イメージ

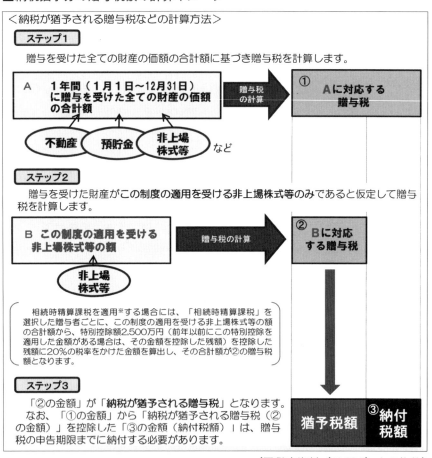

（国税庁資料（H 30.4）より抜粋）

(※)「B」の算定にあたり、本特例の適用を受ける非上場株式等に係る会社が一定の外国会社等の株式を有する場合には、その外国会社等の株式等を有していなかったものとして計算した価額となります。

(※) 特例贈与税猶予制度により相続税精算課税の適用を受けることができる者は、20歳以上の者(一般贈与税猶予制度の場合には、20歳以上の推定相続人・孫)となります。

(4) 計算例

① 計算の前提

贈与を受けたすべての財産の価額の合計額

・本特例の適用を受ける非上場株式等の額	3,000万円
・上記以外の財産の価額	1,000万円
贈与を受けた財産の価額の合計額	4,000万円

② 暦年課税による計算

ステップ1　贈与税額の計算 　贈与を受けたすべての財産の価額の合計額に係る贈与税額 　(4,000万円 − 110万円) × 50% − 415万円 = 1,530万円	1,530万円
ステップ2　猶予税額の計算 　本特例の適用を受ける非上場株式等の額のみに係る贈与税額 　(3,000万円 − 110万円) × 45% − 265万円 = 1,035.5万円	1035.5万円
ステップ3　納付税額の計算 　イ　納税が猶予される贈与税額 1,035.5万円 (ステップ2) 　ロ　納税する贈与税額 　　1,530万円 − 1,035.5万円 = 494.5万円	494.5万円

③ 相続時精算課税による計算

ステップ1　贈与税額の計算 　贈与を受けたすべての財産の価額の合計額に係る贈与税額 　(4,000万円 − 2,500万円) × 20% = 300万円	300万円
ステップ2　猶予税額の計算 　本特例の適用を受ける非上場株式等の額のみに係る贈与税額 　(3,000万円 − 2,500万円) × 20% = 100万円	100万円

ステップ3　納付税額の計算 　イ　納税が猶予される贈与税額 100 万円（ステップ2） 　ロ　納税する贈与税額 　　　300 万円 − 100 万円 ＝ 200 万円	200 万円

5　贈与税の期限内申告書の提出及び担保の提供

(1)　期限内申告書の提出

　特例贈与税猶予制度の適用を受けるためには、適用を受けようとする年分の贈与税の申告書に、その非上場株式等の全部もしくは一部につき本特例の規定の適用を受けようとする旨を記載し、次に掲げる書類を添付する必要があります（措法70の7の5⑤、措規23の12の2⑭）。

■期限内申告書に添付する書類

[共通]

①	計算明細書	その非上場株式等の明細及び納税猶予分の贈与税額の計算に関する明細
②	定款の写し	贈与時の特例認定贈与承継会社の定款の写し（会社法その他の法律の規定により定款の変更をしたものとみなされる事項がある場合にあっては、その事項を記載した書面を含みます。）。
③	株主名簿等	贈与の直前及び贈与の時における特例認定贈与承継会社の株主名簿の写しその他の書類で、その特例認定贈与承継会社のすべての株主または社員の氏名または名称及び住所または所在地並びにこれらの者が有するその特例認定贈与承継会社の株式等に係る議決権の数が確認できるもの。 　この書類は、特例認定贈与承継会社の証明が必要です。
④	贈与契約書等	特例贈与税猶予制度の適用を受ける贈与に係る贈与契約書その他のその贈与の事実を明らかにする書類。
⑤	認定書写し及び申請書の写し	円滑化法省令第7条第10項の認定書の写し及び円滑化法省令第7条の第6項の申請書の写し。
⑥	確認書の写し及び申請書の写し	円滑化法省令第17条第4項の確認書の写し及び同上第2項の申請書の写し。
⑦	その他参考となるべき書類	

【免除対象贈与により取得した場合】

⑧ 特例対象受贈非上場株式等の数または金額の内訳及び贈与した年月日を記載した書類	贈与を受けた非上場株式等の全部または一部が、その特例贈与者の免除対象贈与により取得したものである場合には、特例対象受贈非上場株式等の内訳等として、その贈与者に対して特例対象非上場株式等を贈与した者ごとのその特例対象受贈非上場株式等の数または金額の内訳及び贈与した年月日を記載した書類。

【現物出資等資産に該当するものがある場合】

⑨ 現物出資等資産に関する書類	特例認定贈与承継会社が、現物出資資産を有する場合には、特例認定贈与承継会社の資産の価額の合計額及び現物出資等資産の価額の合計額、現物出資者または贈与者の氏名または名称その他参考になるべき書類。

【複数受贈者がある場合】

⑩ 他の特例経営承継受贈者に関する書類	同一年中に特例贈与者から贈与により非上場株式等を取得した他の特例経営承継受贈者の氏名及び住所を記載した書類。

【一定の外国会社等がある場合】

⑪ 貸借対照表及び損益計算書	特例認定贈与承継会社またはその特例認定贈与承継会社の特別関係会社で、特例認定贈与承継会社との間に支配関係がある法人が、外国会社その他一定の会社である場合に、特例認定贈与承継会社の贈与の日の属する年の直前の貸借対照表及び損益計算書。 ※一定の会社 　特例認定贈与承継会社、その特例認定贈与承継会社の代表権を有する者及びその代表権を有する者の同族関係者等が所有する次の会社でそれぞれに掲げる株式または出資を所有する場合のその会社 ・上場株式等の株式等で3/100以上 ・医療法人の出資で、出資の総額の50/100を超える金額

(2) 担保の提供

① 概要

　本特例の適用を受けるためには、贈与税の申告期限までに納税猶予分の贈与税額に相当する担保を提供しなければなりません（措法70の7の5①、措令40の8の5③、措規23の12の2①）。

　なお、特例対象受贈非上場株式等の全部を担保として提供した場合には、その納税猶予分の贈与税額に相当する担保が提供されたものとみなされます（措法70の7の5④、措令40の8の5⑲）。

② 担保として提供する財産の価額

　担保として提供する財産の価額は、納税猶予分の贈与税の本税の額及び猶予期間中の利子税額$^{(※1)}$の合計額に見合うことが必要です（措通70の7の5－4）。

> [必要担保額の判定]
> 必要担保額 ≧ 納税猶予に係る贈与税額（本税）
> 　　　　　　　　　　　　　　　＋猶予期間中の利子税額$^{(※2)}$

（※1）猶予期間中に非上場株式等の譲渡等があった場合など、納税猶予期限が確定した場合には、法定納期限の翌日から納税猶予期限までの期間について利子税（年3.6％）がかかります（利子税の割合は年ごとに、特例基準割合に応じて変動します。）。

　　なお、特例基準割合とは、各年の前々年の10月から前年の9月までの各月における銀行の新規の短期貸出約定平均金利の合計を12で除して得た割合として各年の前年の12月15日までに財務大臣が告示する割合に、年1％の割合を加算した割合をいいます。

（※2）必要担保額を算定するに当たっての猶予期間中の利子税額は、贈与

税の申告期限における受贈者の平均余命年数（厚生労働省の作成に係る完全生命表に掲げる年齢及び性別に応じた平均余命（1年未満の端数があるときは、これを切り捨てた年数））を納税猶予期間として計算した額によります。

③　みなす充足の取扱い

　イ　「みなす充足」の意義

　　　特例対象受贈非上場株式等の全部を担保として提供した場合には、非上場株式等に係る納税猶予の適用については必要担保額に見合う担保提供があったものとみなされます（措法70の7の5④）。これを「みなす充足」といいます。

　　　なお、特例対象受贈非上場株式等に係る特例認定贈与承継会社が2以上ある場合、これらの特例非上場株式等を担保として提供するに当たっては、担保の提供手続、みなす充足の取扱い、納税猶予の期限の繰上げの取扱いについては、特例認定贈与承継会社の異なるものごとの納税猶予分の贈与税額にそれぞれの規定を適用することとされています。

　　　したがって、担保提供に当たっては特例認定贈与承継会社ごとに供託手続または質権設定に関する承諾書等を作成する必要があります。

　ロ　追加担保の要否とみなす充足の不適用

　　　担保として提供している非上場株式の価額が下落しても追加で担保提供をする必要はありません。

　　　ただし、担保として提供されている非上場株式等について、次に掲げるような場合にはみなす充足の取扱いが適用されなくなります（措法70の7の5④、措令40の8の5⑲）。

この場合には、税務署長から増担保の要求が行われることになります。

■みなす充足の適用がされなくなる場合

	みなす充足の適用がされなくなる事由	左記の事由から除外される場合
1	[株券不発行会社となる場合] 担保として提供された特例対象受贈非上場株式等に係る特例認定贈与承継会社が、株券を発行する旨の定款の定めを廃止する定款の変更した場合。	税務署長に対し書面によりその旨の通知があった場合で、その定款の変更が効力を生ずる日までに担保設定に関する承諾書等により担保提供が行われた場合。
2	[株券発行会社となる場合] 株券不発行会社が株券を発行する旨の定款の変更をした場合。	税務署長に対し書面によりその旨の通知があった場合で、その定款の変更が効力を生ずる日までに、国税通則法の規定に基づく担保の提供手続が行われた場合。
3	[担保財産に変更があった場合] 担保として提供された財産の全部または一部に変更があった場合（※）。	

（※）担保として提供された財産の全部または一部に変更があった場合とは、例えば次に掲げる場合をいいます（措通70の7の5－20）。

(イ) 担保として提供された特例対象受贈非上場株式等に係る特例認定贈与承継会社が合併により消滅した場合。

(ロ) 担保として提供された特例対象受贈非上場株式等に係る特例認定贈与承継会社が株式交換等により他の会社の法第70条の7第4項第6号に規定する株式交換完全子会社等になった場合。

(ハ) 担保として提供された特例対象受贈非上場株式等に係る特例認定贈与承継会社が組織変更した場合。

(ニ) 担保として提供された特例対象受贈非上場株式等である株式の併合または分割があった場合。

(ホ) 担保として提供された特例対象受贈非上場株式等に係る特例認定贈与承継会社が会社法第185条に規定する株式無償割当てをした場合。

(ヘ) 担保として提供された特例対象受贈非上場株式等の名称変更があったことその他の事由により担保として提供されたその特例対象受贈非上場株式等に係る株券の差替えの手続が必要となった場合。

(ト) 担保財産の変更等が行われたため、特例対象受贈非上場株式等のすべてが担保として提供されていないこととなった場合。

(チ) 担保として提供された特例対象受贈非上場株式等について、特例対象受贈非上場株式等について質権の設定がされていないことまたは差押えがされていないことその他特例対象受贈非上場株式等について担保の設定または処分の制限（民事執行法その他の法令の規定による処分の制限をいいます。）がされていないこと等の要件に該当しないこととなった場合。

ハ 特定事由が生じた場合の担保解除

　特例対象受贈非上場株式等の全部が担保提供されている場合に、特例認定贈与承継会社について特定事由（合併、株式交換その他の事由をいいます。）が生じ、または生じることが確実であると認められる場合で、特定事由が生じた日から1月以内に行われた納税者からの申請により、提供されている担保を解除することがやむを得ないと認められるときは、担保の全部または一部を解除することができます（措令40の8の5⑲）。

　この場合には、みなす充足が引き続き適用される（解除に際して差替えの担保が不要。）とともに、特定事由が生じた日から2月以内に特定事由により新たに取得した特例対象受贈非上場株式等を再び担保提供しない場合は、増担保の要求に応じなかったものとみなされます。

ニ　税務署長等への申請による免除事由に基づき免除申請書が提出された場合の担保解除

　特例経営贈与承継期間経過後において、税務署長への申請による事由（措法70の7の5⑫、⑯）に基づく免除申請書が納税者から提出された場合に、猶予中贈与税額から免除申請贈与税額を控除した残額（附帯税を含みます。）を納付した場合には、担保（特例非上場株式等に限ります。）を解除することができます（措令40の8の5㉘）。

④　非上場株式等に係る納税猶予の担保に関するお尋ね（照会）

　事業承継税制の適用により、非上場株式等を担保に提供した場合には、事業承継税制の適用者に対し、「非上場株式等に係る納税猶予の担保に関するお尋ね（照会）」の文書が、定期的に所轄税務署より送付されます。

　この文書は、みなす充足の適用を確認する目的で、担保に供されている非上場株式等に関する状況を確認する項目が記載されており、各確認項目（定款変更の有無等）をチェックして定められ指定された期限までに回答することが求められます。

5 贈与税の期限内申告書の提出及び担保の提供

平成　年　月　日

（住所）

（氏名）　　　　　　　　　　　　　様

税務署長
財務事務官

非上場株式等に係る納税猶予の担保に関するお尋ね（照会）

　非上場株式等についての相続税の納税猶予の担保として提供されている次の特例（相続・受贈）非上場株式等に関する変更の有無、その他の状況について確認の上、お手数ですが平成　年　月　日までに、ご回答いただけますようお願いいたします。

《担保として提供されている特例（相続・受贈）非上場株式等》

【認定（相続・贈与）承継会社の名称等】

【株券の番号又は出資の持分を特定する情報】

【数量又は金額】
非上場株式・持分　　　　　　　　　　株・口・円

相続（贈与）税の申告年月日　平成　年　月　日
被相続人（贈与者）
納税猶予中の相続（贈与）税額（本税）　　　　　円（平成　年　月　日現在）

《確認項目》　　　　　　（確認年月日：平成　年　月　日）

項　　目	変更等の有無	有の場合の変更等の内容
担保の設定又は処分の制限がされていないこと	有・無	
・認定（相続・贈与）承継会社が合併により消滅した ・認定（相続・贈与）承継会社が株式交換等により他の会社の株式交換完全子会社になった ・認定（相続・贈与）承継会社が組織変更した ・株式の合併又は分割があった ・認定（相続・贈与）承継会社が株式無償割当てをした ・認定（相続・贈与）承継会社の名称変更その他の事由により株券の差換えが必要となった	有・無	
認定（相続・贈与）承継会社が、株券を発行する旨の定款の定めを廃止する定款の変更をした	有・無	
その他、担保の効力等に影響を与えるような事象の有無	有・無	

※　この文書による行政指導の責任者は税務署長です。
　　このお知らせについてご不明な点が有りましたら、当税務署の管理運営担当にお問い合わせください。

税務署管理運営担当　担当者　　　　　電話番号　　　　　内線

⑤ 担保提供できる財産

担保提供できる財産は次のとおりです。

	担保提供できる財産	留意点
イ	納税猶予の対象となる特例認定贈与承継会社の特例対象非上場株式等（非上場株式または持分会社の持分）。	特例対象受贈非上場株式等の全部を担保提供する場合に限ります（措法70条の7の5⑩）。この場合には、非上場株式に譲渡制限が付されているものであっても、担保として提供できる財産として取り扱われます（措通70の7の5－20）。
ロ	不動産、国債・地方債、税務署長が確実と認める有価証券、税務署長が確実と認める保証人の保証など（国税通則法第50条に掲げる財産）。	この場合には「みなす充足」の適用がありませんので、担保として提供する財産の価額は、納税猶予の相続税額及び猶予期間中の利子税額の合計額に見合うことが必要です。

(3) 特例対象受贈非上場株式等の全部を担保として供託する場合の手続の概要

① 特例認定贈与承継会社が株券発行会社の場合

株券発行会社の場合には、特例対象受贈非上場株式等を担保として供託する場合の手続の流れの概要は以下のとおりです。

■特例対象受贈非上場株式等を担保提供する場合の手続の流れ
（株券発行会社）

1 供託書の作成	担保のための供託書（正本・副本）を作成 （注）用紙は法務局（供託所）に備え付け。
2 供託書の提出	作成した供託書（正本・副本）を法務局（供託所）に提出。
3 供託書の返却	法務局（供託所）において内容の審査を行った後、供託書（正本）（「受理した旨」が記載されたもの）が返却される。

5 贈与税の期限内申告書の提出及び担保の提供

4　日本銀行への提出	法務局（供託所）から指定された日本銀行（本店・支店・代理店）へ、供託書（正本）（「受理した旨」が記載されたもの）、供託有価証券寄託書及び株券を提出。
5　供託書の返却	供託書（正本）（「納入された旨」が記載されたもの）が返却される。 （注）実際の供託手続等に関しては法務局に確認。
6　税務署へ供託書を提出	税務署長に供託書（正本）を提出します。税務署長から担保関係書類の預かり証が交付されます。

② 特例認定贈与承継会社が株券不発行会社の場合

株券不発行会社の場合には、次の書類を税務署に提出します（措令40の8の5③、措規23の12の2①）。

■特例対象受贈非上場株式等を担保提供する場合の手続の流れ
（株券不発行会社）

1　税務署に書類提出	（イ）特例認定贈与承継会社の非上場株式に税務署長が質権を設定することについて承諾した旨を記載した書類（自署押印したものに限ります。） （ロ）納税者の印鑑証明書（上記1の押印に係るもの） ※質権設定後に、認定承継会社の株主名簿記載事項証明書（会社法第149条に規定された書面で、代表取締役が記名押印したもの）及びその証明書の押印に係る代表取締役の印鑑証明書を提出する必要があります。

(4) 担保提供に関する関係書類

非上場株式等に係る特例贈与税猶予制度の適用を受けるためには、贈

与税の申告書の提出期限までに、納税猶予分の贈与税額に相当する担保を提供することが必要となります。この場合に申告書に併せて提出する担保提供に関する主な書類等は次のとおりです。

なお、下記に掲げる財産以外の財産については国税庁作成の「相続・贈与税の延納の手引」の担保の提供手続等一覧表を参考にすることができます。

① 担保財産に共通する書類

（イ）担保提供書
（ロ）担保目録
（ハ）速やかに担保関係書類の提出を行う旨の確約書 　　例えば株券の発行や供託手続等に時間を要するため、申告書の提出期限までに担保提供に関する書類の全部が整わない場合には、あらかじめ所轄の税務署（管理運営部門）に相談の上、「速やかに担保関係書類の提出を行う旨の確約書」を提出し、株券発行等の手続を了した後に速やかに関係書類を提出する必要があります。

② 担保財産が非上場株式の場合

（イ）特例認定贈与承継会社が株券発行会社の場合 … 供託書正本 　　この場合、参考として株券（写）を担保提供書（非上場株式等について納税猶予用）に添付します。
（ロ）特例認定贈与承継会社が株券不発行会社の場合 … 次のⅰ及びⅱに掲げる書類 　ⅰ　特例認定贈与承継会社の非上場株式に税務署長が質権を設定することについて承諾した旨を記載した書類（自署押印したものに限ります。） 　ⅱ　納税者の印鑑証明書（上記ⅰの押印に係るもの） 　　※質権設定後に、特例認定承継会社の株主名簿記載事項証明書（会社法第149条に規定された書面で、代表取締役が記名押印したもの）及びその証明書の押印に係る代表取締役の印鑑証明書を提出する必要があります。

③ 担保財産が持分会社の持分の場合

（イ）	納税者が出資の持分に税務署長等の質権の設定をすることについて承諾したことを証する書類（自署押印したものに限ります。）
（ロ）	納税者の印鑑証明書（上記（イ）の押印に係るもの）
（ハ）	持分会社が（イ）の質権の設定について承諾したことを証する書類で次のいずれかのもの 　i　その質権の設定について承諾した旨が記載された公正証書 　ii　その質権の設定について承諾した旨が記載された私署証書で登記所または公証人役場において日付のある印章が押されているもの及び法人の印鑑証明書 　iii　その質権の設定について承諾した旨が記載された書類で郵便法第48条第1項の規定により内容証明を受けたもの及び法人の印鑑証明書
（ニ）	議事録の写し、定款の写しなど

④ 担保財産が土地の場合

（イ）	抵当権設定登記承諾書
（ロ）	印鑑証明書
（ハ）	登記事項証明書
（ニ）	固定資産税評価証明書

(5) 担保提供した特例対象受贈非上場株式等が処分された場合になお不足がある場合

　みなす充足の取扱いは、あくまで非上場株式についての贈与税の納税猶予の特例の適用を受けるための要件である「納税猶予分の贈与税額に相当する担保提供」が行われているかどうかの判断において、必要担保額に見合う担保提供があったものとみなすものです。

　このため、納税猶予が取り消され猶予期限が確定したものの、猶予期限までに納付が行われなかったため、担保権を実行して未納の国税を徴収する場合には、一般の国税の担保の取扱いと同じく国税通則法第52条の適用を受けることになります。

　したがって、担保として提供された特例対象受贈非上場株式等の処分

の代金を猶予期限の確定した未納の相続税額に充ててなお不足があるときは、納税者の他の財産に対して滞納処分が行われることになります（国税通則法52④）。

6 継続届出書の提出義務

(1) 概要

本特例の適用を受ける特例経営承継受贈者は、贈与税の申告書の提出期限の翌日から、猶予中贈与税額（※1）に相当する贈与税の全部につき納税の猶予に係る期限が確定する日までの間に経営贈与報告基準日（※2）が存する場合には、届出期限までに、引き続いて本特例の適用を受けたい旨及び本特例の適用を受ける特例対象受贈非上場株式等に係る特例認定贈与承継会社の経営に関する事項を記載した届出書（以下「継続届出書」といいます。）並びに一定の添付書類を納税地の所轄税務署長に提出しなければなりません（措法70の7の5⑥、措令40の8の5⑳、措規23の12の2⑮）。

なお、経営贈与報告基準日が特例経営贈与承継期間の末日である場合において、雇用確保要件を満たさない場合には、認定支援機関による指導及び助言を受けた旨の記載がある報告書の写し及び都道府県知事の確認書の写しを継続届出書に添付する必要があります。

（※1）猶予中贈与税額

猶予中贈与税額とは、納税猶予中の贈与税額から、既に一部確定した税額を除いたものをいいます。

（※2）経営贈与報告基準日

経営贈与報告基準日とは、第1種贈与基準日（※3）または第2種贈与基準日（※4）をいいます。

（※3）第1種贈与基準日

第一種贈与基準日とは、特例経営贈与承継期間のいずれかの日で、贈与税の申告書の提出期限の翌日から1年を経過するごとの日をいいます。

(※4) 第2種贈与基準日

第2種贈与基準日とは、特例経営贈与承継期間の末日の翌日から納税猶予分の贈与税額に相当する贈与税額の全部につき納税の猶予に係る期限が確定する日までの期間のいずれかの日で、特例経営贈与承継期間の末日の翌日から3年を経過するごとの日をいいます。

(2) 届出期限

届出期限とは、第1種贈与基準日の翌日から5月を経過する日及び第2種贈与基準日の翌日から3月を経過する日までをいいます。

(3) 継続届出書の添付書類

継続届出書には、次の書類を添付する必要があります(措令40の8の5⑳、措規23の12の2⑮)。

■継続届出書の添付書類

	添付書類	留意点
イ	経営贈与報告基準日における定款の写し。	
ロ	登記事項証明証(経営贈与報告基準日以後に作成されたものに限ります。)。	経営贈与報告基準日が申告書の提出の翌日から同日以後5年を経過する日以前である場合には不要。
ハ	経営贈与報告基準日における株主名簿の写しその他の書類で株主または社員の氏名または名称及び住所または所在地並びにこれらの者が有する株式等に係る議決権の数が確認できる書類。	

ニ	経営贈与報告基準日の直前の経営贈与報告基準日の翌日からその基準日までの間に終了する各事業年度に係る貸借対照表及び損益計算書。	経営贈与報告基準日が申告書の提出の翌日から同日以後5年を経過する日以前である場合には不要。
ホ	円滑化省令に基づく年次報告書及びその報告書に係る確認書の写し。	経営贈与報告基準日が申告書の提出の翌日から同日以後5年を経過する日の翌日以後である場合には不要。
ヘ	経営贈与報告期間の末日において、常時使用従業員の数の5年平均が80％に満たない場合には、円滑化省令第20条第3項に係る報告書の写し及び同条第1項に基づく都道府県知事の確認書の写し。	
ト	経営贈与報告基準日の直前の経営贈与報告基準日の翌日から、その経営贈与報告基準日までの間に会社分割または組織変更があった場合には、その会社分割に係る吸収分割契約書もしくは新設分割計画書の写しまたはその組織変更に係る組織変更計画書の写し。	

(4) 継続届出書未提出の場合

　継続届出書が、届出期限までに納税地の所轄税務署長に提出されない場合には、その届出期限における納税猶予中贈与税額に相当する贈与税額については、その届出期限の翌日から2月を経過する日をもって納税の猶予に係る期限となります（措法70の7の5⑧）。

　ただし、所轄税務署長が届出期限までに提出がなかったことについてやむを得ない事情があると認める場合で、一定の継続届出書が所轄税務署長に提出されたときは、その継続届出書が届出期限内に提出されたものとみなされます（措法70の7の5㉑）。

7 贈与税の納付が必要になる場合（期限の確定）

(1) 概要

本特例に係る納税の猶予に係る期限の確定事由については、原則として、雇用確保要件に係る規定（措法70の7③二）を除き、次の一般贈与税猶予制度の規定が準用されています（措法70の7の5③）。

・経営贈与承継期間内の納税猶予税額の全部確定事由（措法70の7③）
・経営贈与承継期間内の納税猶予税額の一部確定事由（措法70の7④）
・経営贈与承継期間後の納税猶予税額の確定事由（措法70の7⑤）

なお、納税猶予に係る期限は、これらの準用規定に定める日から2月を経過する日（その定める日から2月を経過する日までの期間に特例経営贈与承継受贈者が死亡した場合には、その特例経営承継受贈者の相続人がその特例経営承継受贈者の死亡による相続の開始があったことを知った日の翌日から6月を経過する日）となります。

(2) 特例経営贈与承継期間内の全部確定事由

特例経営贈与承継期間内に次に掲げる事由に該当することとなった場合には、それぞれに掲げる日から2月を経過する日が納税の猶予に係る期限となります（措法70の7の5③、措法70の7③④⑤）。

	確定事由	猶予期限
①	**後継者が代表権を有しないこととなった場合** 　特例経営承継受贈者が代表権を有しないこととなった場合。 　ただし、代表権を有しないこととなったことについて一定のやむを得ない理由がある場合を除きます。 　[やむを得ない理由] 　　代表権を有しないこととなったことについてやむを得ない理由とは、特例経営承継受贈者が次のいずれかに該当することとなったこととされています（措規23の12の3⑫）。	その有しないこととなった日

	イ 精神保健及び精神障害者福祉に関する法律の規定により精神障害等級が1級の精神障害者保健福祉手帳手帳の交付を受けたこと。 ロ 身体障害者福祉法の規定により、身体上の障害の程度が1級または2級の身体障害者手帳の交付を受けたこと。 ハ 介護保険法の規定による要介護5の要介護認定を受けたこと。 ニ イからハに掲げる事由に類すると認められること。	
②	**後継者の属する株主グループの議決権が50％以下となった場合** 　特例経営承継受贈者及び特例経営承継受贈者の同族関係者等の有する議決権の数（特例対象受贈非上場株式等に係る認定贈与承継会社の非上場株式等に係るものに限ります。）の合計が特例認定贈与承継会社の総株主等議決権数の50％以下となった場合。 　ただし、特例経営承継受贈者がやむを得ない理由により代表権を有しないこととなった場合において、特例対象受贈非上場株式等について贈与税の納税猶予等に係る贈与をした場合に50％以下となる場合は除きます。	50％以下となった日
③	**後継者がグループ内での筆頭株主でなくなった場合** 　特例経営承継受贈者の同族関係者等のうちのいずれかの者（※）が、その特例経営承継受贈者が有するその特例対象受贈非上場株式等に係る特例認定贈与承継会社の非上場株式等に係る議決権の数を超える数の議決権を有することとなった場合。 （※）その特例認定贈与承継会社に係るその特例経営承継受贈者以外の特例経営承継受贈者、特例相続税猶予制度の適用を受ける特例経営承継相続人等及び非上場株式等の特例贈与者が死亡した場合の相続税の納税猶予及び免除の規定（措法70の7の8①）の適用を受ける特例経営相続承継受贈者を除きます（措通70の7の5-16）。	その有することとなった日

7 贈与税の納付が必要になる場合（期限の確定）

④	**後継者が特例対象非上場株式等を譲渡した場合** 　その特例経営承継受贈者が、適用対象非上場株式等の一部の譲渡または贈与（以下、「譲渡等」という）をした場合。 ［適用対象非上場株式］ 　適用対象非上場株式等とは、特例対象受贈非上場株式等以外の特例認定贈与承継会社に係る特例対象受贈非上場株式等またはその特例認定贈与承継会社に係る特例対象非上場株式等もしくは非上場株式等の贈与者が死亡した場合の相続税の納税猶予及び免除（措法70の7の4①）に規定する対象相続非上場株式等をいいます。	その譲渡等をした日
⑤	**後継者が特例対象非上場株式等の全部を譲渡した場合** 　その特例経営承継受贈者が、特例対象非上場株式等の全部の譲渡等をした場合（株式移転または株式交換により他の会社の株式交換（移転）完全子会社となった場合を除きます。）。	その譲渡等をした日
⑥	**会社が会社分割等をした場合** 　特例認定贈与承継会社が会社分割をした場合。 　この場合の会社分割は、その会社分割に際して吸収分割承継会社または新設分割設立会社の株式等を配当財産とする剰余金の配当があった場合に限ります。	その会社分割がその効力を生じた日
⑦	**会社が組織変更をした場合** 　特例認定贈与承継会社が組織変更をした場合。	その組織変更が効力を生じた日
⑧	**会社が解散した場合** 　特例認定贈与承継会社が解散した場合（合併により消滅する場合を除きます。）または会社法その他の法律の規定により解散をしたものとみなされた場合。	その解散をした日またはみなされた解散の日
⑨	**会社が資産保有型会社等に該当することとなった場合** 　特例認定贈与承継会社が、資産保有型会社または資産運用型会社に該当することとなった場合。ただし、事業実態のあるものとして一定の要件をみたすものを除きます。	その該当することとなった日
⑩	**会社が総収入金額が零となった場合** 　その特例認定贈与承継会社の事業年度における総収入金額が零となった場合。	その事業年度終了の日
⑪	**会社が資本金の額の減少をした場合** 　その特例認定贈与承継会社が資本金の額の減少をした場合または準備金の額の減少をした場合。	その資本金の額等の減少がその効力を生じた日

⑫	**後継者が特例贈与税猶予制度の不適用の届出をした場合** 　特例経営承継受贈者が、特例贈与税猶予制度の適用を受けることをやめる旨を記載した届出書を納税地の所轄税務署長に提出した場合。	その届出書の提出があった日
⑬	**会社が合併により消滅した場合** 　特例認定贈与承継会社が合併により消滅した場合（合併により特例認定贈与承継会社に相当するものが存する場合として一定の場合（適格合併（※1））を除きます（措規23の9⑱））。	合併がその効力を生じた日
⑭	**会社が株式交換等をした場合** 　その特例認定贈与承継会社が株式交換等により他の会社の株式交換完全子会社等となった場合（株式交換等により特例認定贈与承継会社に相当するものがそのする場合として一定の場合（適格交換等（※2））を除きます（措規23の9⑲））。	その株式交換等がその効力を生じた日
⑮	**会社が非上場株式等に該当しなくなった場合** 　特例認定贈与承継会社が非上場株式等に該当しないこととなった場合。	その該当しないこととなった日
⑯	**会社が風俗営業会社に該当することとなった場合** 　特例認定贈与承継会社が風俗営業会社に該当することとなった場合。	その該当することとなった日
⑰	**円滑な事業の運営に支障を及ぼすおそれがある場合として一定の場合** 　特例経営承継受贈者による特例対象受贈非上場株式に係る特例認定贈与承継会社の円滑な事業の運営に支障を及ぼすおそれがある場合として次に掲げる事由に該当することとなった場合。 (1) 特例納税猶予制度の適用を受ける者（※）以外の者が黄金株を所有することとなったとき。 　　（※）措令40の8の5①二イからハに掲げる者（本書**2** **3**(1)「特例贈与者の要件」②イからハに掲げる者）。 (2) 特例認定贈与承継会社が特例非上場株式等の全部または一部の種類を株主総会において議決権を行使することができる事項につき制限のある株式に変更した場合。 (3) 特例非上場株式等に係る特例認定贈与承継会社（持分会社に限ります。）が定款の変更により特定の者が有する議決権の制限をした場合。	(1) その有することとなった日 (2) その変更した日 (3) その制限をした日

7 贈与税の納付が必要になる場合（期限の確定）

（※1）特例贈与税猶予制度上の「適格合併」

⑬の適格合併とは、その合併がその効力を生ずる日において、その特例認定贈与承継会社に相当するものが存する場合として、次に掲げる要件を満たしている場合の合併をいいます（措法70の7の5③、措規23の12の2⑫）。

a　その合併に係る合併承継会社が、租税特別措置法第70条の7の5第2項第1号イからヘ（本書❷❸(3)「特例認定贈与承継会社の要件」①から⑤）までに掲げる要件を満たしていること。

b　特例贈与税猶予制度の適用を受ける特例経営承継受贈者が、aの合併承継会社の代表権（制限が加えられた代表権を除きます。）を有していること。

c　前号の特例経営承継受贈者及びその特例経営承継受贈者の同族関係者等の有する合併承継会社等の非上場株式等に係る議決権の数の合計が、その合併承継会社に係る総株主等議決権数の100分の50を超える数であること。

d　bの特例経営承継受贈者が有する合併承継会社の非上場株式等に係る議決権の数が、その特例経営承継受贈者の同族関係者等の有する者のうち、いずれの者（措令48の8の5①二イからハ（本書❷❸(1)「特例贈与者の要件」②イからハ）までに掲げる者を除きます。）が有するその合併承継会社の非上場株式等に係る議決権の数をも下回らないこと。

e　その合併に際して、aの合併承継会社が交付しなければならない株式及び出資以外の金銭その他の資産（剰余金の配当（株式または出資に係る剰余金の配当または利益の配当をいいます。）として交付される金銭その他の資産を除きます。）の交付がされていないこと。

（※2）特例贈与税猶予制度上の「適格交換等」

⑭の適格交換等とは、その合併がその効力を生ずる日において、その特例認定贈与承継会社に相当するものが存する場合として、次に掲げる要件を満

たしている場合の合併をいいます(措法70の7の5③、措規23の12の2⑫)。

a その株式交換等に係る交換等承継会社が、租税特別措置法第70条の7の5第2項第1号イからヘ(本書❷❸(3)「特例認定贈与承継会社の要件」①から⑤)までに掲げる要件を満たしていること。

b 特例贈与税猶予制度の適用を受ける特例経営承継受贈者が、aの交換等承継会社及び株式交換完全子会社となった特例認定贈与承継会社の代表権（制限が加えられた代表権を除きます。）を有していること。

c bの特例経営承継受贈者及びその特例経営承継受贈者の同族関係者等の有する交換等承継会社等の非上場株式等に係る議決権の数の合計が、その交換等承継会社に係る総株主等議決権数の100分の50を超える数であること。

d bの特例経営承継受贈者が有する交換等承継会社の非上場株式等に係る議決権の数が、その特例経営承継受贈者の同族関係者等の有する者のうち、いずれの者（措令48の8の5①二イからハ（本書❷❸(1)「特例贈与者の要件」②イからハ）までに掲げる者を除きます。）が有するその交換等承継会社の非上場株式等に係る議決権の数をも下回らないこと。

e その株式交換等に際して、aの交換等承継会社が交付しなければならない株式及び出資以外の金銭その他の資産（剰余金の配当（株式または出資に係る剰余金の配当または利益の配当をいいます。）として交付される金銭その他の資産を除きます。）の交付がされていないこと。

(参考) 特例経営承継受贈者が非上場株式等の譲渡等をした場合（措70の7の5⑫、⑬の適用なし）の先後関係

【ケース1】 A社株式を、次のとおり100株保有
- 特例対象受贈非上場株式等：50株（X1年にXから贈与により取得）
- 特例対象受贈非上場株式等：30株（X3年にYから贈与により取得）

・　対象株式等以外の株式　　　：20株
　①　60株を譲渡した場合
　　⇨　次のとおり、それぞれ譲渡
　　　・　対象株式等以外の株式　　　　　　　　：20株
　　　・　Xから取得した特例対象受贈非上場株式等：30株
　　　・　Yから取得した特例対象受贈非上場株式等：10株
　②　60株を贈与（免除対象贈与に該当）した場合
　　⇨　次のとおり、それぞれ贈与
　　　・　Xから取得した特例対象受贈非上場株式等：50株
　　　・　Yから取得した特例対象受贈非上場株式等：10株

【ケース2】丙はB社株式を、次のとおり60株所有
　　　・　乙から取得した特例対象受贈非上場株式等：
　　　　　　　　　　　　50株（30株は免除対象贈与に係るもの）
　　　・　対象株式等以外の株式　：10株
　①　35株を譲渡した場合
　　⇨　次のとおり、それぞれ譲渡
　　　・　対象株式等以外の株式　　　　　　　　　：10株
　　　・　特例対象受贈非上場株式等のうち、免除対象贈与に係るもの
　　　　　　　　　　　　　　　　　　　　　　　　：25株
　②　35株を贈与（免除対象贈与に該当）した場合
　　⇨　次のとおり、それぞれ贈与
　　　・　特例対象受贈非上場株式等のうち、免除対象贈与に係るもの
　　　　　　　　　　　　　　　　　　　　　　　　：30株
　　　・　特例対象受贈非上場株式等のうち、上記以外のもの　：5株

第1章　2 特例贈与税猶予制度

《B社株式の保有株数の推移》

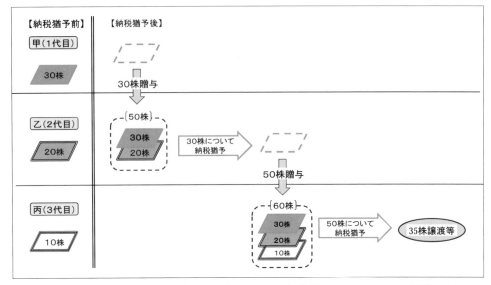

（資産課税情報第 16 号（平成 30 年 10 月 5 日）措通 70 の 7 の 5 － 17 解説より）

(3) 特例贈与税猶予制度における雇用確保要件と円滑化省令との関係

　特例贈与税猶予制度に関しては雇用確保要件が規定されていませんが、円滑化省令では、特例経営贈与承継期間の末日において、特例認定贈与承継会社の第 1 種贈与基準日におけるそれぞれの常時使用従業員の数の平均が贈与時における常時使用従業員数の 80％を下回る場合には、その理由について、都道府県知事の確認を受けなければならないこととされています。

　この確認を受けようとする場合には、その下回ることとなった理由について、認定支援機関の所見の記載があり、その理由が経営状況の悪化である場合またはその認定支援機関が正当と認められないと判断したものである場合には、その認定支援機関による指導及び助言を受けた旨の記載がある報告書を都道府県知事に提出する必要があります（円滑化省

令20③)。

　この報告書の写し及び都道府県知事の確認書の写しは、継続届出書の添付書類とされており、これらの書類の提出がない場合には、継続届出書の提出期限の2月を経過する日（その2月を経過する日までの間に特例経営承継受贈者が死亡した場合には、その特例経営承継受贈者の相続人が、その相続の開始があったことを知った日の翌日から6月を経過する日）が納税の猶予に係る期限となりますので留意が必要です（措通70の7の5－15）。

(4) 特例経営贈与承継期間内の一部確定事由

　次に掲げる場合には、それぞれに掲げる金額に相当する贈与税額について、それぞれに掲げる日から2月を経過する日をもって、納税猶予に係る期限となります（措法70の7の5③、措法70の7④）。

① 後継者が代表権を有しなくなった場合で一定の場合

一部確定事由	やむを得ない理由により、その特例経営承継受贈者がその有する特例対象受贈非上場株式等に係る特例認定贈与承継会社の代表権を有しないこととなった場合において、その特例経営承継受贈者がその特例対象受贈非上場株式等の一部につき一般贈与税猶予制度または特例贈与税猶予制度の適用に係る贈与をした場合。 [やむを得ない理由] 　代表権を有しないこととなったことについてやむを得ない理由とは、特例経営承継受贈者が次のいずれかに該当することとなったこととされています（措規23の12の3⑫）。 　イ　精神保健及び精神障害者福祉に関する法律の規定により精神障害等級が1級の精神障害者保健福祉手帳の交付を受けたこと。 　ロ　身体障害者福祉法の規定により、身体上の障害の程度が1級または2級の身体障害者手帳の交付を受けたこと。

	ハ　介護保険法の規定による要介護5の要介護認定を受けたこと。 ニ　イからハに掲げる事由に類すると認められること。
確定する金額	猶予中贈与税額のうち、その贈与した株式等に対応する部分の額として次の算式により計算した金額。 贈与の直前における猶予中贈与税額 × $\dfrac{\text{贈与した特例対象受贈非上場株式等の数または金額}}{\text{その贈与の直前におけるその特例対象受贈非上場株式等の数または金額}}$
納税猶予に係る期限	贈与をした日から2月を経過する日（2月を経過する日までの間にその特例経営承継受贈者が死亡した場合には、その特例経営承継受贈者の相続人がその特例経営承継受贈者の死亡による相続の開始があったことを知った日の翌日から6月を経過する日）。

② 合併等をした場合

一部確定事由	特例認定贈与承継会社が適格合併をした場合または適格交換等をした場合において、その特例対象受贈非上場株式等に係る特例経営承継受贈者が、その適格合併をした場合における合併または適格交換等をした場合における株式交換等に際して吸収合併存続会社等及び他の会社の株式等以外の金銭その他の資産の交付を受けたとき。
確定する金額	猶予中贈与税額のうち、その金銭その他の資産の額に対応する部分の額として次の算式により計算した金額。 その適格合併または適格交換等の効力が生じる直前における猶予中贈与税額 × $\dfrac{\text{合併または株式交換等により交付しなければならない株式等以外の金銭その他の資産の額}}{\text{合併純資産額または交換等前純資産額}}$
納税猶予に係る期限	その合併または株式交換等をした日から2月を経過する日（2月を経過する日までの間にその特例経営承継受贈者が死亡した場合には、その特例経営承継受贈者の相続人がその特例経営承継受贈者の死亡による相続の開始があったことを知った日の翌日から6月を経過する日）。

(5) 特例経営贈与承継期間経過後の確定事由

特例経営贈与承継期間（5年間）の末日の翌日から、納税猶予税額に係る期限が確定する日までの間において、次の事由に該当することとなった場合には、それぞれに掲げる日から2月を経過する日が納税の猶予に係る期限となります（措法70の7の5③、措法70の7⑤）。

	確定事由	対象税額	猶予期限
①	**特例対象非上場株式等の全部を譲渡した場合** その特例経営承継受贈者が、特例対象受贈非上場株式等の全部の譲渡等をした場合（株式移転または株式交換により他の会社の株式交換（移転）完全子会社となった場合を除きます。）。	猶予中贈与税額	その譲渡等をした日
②	**解散した場合** 特例認定贈与承継会社が解散した場合（合併により消滅する場合を除きます。）または会社法その他の法律の規定により解散をしたものとみなされた場合。	猶予中贈与税額	その解散をした日またはみなされた解散の日
③	**資産保有型会社等に該当することとなった場合** 特例認定贈与承継会社が、資産保有型会社または資産運用型会社に該当することとなった場合。ただし、事業実態のあるものとして一定の要件を満たすものを除きます。	猶予中贈与税額	その該当することとなった日
④	**総収入金額が零となった場合** その特例認定贈与承継会社の事業年度における総収入金額が零となった場合。	猶予中贈与税額	その事業年度終了の日
⑤	**資本金の額の減少をした場合** その特例認定贈与承継会社が資本金の額の減少をした場合または準備金の額の減少をした場合	猶予中贈与税額	その資本金の額等の減少がその効力を生じた日
⑥	**特例贈与税猶予制度の不適用の届出をした場合** 特例経営承継受贈者が、特例贈与税猶予制度の適用を受けることをやめる旨を記載した届出書を納税地の所轄税務署長に提出した場合。	猶予中贈与税額	その届出書の提出があった日
⑦	**後継者が特例対象受贈非上場株式等の一部を譲渡等した場合** その特例経営承継受贈者がその特例対象受贈非上場株式等の一部の譲渡等をした場合。	猶予中贈与税額のうち、その譲渡等をした株式等の数または金額に対応する部分の金額	その譲渡等をした日

⑧	**会社が合併により消滅した場合** 　その特例認定贈与承継会社が合併により消滅した場合。	交付を受ける存続会社等の株式等相当部分を除く猶予中贈与税額	その合併が効力を生じた日
⑨	**会社が株式交換等により他の会社の株式交換完全子会社等となった場合** 　その特例認定贈与承継会社が株式交換等により他の会社の株式交換完全子会社等となった場合。	交付を受ける他の会社の株式相当額分を除く猶予中贈与税額	その株式交換等がその効力を生じた日
⑩	**会社の株式等の配当がある場合における会社分割** 　その特例認定贈与承継会社が会社分割をした場合（その会社分割に際して吸収分割承継会社または新設分割設立会社の株式等を配当財産とする剰余金の配当があった場合に限ります。）。	猶予中贈与税額のうち、その会社分割に際して会社から配当されたその吸収分割承継会社等の株式等の価額に対応する部分の額	その会社分割がその効力を生じた日
⑪	**会社の株式等以外の財産の交付がある場合における組織変更** 　その特例認定贈与承継会社が組織変更をした場合（その認定贈与承継会社の株式等以外の財産の交付があった場合に限ります。）。	猶予中贈与税額のうち、その組織変更に際して会社から交付されたその会社の株式等以外の財産の価額に対応する部分の額	その組織変更がその効力を生じた日

8　納税猶予税額が免除される場合

(1)　概要

　特例贈与税猶予制度に係る免除事由については、一般贈与税猶予制度に係る下記①～③の免除事由に関する各規定が準用されているほか、新たに下記④の経営環境の変化に対応した免除事由が設けられています（措法70の7の5⑫、⑰、措令40の8の5㉑～㉕）。

［一般贈与税猶予制度の規定の準用による免除事由］

　①　特例贈与者等の死亡等による納税猶予税額の免除（措法70の7⑮準用）

　②　法的な倒産等による納税猶予税額の免除（措法70の7⑯～⑳準用）

③ 再生計画認可の決定等があった場合の納税猶予税額の再計算による免除（措法70の7㉑～㉕準用）

[特例贈与税猶予制度でのみ適用される免除事由]

④ 経営環境の変化に対応した免除（措法70の7の5⑫）

(2) 特例贈与者等の死亡等による納税猶予税額の免除

① 概要

　本特例の適用を受ける特例経営承継受贈者または特例贈与者が次の②に掲げる免除事由に該当することとなった場合（その該当日前において、猶予期限の確定や繰り上げがあった場合を除きます。）、それぞれに掲げる免除額が免除されます。この場合、特例経営承継受贈者の相続人または特例経営承継受贈者は、それぞれに掲げる免除届出期限までに一定の事項を記載した届出書を納税地の所轄税務署長に提出する必要があります（措法70の7の5⑪、措令40の8㊳、措令40の8の5㉑）。

② 免除事由、免除される贈与税額

	免除事由	免除される贈与税	免除届出期限
イ	特例贈与者の死亡の時以前に特例経営承継受贈者が死亡した場合	猶予中贈与税額	特例経営承継受贈者が死亡した日から同日以後6月を経過する日
ロ	特例贈与者が死亡した場合	猶予中贈与税額	特例贈与者が死亡した日から同日以後10月を経過する日
ハ	特例経営贈与承継期間の末日の翌日（※1）以後にその特例経営承継受贈者が特例対象受贈非上場株式等につき一般贈与猶予制度または特例贈与税猶予制度の適用に係る贈与をした場合（※2）	猶予中贈与税額のうち、左記の贈与ついて納税猶予の特例を適用する株式に対応する部分の贈与税額	左記の贈与をした日からその贈与を受けた者が特例贈与税猶予制度の適用に係る贈与税の申告書を提出した日以後6月を経過する日

（※１）特例経営贈与承継期間内に特例経営承継受贈者が、身体障害等のやむを得ない理由により特例認定贈与承継会社の代表権を有しないこととなった場合には、「その有しないこととなった日」。

（※２）特例経営承継受贈者が、その有する特例対象受贈非上場株式等について、相続時精算課税制度を選択している場合で、ハに掲げる贈与をした場合において、その特例承継受贈者に係る特例贈与者の相続の開始があったときは、その贈与をした特例対象受贈非上場株式等については、相続税法第21の14から同法第21の16までの規定（すなわち、相続税でのもち戻し計算）は適用されません（措法70の7の5⑩、措法70の7⑬九の準用）。

(3) 法的な倒産等による納税猶予税額の免除

① 概要

特例贈与税猶予制度の適用を受ける特例経営承継受贈者または特例対象受贈非上場株式等に係る特例認定贈与承継会社が次の②に掲げるいずれかの場合に該当することとなった場合（その該当日前に、納税猶予に係る期限の確定や繰り上げがあった場合を除きます。）において、それぞれに掲げる贈与税の免除を受けようとするときは、その該当することとなった日から２月を経過する日までにその免除を受けたい旨、免除を受けようとする贈与税に相当する金額及びその計算の明細その他の事項を記載した申請書を納税地の所轄税務署に提出しなければなりません（措法70の7の5⑪）。

② 免除事由、免除される贈与税額
イ　後継者が特例対象受贈非上場株式等の全部の譲渡等をした場合
(イ) 要件

特例経営贈与承継期間の末日の翌日以後に、特例経営承継受贈者が特例対象受贈非上場株式等の全部を譲渡(※)した場合で、次の(ロ)に掲げる(a)と(b)の合計額が譲渡直前における猶予中贈与税額に満たないとき。

(※) この場合の譲渡は、同族関係者以外または民事再生・会社更生による譲渡の場合に限られ、譲渡後に、譲受者及び譲受者の特別関係者で特例認定贈与承継会社の総株主等議決権の過半数を有すること、譲受者が特別関係者の中で筆頭株主であること、譲受者が特例認定贈与承継会社の代表権を有することが必要となります（措規23の9㉜）。

(ロ) 申請により免除される贈与税額

猶予中贈与税額から次の(a)と(b)の合計額を控除した残額が申請により免除されます。

$$\text{猶予中贈与税額} - \left((a) + (b) \right)$$

(a) 原則として特例非上場株式等の譲渡時の時価
(b) 譲渡以前5年以内に特例経営承継受贈者及び特例経営受贈者と生計を一にする者が会社から受け取った配当等の額の合計額

ロ　再生計画認可の決定等があった場合の納税猶予税額の再計算による免除
(イ) 要件

特例経営贈与承継期間の末日の翌日以後にその特例対象受贈非上場株式等に係る特例認定贈与承継会社について、破産手続の開

始決定または特別清算開始の命令があった場合。

(ロ) 申請により免除される贈与税額

次の(a)の金額から(b)の金額を控除した残額に相当する贈与税額が申請により免除されます。

(a) その特例認定贈与承継会社の解散(会社法等の規定により解散をしたものとみなされる場合を含みます。)の直前における猶予中贈与税額

(b) その認定贈与承継会社の解散前5年以内において、その特例経営承継受贈者の及びその特例経営承継受贈者と生計を一にする者が特例認定贈与承継会社から受けた剰余金の配当等の額その他特例認定贈与承継会社から受けた金額として一定の金額の合計額

ハ 合併により消滅した場合

(イ) 要件

特例経営贈与承継期間の末日以後に、特例認定贈与承継会社が合併により消滅した場合(吸収合併存続会社等が特例経営承継受贈者と一定の特別の関係がある者以外のものであり、かつ、合併に際して吸収合併存続会社等の株式等の交付がない場合に限ります。)において、次の(a)及び(b)に掲げる金額の合計額がその合併が効力を生ずる直前における猶予中贈与税額に満たないとき。

(ロ) 申請により免除される贈与税額

その猶予中贈与税額からその合計額を控除した残額に相当する贈与税が申請により免除されます。

8 納税猶予税額が免除される場合

猶予中贈与税額 －（（a）＋（b））

（a）その合併がその効力を生ずる直前におけるその特例対象受贈非上場株式等の時価に相当する金額として一定の金額（その金額が合併対価の額より小さい金額である場合には、その合併対価の額）

（b）その合併が効力を生ずる日以前5年以内において、その特例経営承継受贈者及びその特例経営承継受贈者と生計を一にする者がその認定贈与承継会社から受けた金額として一定の額

ニ　株式交換等により他の会社の株式交換完全子会社等となった場合
（イ）要件

特例経営贈与承継期間の末日の翌日以後に、その特例対象受贈非上場株式等に係る認定贈与承継会社が株式交換等により他の会社の株式交換完全子会社等となった場合で、次の（a）及び（b）掲げる金額の合計額がその株式交換等が効力を生ずる直前における猶予中贈与税額に満たないとき。

（ロ）申請により免除される贈与税額

その猶予中贈与税額からその合計額を控除した残額に相当する贈与税額が申請により免除されます。

猶予中贈与税額 －（（a）＋（b））

（a）その株式交換等がその効力を生ずる直前における特例対象受贈非上場株式等の時価に相当する金額として一定の金額

（b）その株式交換等がその効力を生ずる5年以内において、そ

の特例経営承継受贈者及び特例経営承継受贈者と生計を一にする者がその特例認定贈与会社から受け取った剰余金の配当等の額その他特例認定贈与承継会社から受けた金額として一定の額

(4) 経営環境の変化に対応した納税猶予税額の免除制度

① 概要

特例贈与税猶予制度では、経営贈与承継期間（5年間）の末日の翌日以後に、事業の継続が困難な事由として一定の事由が生じた場合の措置として、以下の措置が設けられています。

イ　譲渡等を行った時における免除

ロ　納税の猶予が継続される場合とその場合の納税の猶予に係る期限及び免除

イ　譲渡等を行った時における免除

特例認定贈与承継会社が事業継続が困難な事由に該当し、特例贈与税猶予制度の適用を受けている特例受贈非上場株式等を譲渡等した場合に、譲渡等の対価の額に基づいて（相続税評価額の50％が下限となります。）納税猶予に係る贈与税額を再計算し、当初猶予税額との差額については免除されることになります。

ロ　納税の猶予が継続される場合とその場合の納税の猶予に係る期限及び免除

譲渡等の対価の額が、時価（相続税評価額）の50％に満たない場合には、譲渡時の相続税評価額の50％に基づいて納税猶予に係る贈与税額を再計算し、当初猶予税額との差額は免除されるとともに、その譲渡等から2年経過時において、事業を継続していると認めら

れる要件を満たす場合には、実際の譲渡等の対価を基に計算した贈与税額との差額が免除されます。

この場合、特例経営承継受贈者が、その該当することとなった日から2月を経過する日（その該当することとなった日からその2月を経過する日までの間に特例経営承継受贈者が死亡した場合には、その特例経営承継受贈者の相続人がその特例経営承継受贈者の死亡による相続の開始があったことを知った日の翌日から6月を経過する日。以下「申請期限」といいます。）までに、免除を受けたい旨、免除を受けようとする贈与税に相当する金額及びその計算の明細その他の事項を記載した申請書（免除の手続に必要な書類その他の書類を添付したものに限ります。）を納税地の所轄税務署長に提出しなければなりません（措法70の7の5⑫）。

② 譲渡等を行ったときにおける時価（相続税評価額）の2分の1までの部分に対応する猶予税額の免除

この特例の適用を受ける特例経営承継受贈者または特例対象受贈非上場株式等に係る特例認定贈与承継会社が次のイからニまでのいずれかに掲げる場合に該当することとなった場合（その特例認定贈与承継会社の事業の継続が困難な事由として一定の事由が生じた場合に限ります。）において、その特例経営承継受贈者がそれぞれに掲げる贈与税の免除を受けようとするときは、その該当することとなった日から2月を経過する日（その該当することとなった日からその2月を経過する日までの間に特例経営承継受贈者が死亡した場合には、その特例経営承継受贈者の相続人がその特例経営承継受贈者の死亡による相続の開始があったことを知った日の翌日から6月を経過する日。以下「申請期限」といいます。）までに、免除を受けたい旨、免除を受けようとする贈与税に

相当する金額及びその計算の明細その他の事項を記載した申請書（免除の手続に必要な書類その他の書類を添付したものに限ります。）を納税地の所轄税務署長に提出しなければなりません（措法70の7の5⑫）。

イ　特例対象受贈非上場株式等の全部または一部の譲渡等をした場合

（イ）要件

　　特例経営贈与承継期間の末日の翌日以後に、特例経営承継受贈者が特例対象受贈非上場株式等の全部または一部の譲渡等をした場合（その特例経営承継受贈者の同族関係者以外の者に対して行う場合に限ります。）において、次の（ロ）に掲げる（a）及び（b）の金額の合計額がその譲渡等の直前における猶予中贈与税額（その譲渡等をした特例対象受贈非上場株式等の数または金額に対応する部分の額に限ります。）に満たないとき。

（ロ）申請により免除される贈与税額

　　猶予中贈与税額から次の（a）と（b）の合計額を控除した残額に相当する贈与税が申請により免除されます。

　　猶予中贈与税額　－　（　（a）　＋　（b）　）

（a）譲渡等の対価の額（その額がその譲渡等をした時における譲渡等をした数または金額に対応する特例対象受贈非上場株式等の相続税評価額の2分の1以下である場合には、相続税評価額の2分の1に相当する金額。）をこの特例の適用に係る贈与により取得をした特例対象受贈非上場株式等のその贈与の時における価額とみなして計算した納税猶予分の贈与税額。

（b）譲渡等があった日以前5年以内において、特例経営承継受贈者及びその特例経営承継受贈者の同族関係者がその特例認

定贈与承継会社から受けた剰余金の配当等の額とその特例認定贈与承継会社から受けた法人税法の規定により過大役員給与等とされる金額との合計額。
ロ　合併により消滅した場合
（イ）要件

　　特例経営贈与承継期間の末日の翌日以後に、特例対象受贈非上場株式等に係る特例認定贈与承継会社が合併により消滅した場合（吸収合併存続会社等が特例経営承継受贈者の同族関係者以外のものである場合に限ります。）において次の（ロ）に掲げる（ａ）及び（ｂ）の金額の合計額がその合併がその効力を生ずる直前における猶予中贈与税額に満たないとき。

（ロ）申請により免除される贈与税額

　　猶予中贈与税額から（ａ）と（ｂ）の合計額を控除した残額に相当する贈与税が申請により免除されます。

$$\boxed{猶予中贈与税額} - \left[\boxed{（a）} + \boxed{（b）}\right]$$

（ａ）合併対価（吸収合併存続会社等が合併に際して消滅する特例認定贈与承継会社の株主または社員に対して交付する財産をいいます。）の額（その額がその合併がその効力を生ずる直前における特例対象受贈非上場株式等の相続税評価額の２分の１以下である場合には、相続税評価額の２分の１に相当する金額。）をこの特例の適用に係る贈与により取得をした特例対象受贈非上場株式等のその贈与の時における価額とみなして計算した納税猶予分の贈与税額。

（ｂ）合併がその効力を生ずる日以前５年以内において、特例経

営承継受贈者及びその特例経営承継受贈者の同族関係者がその特例認定贈与承継会社から受けた剰余金の配当等の額とその特例認定贈与承継会社から受けた法人税法の規定により過大役員給与等とされる金額の合計額。

ハ 株式交換等により他の会社の株式交換等完全子会社となった場合
（イ）要件

　特例経営贈与承継期間の末日の翌日以後に、特例対象受贈非上場株式等に係る特例認定贈与承継会社が株式交換または株式移転（以下「株式交換等」といいます。）により他の会社の株式交換完全子会社等となった場合（他の会社が特例経営承継受贈者の同族関係者以外のものである場合に限ります。）において、次の（ロ）に掲げる（a）及び（b）の金額の金額の合計額がその株式交換等がその効力を生ずる直前における猶予中贈与税額に満たないとき。

（ロ）申請により免除される贈与税額

　猶予中贈与税額から（a）と（b）の合計額を控除した残額に相当する贈与税が申請により免除されます。

$$\boxed{猶予中贈与税額} - \left(\boxed{（a）} + \boxed{（b）}\right)$$

（a）交換等対価（他の会社が株式交換等に際して株式交換完全子会社等となった特例認定贈与承継会社の株主に対して交付する財産をいいます。）の額（その額がその株式交換等がその効力を生ずる直前における特例対象受贈非上場株式等の相続税評価額の2分の1以下である場合には、相続税評価額の2分の1に相当する金額。）をこの特例の適用に係る贈与により取得をした特例対象受贈非上場株式等のその贈与の時における価額とみなし

て計算した納税猶予分の贈与税額

（ｂ）株式交換等がその効力を生ずる日以前５年以内において、特例経営承継受贈者及びその特例経営承継受贈者の同族関係者がその特例認定贈与承継会社から受けた剰余金の配当等の額とその特例認定贈与承継会社から受けた法人税法の規定により過大役員給与等とされる金額の合計額。

ニ　解散をした場合

（イ）要件

特例経営贈与承継期間の末日の翌日以後に、特例対象受贈非上場株式等に係る特例認定贈与承継会社が解散をした場合において、次の（ロ）に掲げる（ａ）及び（ｂ）の金額の合計額がその解散の直前における猶予中贈与税額に満たないとき。

（ロ）申請により免除される贈与税額

猶予中贈与税額から（ａ）及び（ｂ）合計額を控除した残額に相当する贈与税が申請により免除されます。

$$\boxed{猶予中贈与税額} - \left(\boxed{(a)} + \boxed{(b)} \right)$$

（ａ）解散の直前における特例対象受贈非上場株式等の相続税評価額をこの特例の適用に係る贈与により取得をした特例対象受贈非上場株式等のその贈与の時における価額とみなして計算した納税猶予分の贈与税額。

（ｂ）解散の日以前５年以内において、特例経営承継受贈者及びその特例経営承継受贈者の同族関係者がその特例認定贈与承継会社から受けた剰余金の配当等の額及びその特例認定贈与承継会社から受けた法人税法の規定により過大役員給与とさ

れる金額の合計額。

[特例認定贈与承継会社の事業の継続が困難な事由として一定の事由]
　本制度が適用される「特例認定贈与承継会社の事業の継続が困難な事由として一定の事由」とは、次のいずれかに該当する場合をいいます（措令40の8の5、措規23の12の2⑳～㉓、措通70の7の5－26）。なお、特例認定贈与承継会社が解散をした場合にあっては、ニを除きます。
　イ　直前事業年度（特例経営承継受贈者または特例認定贈与承継会社が上記②イからニまでのいずれかに該当することとなった日の属する事業年度の前事業年度をいいます。）及びその直前の3事業年度（直前事業年度の終了の日の翌日以後6月を経過する日後に上記②イからニまでのいずれかに該当することとなった場合には、2事業年度）のうち2以上の事業年度において、特例認定贈与承継会社の経常損益金額（会社計算規則第91条第1項に規定する経常損益金額をいいます。）が零未満であること。
　ロ　直前事業年度及びその直前の3事業年度（直前事業年度の終了の日の翌日以後6月を経過する日後に上記②イからニまでのいずれかに該当することとなった場合には、2事業年度）のうち2以上の事業年度において、各事業年度の平均総収入金額（総収入金額（会社計算規則第88条第1項第4号に掲げる営業外収益及び同項第6号に掲げる特別利益以外のものに限ります。）を総収入金額に係る事業年度の月数で除して計算した金額をいいます。）が、各事業年度の前事業年度の平均総収入金額を下回ること。
　ハ　次に掲げる事由のいずれか（直前事業年度の終了の日の翌日以後6月を経過する日後に上記②イからニまでのいずれかに該当することとなった場合には、次の（イ）に掲げる事由）に該当すること。
　（イ）特例認定贈与承継会社の直前事業年度の終了の日における負債（利子（特例経営承継受贈者の同族関係者に対して支払うものを除きます。）の支払の基因となるものに限ります。次の（ロ）において同じです。）の帳簿価額が、直前事業年度の平均総収入金額に6を乗じて計算した金額以上であること。
　（ロ）特例認定贈与承継会社の直前事業年度の前事業年度の終了の日における負債の帳簿価額が、その事業年度の平均総収入金額に6を乗じて計算した金額以上であること。
　ニ　次に掲げる事由のいずれかに該当すること
　（イ）判定期間（直前事業年度の終了の日の1年前の日の属する月から同

8　納税猶予税額が免除される場合

月以後1年を経過する月までの期間をいいます。）における業種平均株価（注）が、前判定期間（判定期間の開始前1年間をいいます。次の（ロ）において同じです。）における業種平均株価を下回ること。
（ロ）前判定期間における業種平均株価が、前々判定期間（前判定期間の開始前1年間をいいます。）における業種平均株価を下回ること。
　　（注）業種平均株価とは、判定期間、前判定期間または前々判定期間に属する各月における上場株式平均株価（具体的には、非上場株式等の相続税評価額の算定に用いるために国税庁において公表する業種目別株価となります。）を合計した数を12で除して計算した価格をいいます。
ホ　特例経営承継受贈者（上記②イからハまでのいずれかに該当することとなった時において特例認定贈与承継会社の役員または業務を執行する社員であった者に限ります。）が心身の故障その他の事由によりその特例認定贈与承継会社の業務に従事することができなくなったこと。

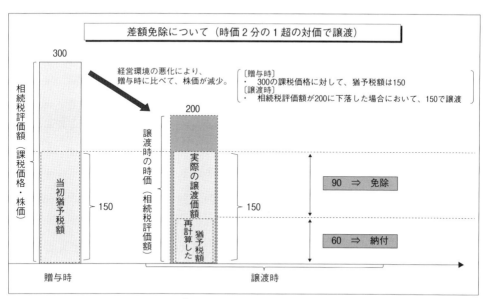

（財務省HP　平成30年度税制改正の解説　P604）

③　実際の譲渡等の価額が相続税評価額の２分の１を下回った場合の納税猶予

　上記②イからハまでに該当する場合で、かつ、次のイからハまでに該当する場合において、特例経営承継受贈者が下記④の適用を受けようとするときは、上記②にかかわらず、申請期限までに上記②イからハまでのそれぞれ（ａ）及び（ｂ）に掲げる金額の合計額に相当する担保を提供した場合で、かつ、その申請期限までにこの特例の適用を受けようとする旨、その金額の計算の明細その他の事項を記載した申請書を納税地の所轄税務署長に提出した場合に限り、再計算対象猶予税額（上記②イに該当する場合には猶予中贈与税額のうちその譲渡等をした特例対象受贈非上場株式等の数または金額に対応する部分の額をいい、上記②ロまたはハに該当する場合には猶予中贈与税額に相当する金額をいいます。）からその合計額を控除した残額を免除し、その合計額（上記①イに該当する場合には、その合計額に猶予中贈与税額からその再計算対象猶予税額を控除した残額を加算した金額）を猶予中贈与税額とすることができます（措法70の７の５⑬）。

イ　上記②イの対価の額がその譲渡等をした時における特例対象受贈非上場株式等の相続税評価額の２分の１以下である場合

ロ　上記②ロの合併対価の額が合併がその効力を生ずる直前における特例対象受贈非上場株式等の相続税評価額の２分の１以下である場合

ハ　上記②ハの交換等対価の額が株式交換等がその効力を生ずる直前における特例対象受贈非上場株式等の相続税評価額の２分の１以下である場合

8 納税猶予税額が免除される場合

(参考) 特例認定贈与承継会社の事業の継続が困難な事由とその判定について

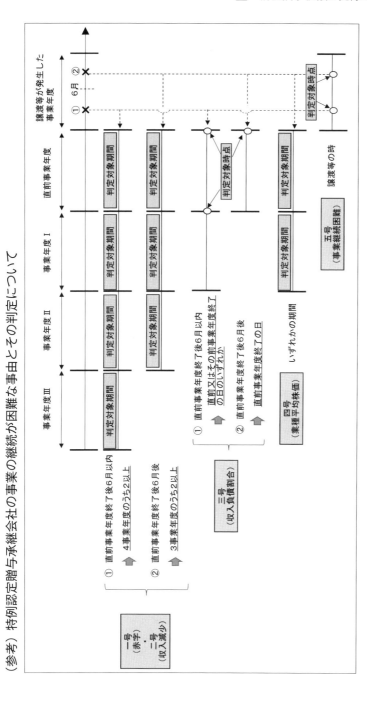

(注) 上記は、各事業年度が1年間の場合である。

(資産課税情報第16号(平成30年10月5日)措通70の7の5−26 解説より)

103

第1章　2　特例贈与税猶予制度

■実際の譲渡等の価額が相続税評価額の２分の１を下回った場合の納税猶予の流れ

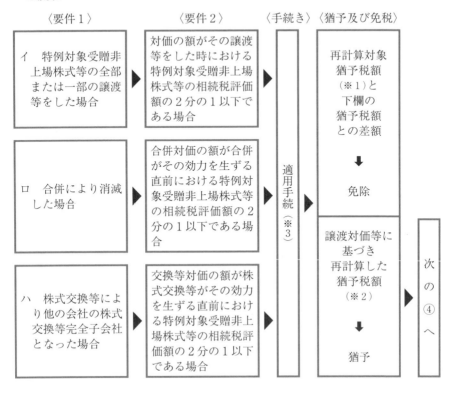

（※１）上記②イに該当する場合には猶予中贈与税額のうちその譲渡等をした特例対象受贈非上場株式等の数または金額に対応する部分の額をいい、上記②ロまたはハに該当する場合には猶予中贈与税額に相当する金額をいいます。

（※２）上記②イからハに掲げる（ａ）及び（ｂ）の合計額。

（※３）申請期限までに差額免除の申請書が提出されなかった場合等について、その提出がなかった場合の宥恕規定は設けられていないことに留意が必要です（措通70の7の5－31（注））。

④ 実際の譲渡等の価額が相続税評価額の２分の１を下回った場合の納税猶予税額の免除

上記②イからハまでに該当することとなった日から２年を経過する日において、上記③により猶予中贈与税額とされた金額に相当する贈与税の納税の猶予に係る期限及び免除については、次表に掲げる場合の区分に応じそれぞれに定めるところによります（措法70の７の５⑭）。

この場合、この贈与税及び納税猶予期間に対応する利子税を納付しなければなりません。

なお、次の表のイにより贈与税の免除を受けようとする特例経営承継受贈者は、再申請期限（※１）までに、免除を受けたい旨、免除を受けようとする贈与税に相当する金額及びその計算の明細その他の事項を記載した申請書（その免除の手続に必要な書類その他の書類を添付したものに限ります。）を納税地の所轄税務署長に提出しなければなりません（措法70の７の５の⑯）。なお、差額免除の申請書について、再申請期限までに提出がなかった場合の宥恕規定は設けられていないことに留意が必要です（措通70の７の５－35（注））。

	区分	納税の猶予に係る期限	免除される税額
イ	次に掲げる会社がその２年を経過する日においてその事業を継続している場合（※１） （イ）上記②イの場合におけるその譲渡等をした特例対象受贈非上場株式等に係る会社 （ロ）上記②ロの場合におけるその合併に係る吸収合併存続会社等 （ハ）上記②ハの場合におけるその株式交換等に係る株式交換完全子会社等	特例再計算贈与税額（上記③ロまたはハに該当する場合には、その合併または株式交換等に際して交付された株式等以外の財産の価額に対応する部分の額に限ります。）に相当する贈与税については、再申請期限（※１）をもって納税猶予に係る期限となります。	上記②により猶予中贈与税額とされた金額から特例再計算贈与税額（※２）を控除した残額に相当する贈与税。

第1章　2 特例贈与税猶予制度

ロ	上欄の（イ）から（ハ）までの会社がその２年を経過する日において事業を継続していない場合	上記②により猶予中贈与税額とされた金額（上記②イに該当する場合にはその譲渡等をした特例対象受贈非上場株式等の数または金額に対応する部分の額に、上記②ロまたはハに該当する場合にはその合併または株式交換等に際して交付された株式等以外の財産の価額に対応する部分の額に限ります。）に相当する贈与税については、再申請期限（※１）をもって納税猶予に係る期限となります。

（※１）「再申請期限」とは、その２年を経過する日から２月を経過する日（その２年を経過する日からその２月を経過する日までの間に特例経営承継受贈者が死亡した場合には、その特例経営承継受贈者の相続人がその特例経営承継受贈者の死亡による相続の開始があったことを知った日の翌日から６月を経過する日。）をいいます。

（※２）「事業を継続している場合」とは、次の要件のすべてを満たす場合をいいます（措令40の8の5㉛）。

　ⅰ　商品の販売その他の業務を行っていること。

　ⅱ　上記①イからハまでに該当することとなった時の直前における特例認定贈与承継会社の常時使用従業員のうちその総数の２分の１に相当する数（その数に１人未満の端数があるときはこれを切り捨てた数とし、その該当することとなった時の直前における常時使用従業員の数が１人のときは１人とします。）以上の者が、その該当することとなった時から上記の２年を経過する日まで引き続き上表イ（イ）から（ハ）までに掲げる会社の常時使用従業員であること。

　ⅲ　ⅱの常時使用従業員が勤務している事務所、店舗、工場その他これらに類するものを所有し、または賃借していること。

(※3)「特例再計算贈与税額」とは、実際の譲渡等の対価の額、合併対価の額または交換等対価の額に相当する金額を贈与により取得をした特例対象受贈非上場株式等のその贈与の時における価額とみなして計算した納税猶予分の贈与税額に、それぞれ上記②イ(ロ)(b)、ロ(ロ)(b)またはハ(ロ)(b)に掲げる金額を加算した金額をいいます。

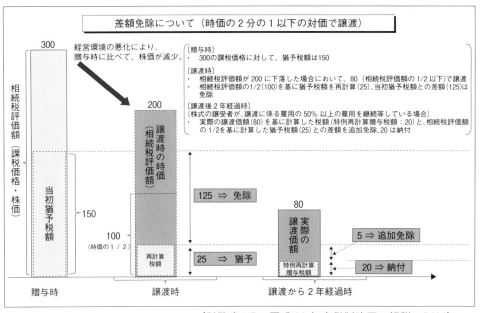

(財務省HP 平成30年度税制改正の解説 P606)

⑤ 税務署長による調査

税務署長は、上記②から④までの申請書の提出があった場合において、これらの申請書に記載された事項について調査を行い、これらの申請書に係る贈与税の免除をし、またはこれらの申請書に係る申請の却下をします。この場合において税務署長は、これらの申請書に係る申請期限または再申請期限の翌日から起算して6月以内に、免除をした贈与税の額または却下をした旨及びその理由を記載した書面により、これらの申請書を提出した特例経営承継受贈者に通知すること

されています（措法70の7の5⑰）。

9 その他の取扱い

(1) 他の納税猶予制度との重複適用の排除

同一の会社について、一般納税猶予制度または非上場株式等の贈与者が死亡した場合の相続税の納税猶予及び免除制度（措法70の7の4）と特例贈与税猶予制度を重複して適用することはできません（措法70の7の5②六ト）。

(2) 同族会社等の行為または計算の否認等の規定の準用

相続税法第64条（同族会社等の行為または計算の否認等）第1項及び第4項の規定は、本特例の適用を受ける特例経営承継受贈者もしくは特例経営承継受贈者に係る被相続人またはこれらの者と特別の関係がある者の相続税または贈与税の負担が不当に減少する結果となると認められる場合について準用されます（措法70の7の5⑩）。

(3) 利子税

本特例の適用を受けた特例経営承継受贈者は、納税猶予税額の全部または一部を納付する場合には、納付する税額を基礎とし、相続税の申告書の提出期限の翌日から納税の猶予の期間に応じ、年3.6％の割合を乗じて計算した金額に相当する利子税をあわせて納付しなければなりません（措法70の7の5㉒）。

(4) 特例認定贈与承継会社に該当しない会社

特例対象受贈非上場株式等に係る特例認定贈与承継会社が、特例贈与税猶予制度の規定の適用を受けようとする特例経営承継受贈者及び特例

経営承継受贈者の同族関係者から現物出資または贈与により取得をした資産（贈与の時前3年以内に取得をしたものに限り、次の②において「現物出資等資産」といいます）がある場合において、贈与の時における次の①に掲げる金額に対する次の②に掲げる金額の割合が70％以上であるときは、特例経営承継受贈与については、特例贈与税猶予制度の規定は適用されません（措法70の7の5㉔）。

① 特例認定贈与承継会社の資産の価額の合計額。
② 現物出資等資産の価額（特例認定贈与承継会社が贈与の時において現物出資等資産を有していない場合には、贈与の時に有しているものとしたときにおける現物出資等資産の価額）の合計額。

$$\text{非適用会社} = \frac{\text{② 現物出資等資産の価額（時価）}}{\text{① 特例認定贈与承継会社の資産の価額（時価）}} \times 100 \geq 70\%$$

なお、上記の特例認定贈与承継会社の資産の価額及び現物出資等資産の価額とは、贈与の時における財産評価基本通達の定めにより計算した価額をいいます（措通70の7の5－42）。

(5) 相続時精算課税制度との併用

① 平成29年度税制改正

　　従来、一般贈与税猶予制度の適用は、暦年課税の適用を受ける贈与に限られていましたが、猶予期限の確定事由に該当した場合には、相続税より累進度の高い税率により計算された猶予税額の納付が必要となることから、その税負担の可能性が制度の利用を躊躇させる一因となっているとの指摘を踏まえ、平成29年度税制改正において、相続時精算課税の適用を受けることができる者（贈与者の推定相続人である直系卑属または孫）については、相続時精算課税の適用を受ける贈与であっても納税猶予の適用を受けることを可能とする改正（旧措法70の7

③の相続時精算課税の除外規定の削除。）が平成29年度税制改正で行われました。

　この措置は、特例納税猶予制度でも準用されています。

② 　相続時精算課税との調整

　上記①の改正の結果、相続時精算課税の適用を受ける対象受贈非上場株式等について、猶予継続贈与（その対象受贈非上場株式等について受贈者が贈与税の納税猶予の適用を受ける場合における贈与をいいます。以下同じです。）をする場合や猶予継続贈与により取得する場面も想定されますが、これらの場合において、その経営承継受贈者に係る贈与者（特定贈与者）が死亡したときは「相続時精算課税に係る相続税額の規定」（相法21の14〜21の16）と「非上場株式等の贈与者が死亡した場合の相続税の課税の特例」（措法70の7の3）とが重複して適用される場面も生じ得ることから、事業承継税制の贈与・相続を通じた事業の承継を支援するという趣旨なども踏まえつつ、次に掲げる対象受贈非上場株式等については、相続時精算課税に係る相続税額の規定（相続税法第21条の14から第21条の16までの規定）を適用しないこととする調整規定が平成29年度税制改正で措置されています（措法70の7⑬九・十）。

　この措置は、特例納税猶予制度でも準用されています（措法70の7の5⑩）。

　イ　経営承継受贈者が有する特例受贈非上場株式等（相続時精算課税（「相続時精算課税適用者の特例」（措法70の2の6①）または「特定の贈与者から住宅取得等資金の贈与を受けた場合の相続時精算課税の特例」（措法70の3①）において準用する場合を含みます。イにおいて同じです。）の適用を受けるものに限ります。）の全部または一部につい

て猶予継続贈与をした場合において、その経営承継受贈者に係る贈与者の相続が開始したときにおけるその猶予継続贈与をした特例受贈非上場株式等。

ロ 経営承継受贈者に係る特例対象贈与が猶予継続贈与（相続時精算課税の適用を受ける特例受贈非上場株式等に係る贈与に限ります。以下②において「第二贈与」といいます。）であり、かつ、その特例受贈非上場株式等が第二贈与者（その第二贈与をした者をいいます。以下②において同じです。）が第一贈与者（第二贈与前に第二贈与者にその特例受贈非上場株式等の贈与をした者をいいます。）からの贈与により取得をしたものである場合において、その第二贈与者が死亡したときにおけるその経営承継受贈者がその第二贈与により取得をしたその特例受贈非上場株式等。

第1章 ❷ 特例贈与税猶予制度

■相続時精算課税制度との調整措置

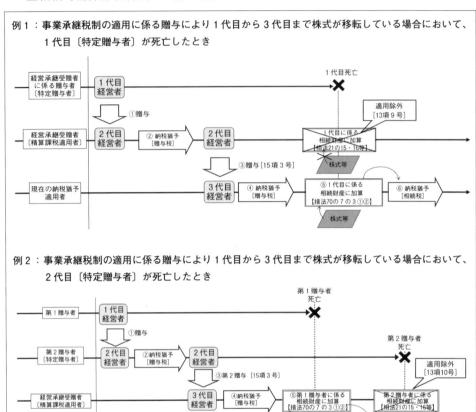

(財務省HP 平成29年度税制改正の解説 P619)

③ 平成30年度税制改正

　平成30年度税制改正では、中小企業の世代交代を集中的に促進するため、特例贈与税猶予制度が創設されましたが、同制度の利用を一層促す観点から、特例贈与者の推定相続人または孫以外の者であっても、特例贈与税猶予制度の適用を受ける場合には、相続時精算課税の

9　その他の取扱い

適用を受けることが可能となりました。

具体的には、贈与により特例贈与税猶予制度の適用に係る特例対象受贈非上場株式等を取得したその特例の適用を受ける特例経営承継受贈者が、特例贈与者の推定相続人（※）以外の者（その特例贈与者の孫を除き、その年1月1日において20歳以上である者に限ります。）であり、かつ、その特例贈与者が同日において60歳以上の者である場合には、その贈与によりその特例対象受贈非上場株式等を取得した特例経営承継受贈者については、相続時精算課税の適用を選択することができることとされました（措法70の2の7）。

本制度は、特例贈与税猶予制度を適用する場合にのみ適用がありますので、一般贈与税猶予制度を適用する場合には、適用がありません。

（※）本制度の適用に係る「推定相続人」とは、相続税法第21条の9第1項に規定する推定相続人（贈与をした者の直系卑属である者のうち、その年1月1日において、20歳以上であるもの。）をいいます（措通70の2の7-2）。

④　相続時精算課税制度を併用する場合の留意点

特に、次の3点について、特例納税猶予制度と相続時精算課税制度の併用は留意すべき点があるため、慎重な対応が必要と考えます。

イ　経営環境の悪化に伴う減免特例と相続時精算課税の留意点

相続時精算課税の適用による贈与を受けている場合には、経営環境の悪化に伴う減免特例の適用を受けた場合でも、租税特別措置法第70条の7の7第1項（みなし相続）の規定の適用がありません。

このため、経営環境の悪化により贈与税の減免を受けた場合でも、特例贈与者の相続時に、贈与時の価額（減免特例適用前の価額）で相続税の課税が行われるものと考えられます（相法21の15、相法

21 の 16)。

これに対して、暦年課税の場合には、贈与税の減免のみで課税関係が終了することになります。

■ (特例) 贈与者が死亡した場合の扱い

(特例)贈与者の死亡	後継者の選択制度	(特例)贈与者の死亡時の状況	相続財産への加算根拠	(特例)贈与者死亡時の相続財産への加算額	相続後
(特例)贈与者の死亡 ⇨猶予中贈与税額の免除 (措法70の7⑮二) (措法70の7の5⑪)	暦年課税	猶予継続中	措法70の7の3、措法70の7の7	贈与時の価額(※1)	措法70の7の4、措法70の7の8
		一部期限確定、全部期限確定、経営環境悪化減免適用(特例措置)	相法19(3年以内生前贈与加算)	贈与時の価額(3年以内のみ)	
	精算課税	猶予継続中	措法70の7の3、措法70の7の7	贈与時の価額(※1)	措法70の7の4、措法70の7の8
		一部期限確定、全部期限確定、経営環境悪化減免適用(特例措置)	相法21の15、相法21の16	贈与時の価額(※2)	

(※1) 一部期限確定の場合には、措通70の7の3の1等による相続税への加算額の調整計算あり。

(※2) 経営環境悪化減免適用(特例納税猶予制度)の場合でも、相続財産への加算額の価額調整なし。

ロ (特例) 贈与者よりも後継者が先に死亡した場合と相続時精算課税の留意点

相続時精算課税を選択している後継者が (特例) 贈与者よりも先に

死亡した場合には、納税猶予税額は免除され、租税特別措置法第70条の7の7（みなし相続）の規定の適用はありません。

ただし、死亡した後継者の相続人は、その後継者の相続時精算課税選択による相続税の納付義務を承継することになります（相法21の17）。

結果、(特例) 贈与者の死亡時に、後継者が贈与を受けた時の価額で、相続時精算課税適用財産が（特例）贈与者の相続財産に加算されるものと考えられます（相法21の15、相法21の16）。この論点は、一般納税猶予制度でも同様の留意点として存在しています。

■ （特例）贈与者より先に後継者が死亡した場合

後継者の死亡	後継者の選択制度	後継者の相続人	相続財産への加算根拠	(特例)贈与者死亡時の相続財産への加算額
(特例)贈与者より先に後継者が死亡 ⇨猶予中贈与税額の免除 （措法70の7⑮一） （措法70の7の5⑪）	暦年課税	課税関係終了	なし	
	精算課税	後継者の相続税の納付義務承継（相法21の17）	相法21の15、相法21の16	贈与時の価額

ハ　親族外後継者への相続時精算課税制度の適用の留意点

例えば、株式の集約などを目的に、親族外の少数株主から後継者の贈与につき相続時精算課税制度と併用する場合、その特例贈与者の相続時に親族外の後継者が、相続税の申告に参加することになります。

また、少数株主から親族外の後継者への贈与は、評価方法が配当還元方式ではなく原則的評価方式になるため、その少数株主の相続財産が増加する結果となり、その少数株主の相続人の相続税負担に影響を与える可能性があります。

❸ 特例相続税猶予制度

1 制度の概要

(1) 概要

　特例経営承継相続人等が、特例被相続人（特例認定承継会社の非上場株式等を有していた個人をいいます。）から相続または遺贈によりその特例認定承継会社の非上場株式等の取得をした場合には、その相続に係る相続税の申告書の提出により納付すべき相続税の額のうち、特例対象非上場株式等(※)に係る納税猶予分の相続税額に相当する相続税については、相続税の申告書の提出期限までにその納税猶予分の相続税額に相当する担保を提供した場合に限り、その特例経営承継相続人等の死亡の日までその納税が猶予されます（措法70の7の6①）。

　(※) 特例対象非上場株式等とは、その相続または遺贈により取得した非上場株式等で相続税の申告書に特例相続税猶予制度の適用を受けようとする旨の記載があるものをいいます。

(2) 適用期限

　特例相続税猶予制度（以下❸において「本特例」といいます。）は、平成30年1月1日から平成39年（2027年）3月31日までの間の最初の本特例の適用に係る相続または遺贈による取得及びその取得の日から特例経営承継期間の末日までの間に相続税の期限内申告書の提出期限が到来する相続または遺贈により取得した特例対象非上場株式等に限り適用があります。

　また、本特例の適用に当たっては、平成35年（2023年）12月31日までに、円滑化省令に基づき、認定支援機関の所見を記載した「特例承継計画」を作成して都道府県知事に提出し、確認を受けなければなりません。

2 用語の意義

■制度の対象となる承継のタイミング

【相続が最初の場合】
　X1年7月1日に最初の相続を受けた場合、経営承継期間等の末日はX7年5月1日
⇒　最初の相続の日からX7年5月1日までに申告書の提出期限が到来する贈与・相続が対象

（東京国税局資料）

2　用語の意義

(1) 特例認定承継会社

　特例認定承継会社とは、中小企業における経営の承継の円滑化に関する法律（以下、「経営承継円滑化法」といいます。）第2条に規定する中小企業者のうち、特例円滑化法認定を受けた会社で、相続の開始の時において一定の要件を満たす会社をいいます（措法70の7の6②一）。

　一定の要件については、次の **3** (3)「特例認定承継会社の要件」を参照してください。

[中小企業者の意義]

　中小企業者とは、経営承継円滑化法第2条に規定する中小企業者をいいます。同条の中小企業者とは、中小企業基本法上の中小企業者を基本とし、業種の実態を踏まえ政令によりその範囲を拡大しており、その営む業種により以下のような会社または個人とされています。

<table>
<tr><th colspan="3">中小企業基本法上の
中小企業者の定義</th></tr>
<tr><th></th><th>資本金</th><th>従業員数</th></tr>
<tr><td>製造業その他</td><td>3億円以下</td><td>300人以下</td></tr>
<tr><td>卸売業</td><td>1億円以下</td><td>100人以下</td></tr>
<tr><td>小売業</td><td rowspan="2">5千万円以下</td><td>50人以下</td></tr>
<tr><td>サービス業</td><td>100人以下</td></tr>
</table>

<table>
<tr><th colspan="3">政令により範囲を拡大した業種
(灰色部分を拡大)</th></tr>
<tr><th></th><th>資本金</th><th>従業員数
（または）</th></tr>
<tr><td>製造業その他</td><td>3億円以下</td><td>300人以下</td></tr>
<tr><td>ゴム製品製造業（自動車または航空機用タイヤ及びチューブ製造業並びに工業用ベルト製造業を除く）</td><td>3億円以下</td><td>900人以下</td></tr>
<tr><td>ソフトウェア・情報処理サービス業</td><td>3億円以下</td><td>300人以下</td></tr>
<tr><td>旅館業</td><td>5千万円以下</td><td>200人以下</td></tr>
</table>

　なお、医療法人や社会福祉法人、外国会社は中小企業基本法における中小企業者には該当しません。

　また、事業承継税制の対象となる「会社」は、会社法上の会社と解されることから、税理士法人等の士業法人の持分は対象とならないと解されています。

(2) 特例円滑化法認定

　特例円滑化法認定とは、経営承継円滑化法第12条第1項（同項1号に係るものとして中小企業における経営の承継の円滑化に関する法律施行規則（以下、「円滑化省令」といいます。）第6条第1項第12号または第14号に規定する相続または遺贈に係るものに限ります。）の経済産業大臣（同法の政令の規定に基づき都道府県知事が行うこととされている場合にあっては、その都道府県知事。）の認定をいいます（措法70の7の6②二）。

(3) 資産保有型会社

　資産保有型会社とは、本特例の適用に係る相続の開始の日の属する事

業年度の直前の事業年度の開始の日から猶予中相続税額に相当する相続税の全部につき納税の猶予に係る期限の確定する日までの期間のいずれかの日において、次の算式を満たす会社をいいます（措法70の7の6②三）。

$$\frac{b + c}{a + c} \geqq \frac{70}{100}$$

a：そのいずれかの日におけるその会社の総資産の帳簿価額の総額
b：そのいずれかの日におけるその会社の特定資産（現金、預貯金その他これらに類する資産として租税特別措置法施行規則第23条の12の2第7項に規定するものをいいます。）の帳簿価額の合計額。

> 「租税特別措置法施行規則第23条の12の2第7項に規定するもの」は、円滑化省令第1条第12項第二号イからホに掲げるものをいうとされ、その内容は以下の通りです。
>
> イ）一定の有価証券及び有価証券とみなされる権利で、会社の特別子会社の株式または持分以外のもの。
> ロ）会社が現に自ら使用していない不動産（一部分の場合はその一部分）。
> ハ）会社の事業供用目的以外で所有するゴルフ場その他の施設の利用に関する権利。
> ニ）会社の事業供用目的以外ので所有する絵画、彫刻、工芸品その他の有形文化的所産である動産、貴金属及び宝石。
> ホ）現金、預貯金その他これらに類する資産（後継者への貸付金、未収金その他これらに類する資産を含みます。）。

c：そのいずれかの日以前5年以内において特例経営承継相続人等及びその特例経営承継相続人等の同族関係者等（その特例経営承継相続人等と租税特別措置法第40条の8の5第14項に定める特別の関係がある者をいいます。）がその会社から受けた次のi及びiiに掲げる額の合計額。
　i　その会社から受けたその会社の株式等に係る剰余金の配当または利益の配当の額の合計額（最初の本特例の適用に係る相続の開始の時（特例認定承継会社の非上場株式等について、その相続の開始の時前に特例相続税猶予制度の規定の適用に係る相続または遺贈によりその非上場株式等の取得をしている場合には、最初のその適用に係る相続の開始の時）前に受けたものを除きます。）。

ⅱ その会社から支給された給与（最初の本特例の適用に係る相続の開始の時前に支給されたものを除きます。）の額のうち、法人税法第34条（過大役員給与）または第36条（過大な使用人給与）の規定によりその会社の各事業年度の所得の金額の計算上損金の額に算入されないこととなる金額。

(4) 資産運用型会社

資産運用型会社とは、本特例の適用に係る相続の開始の日の属する事業年度の直前の事業年度の開始の日から猶予中相続税額に相当する相続税の全部につき納税の猶予に係る期限が確定する日までに終了する事業年度の末日までの期間のいずれかの事業年度において次の算式を満たす会社をいいます（措法70の7の6②四）。

$$\frac{b}{a} \geqq \frac{75}{100}$$

a：そのいずれかの事業年度における総収入金額
b：そのいずれかの日における特定資産の運用収入の合計額

(5) 非上場株式等

非上場株式等とは、国内外の金融商品取引所等に上場していない、または、上場の申請等がされていない株式をいい、具体的には次に掲げる要件を満たす株式をいいます（措法70の7の6②五）。

① 金融証券取引法第2条第16項に規定する金融商品取引所に上場されていないことその他租税特別措置法施行規則第23条の9第7項に規定する要件を満たす株式。

② 合名会社、合資会社または合同会社の出資のうち租税特別措置法施行規則第23条の9第8項に規定する要件を満たす出資。

2 用語の意義

(6) 特例経営承継期間

特例経営承継期間とは、本特例の適用に係る相続税の申告書の提出期限の翌日から次の①または②に掲げる日のいずれか早い日、もしくは、③に掲げる日のいずれか早い日までの期間をいいます（措法70の7の6②六）。

① 特例経営承継相続人等の最初の本制度の適用に係る相続に係る相続税の申告書の提出期限の翌日以後5年を経過する日。

② 特例経営承継相続人等の特例贈与税猶予制度の適用に係る贈与の日の属する年分の贈与税の申告書の提出期限の翌日以後5年を経過する日。

③ 本特例の適用を受ける特例経営承継相続人等の死亡の日の前日。

(参考) 特例経営贈与承継期間等の具体例（原則）

【ケース1】 A社株式を、×1年に父から贈与され、×4年に母から贈与された場合

⇨ 父からの贈与に係る特例経営贈与承継期間：

×2年3月16日〜×7年3月15日

母からの贈与に係る特例経営贈与承継期間：

×5年3月16日〜×7年3月15日

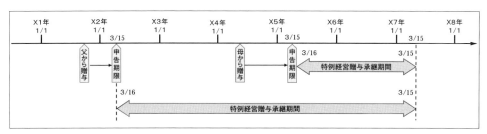

【ケース2】 A社株式を、×1年8月1日に父から相続し、×4年に母から贈与された場合

⇨ 父からの相続に係る特例経営承継期間：

第1章 ❸ 特例相続税猶予制度

×2年6月2日～×7年6月2日

母からの贈与に係る特例経営贈与承継期間：

×5年3月16日～×7年6月2日

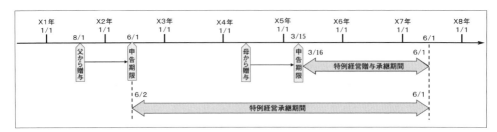

【ケース3】A社株式を、×1年に父から贈与され、×4年に母から贈与された後、×5年6月1日に父が死亡した場合（措置法第70条の7の8第1項を適用）

⇨ 父からの贈与に係る特例経営贈与承継期間：

×2年3月16日～×5年5月31日

父からの承継に係る特例経営相続承継期間：

×5年6月1日～×7年3月15日

母からの贈与に係る特例経営贈与承継期間：

×5年3月16日～×7年3月15日

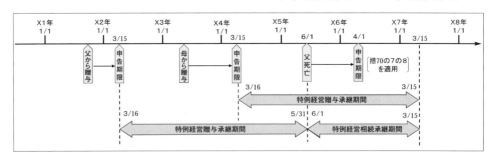

（資産課税情報第16号（平成30年10月5日）措通70の7－13の2解説より（一部改訂））

122

2 用語の意義

(7) 特例経営承継相続人等

　特例経営承継相続人等とは、特例被相続人から特例相続税猶予制度の適用に係る特例認定承継会社の非上場株式等の取得をした個人で、一定の要件を満たす者（その者が2人または3人以上ある場合には、特例認定承継会社が定めた2人または3人。）をいいます（措法70の7の6②七）。

　一定の要件については、次の **3** (2)「特例経営承継相続人等の要件」を参照してください。

(8) 納税猶予分の相続税額

　納税猶予分の相続税額とは、特例相続税猶予制度の適用に係る特例対象非上場株式等の価額を特例経営承継相続人等に係る相続税の課税価格とみなして一定の計算をしたその特例経営承継相続人等の相続税の額をいいます（措法70の7の8②八）。具体的な計算は、次の **4**「納税猶予分の相続税額の計算」を参照してください。

(9) 経営報告基準日

　経営報告基準日とは、次の①または②に掲げる期間の区分に応じ、それぞれに定める日をいいます。

① 第1種基準日

　　特例経営承継期間において、特例相続税猶予制度の規定の適用に係る相続税の申告書の提出期限（特例経営承継相続人等が特例相続税猶予制度の規定の適用を受ける前に、特例対象非上場株式等に係る特例認定承継会社の非上場株式等について特例贈与税猶予制度の規定の適用を受けている場合にはその贈与税の申告書の提出期限。）の翌日から1年を経過するごとの日。

② 第2種基準日

特例経営承継期間の末日の翌日から、納税猶予分の相続税額に相当する相続税の全部につき、納税猶予の期限の確定する日までの期間において、その末日の翌日から3年を経過するごとの日。

3 適用を受けるための要件

(1) 特例被相続人の要件

特例被相続人とは、特例認定承継会社の非上場株式等を有していた個人として次の区分に応じ、それぞれに定める者をいいます（措令40の8の6①）。

① 先代経営者（最初の相続に係る被相続人）

相続の開始前において、その特例認定承継会社の代表権（制限が加えられた代表権を除きます。以下同じです。）を有していた個人で、次に掲げる要件のすべてを満たすもの。

イ 相続の開始の直前（※）において、その個人及びその個人の同族関係者の有する非上場株式等に係る特例認定承継会社の議決権の数の合計が、その特例認定承継会社の総株主等議決権数の100分の50を超える数であること。

（※）その個人が相続の開始の直前においてその特例認定承継会社の代表権を有していない場合には、その個人が代表権を有していた期間内のいずれかのとき及びその相続の開始の直前。

ロ 相続の開始の直前（※1）において、その個人が有するその特例認定承継会社の非上場株式等に係る議決権の数が、その個人の同族関係者（※2）のうちいずれの者が有するその非上場株式等に係る議決権の数をも下回らないこと。

(※1) その個人が相続の開始の直前においてその特例認定承継会社の代表権を有していない場合には、その個人が代表権を有していた期間内のいずれかのとき及びその相続の開始の直前。

(※2) その特例認定承継会社の特例経営承継相続人等となる者を除きます。

② 先代経営者以外の者（2回目以降の相続に係る被相続人）

本特例の適用に係る相続の開始の直前において、次に掲げる者のいずれかに該当する者がある場合の、その特例認定承継会社の非上場株式等を有していた個人。

イ　その特例認定承継会社の非上場株式等について、本特例、特例贈与税猶予制度または非上場株式等の特例贈与者が死亡した場合の相続税の納税猶予制度の特例（措法70の7の8①）の適用を受けている者。

ロ　特例贈与者から特例贈与税猶予制度の適用に係る贈与によりその特例認定贈与承継会社の非上場株式等の取得をしている者で、その贈与に係る贈与税の申告期限が到来していないため、まだその申告をしていないもの。

ハ　上記①の者から特例相続税猶予制度の適用に係る相続または遺贈によりその特例認定承継会社の非上場株式等の取得をしている者でその相続に係る相続税の申告期限が到来していないため、まだその申告をしていないもの。

(2) 特例経営承継相続人等の要件

特例経営承継相続人等とは、特例被相続人から、本特例の適用に係る相続または遺贈により特例認定承継会社の非上場株式等の取得をした個

人で、次に掲げる要件のすべてを満たす者（その者が２人または３人以上ある場合には、特例認定承継会社が定めた２人または３人。）をいいます（措法70の7の6②七、措規23の12の3⑨）。

① 代表者就任

その相続開始の日の翌日から５月を経過する日においてその特例認定承継会社の代表権を有していること。

② 同族関係者と併せて50％超の議決権を所有

その相続の開始の時において、次の算式を満たすこと。

$$\frac{b}{a} > \frac{50}{100}$$

a：その特例認定承継会社に係る総株主等議決権数
b：その個人及びその個人の同族関係者等の有するその特例認定承継会社の非上場株式等の議決権の数

③ 同族関係者の中で筆頭株主であること等

次に掲げる場合の区分に応じ、それぞれ次に定める要件を満たしていること。

イ　その個人が１人の場合

その個人の議決権の数が、その個人の同族関係者（同一の会社について本制度及び特例贈与税猶予制度の適用を受ける者を除きます。）のうちいずれの者が有する議決権の数をも下回らないこと。

ロ　その個人が２人または３人の場合

次の（イ）及び（ロ）の要件をすべて満たすこと。

（イ）その個人の有する議決権の数が、総株主等議決権数の100

分の 10 以上であること。

(ロ) その個人の同族関係者（同一の会社について本制度及び特例贈与税猶予制度の適用を受ける者を除きます。）のうちいずれの者が有する議決権の数をも下回らないこと。

④ 申告期限まで継続保有

　その個人が、その相続開始の時からその相続に係る相続税の申告書の提出期限（その提出期限前にその個人が死亡した場合には、その死亡の日）まで引き続きその相続または遺贈により取得をしたその特例認定承継会社の特例対象非上場株式等のすべてを有していること。

⑤ 一般納税猶予制度の適用を受けていないこと

　その個人が、一般納税猶予制度（措法 70 の 7 ①、措法 70 の 7 の 2 ①または措法 70 の 7 の 4 ①）の適用を受けていないこと。

⑥ 特例承継計画に記載された特例後継者であること等

　その個人が、その特例認定承継会社の経営を確実に承継すると認められる要件として、次に掲げる要件（特例被相続人が 60 歳未満で死亡した場合にはロを除きます。）を満たすこと。

イ　その個人が、都道府県知事の確認を受けた特例承継計画に係る特例後継者であること（措法 70 の 7 の 6 ②七ヘ、措規 23 の 12 の 3 ⑨）。

　なお、特例相続税猶予制度の適用の前提となる都道府県知事の確認を受けようとする者は、平成 35 年（2023 年）3 月 31 日までに、特例承継計画（円滑化省令 16 一）を記載した申請書に同項に規定する認定支援機関の所見等を記載して、都道府県知事に提出しなければならないので留意が必要です。

ロ　その個人が、本特例の適用に係る相続の開始の直前において、特例認定承継会社の役員であったこと。

(3) 特例認定承継会社の要件

　特例認定承継会社とは、経営承継円滑化法第2条に規定する中小企業者のうち、特例円滑化法認定を受けた会社で、相続の開始の時において、次に掲げる要件のすべてを満たすものをいいます。

　なお、その会社が合併により消滅した場合には、その合併によりその会社の権利義務のすべてを承継した会社、株式交換または株式移転により他の会社の株式交換完全子会社等となった場合にはその他の会社がこれらの要件を満たす必要があります。

① 　常時使用従業員の数

　　その会社の常時使用従業員の数が、1人以上であること（措法70の7の6②一イ）。ただし、その会社の特別関係会社が会社法第2条第2号に規定する外国会社に該当する場合にあっては、その会社の常時使用従業員の数が5人以上であること（その会社またはその会社との間に支配関係（措令40の8の5⑧）がある法人がその特別関係会社の株式等を有する場合に限ります。（措法70の7の6②一ホ））。

［常時使用従業員］
　常時使用従業員とは、次に掲げる者をいいます。
① 　厚生年金法第9条、船員保険法第2条または健康保険法第3条第1項に規定する被保険者。
② 　その会社と2月を超える雇用契約を締結している者で、75歳以上であるもの。

---

② 資産保有型会社等に該当しないこと

その会社が、資産保有型会社または資産運用型会社のうち事業実態要件を備えていないものとして一定の会社に該当しないこと（措法70の7の6②一ロ）。

[事業実態要件]
資産保有型会社または資産運用型会社（以下「資産保有型会社等」といいます。）であっても、次に掲げるいずれかに該当する会社である場合には、事業実態があるとされることから、他の要件を満たす限りにおいて、特例認定承継会社となることができます（措令40の8の5⑤）。
(1) その資産保有型会社等が次に掲げる要件のすべてを満たす場合
　イ　相続の開始の時において、その資産保有型会社等が商品の販売その他の業務で一定のものを行っていること。
　ロ　相続の開始の時において、その資産保有型会社等の親族外従業員の数が5人以上であること。
　ハ　相続の開始の時において、その資産保有型会社等がロの親族外従業員が勤務している事務所、店舗、工場その他これらに類するものを所有しまたは賃借していること。

(2) その資産保有型会社等の特定資産から次の要件を満たす特別関係会社の株式等を除いた場合に、資産保有型会社または資産運用型会社に該当しない場合
　イ　その資産保有型会社等に該当することとなった日（以下「該当日」といいます。）において、その特別関係会社が、商品の販売その他の業務で一定のものを行っていること。
　ロ　その該当日において、その特別関係会社の親族外従業員の数が5人以上であること
　ハ　その該当日において、その特別関係会社がロの親族外従業員が勤務している事務所、店舗、工場その他これらに類するものを所有または賃借していること。

③ 非上場会社であること

　その会社の株式等及び「特別関係会社」のうち、「特定特別関係会社」の株式等が非上場株式等に該当すること（措法70の7の6②一ハ）。

④ 風俗営業会社でないこと

　その会社及び特定特別関係会社が、風俗営業会社に該当しないこと（措法70の7の6②一ニ）。

> [風俗営業会社]
> 　風俗営業会社とは、風俗営業等の規則及び業務の適正化に関する法律第2条第5項に規定する性風俗関連特殊営業に該当する事業を営む会社をいいます（措法70の7②一二）。

⑤ 円滑な事業運営を確保するために必要な要件

　会社の円滑な事業の運営を確保するために必要な要件として次のものを備えていること（措法70の7の6②一ヘ）。

　イ　その会社の本特例の適用に係る相続の開始の日の属する事業年度の直前の事業年度（その相続の開始の日がその相続の開始の日の属する事業年度の末日である場合には、その相続の開始の日の属する事業年度及びその事業年度の直前の事業年度。）における総収入金額が、零を超えること。

　ロ　その会社が発行する黄金株（会社法第108条第1項8号に掲げる事項についての定めがある種類の株式。）を、特例経営承継相続人等以外の者が有していないこと。

　ハ　その会社の特定特別関係会社が、中小企業における経営の承継の円滑化に関する法律第2条に規定する中小企業者に該当すること。

⑥ 現物出資または贈与による取得資産がないこと

　特例認定承継会社が、特例経営承継相続人等及びその同族関係者等から、その相続の開始前3年以内に現物出資または贈与により取得した資産が、その特例認定承継会社の資産の価額の合計額の70％以上でないこと（措法70の7の6㉕）。

4　納税猶予分の相続税額の計算

(1) 納税猶予分の相続税額

　納税猶予分の相続税額とは、特定価額（※）を特例経営承継相続人等に係る相続税の課税価格とみなして、債務控除（相法13）から相続開始前3年以内の生前贈与加算（相法19）、相続時精算課税に関する各規定（相法21の15①②、相法21の16①②）を適用して計算したその特例経営承継相続人等の相続税額をいいます。

　（※）本特例の適用に係る特例対象非上場株式等の価額（債務控除の規定により控除すべき債務がある場合において、控除未済債務額（次の(2)参照。）があるときは、その特例対象非上場株式等の価額から控除未済債務額を控除した残額。）。

(2) 控除未済債務額

　控除未済債務額とは、次の①に掲げる金額から②に掲げる金額を控除した金額をいいます。ただし、その金額が零を下回る場合は、零とします。

① 債務控除（相法13）の規定により控除すべき特例経営承継相続人等の負担に属する部分の金額。

② 上記①の特例経営承継相続人等が相続または遺贈により取得した財産の価額から特例対象非上場株式等の価額を控除した残額。

(3) 特例認定承継会社が2以上ある場合

　特例相続税猶予制度の適用を受ける特例認定承継会社が2以上ある場合における納税猶予分の相続税額は、特例認定承継会社に係る特例経営承継相続人等が特例被相続人から相続または遺贈により取得をしたすべての特例認定承継会社の特例対象非上場株式等の価額の合計額を、特例経営承継相続人に係る相続税の課税価格とみなして計算することになります。

　この場合において、特例対象非上場株式等の異なるものごとの納税猶予分の相続税額は、次の算式により計算した金額となります。

$$納税猶予分の相続税額 \times \frac{特例対象非上場株式等の異なるものごとの価額}{すべての特例対象非上場株式等の価額の合計額}$$

4　納税猶予分の相続税額の計算

■納税猶予分の相続税額の計算イメージ

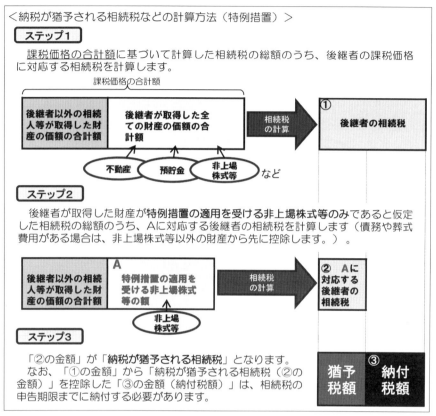

（国税庁資料（H 30.4）より抜粋）

（※）「A」の算定に当たり、後継者が負担した債務や葬式費用の金額がある場合には、非上場株式等以外の部分から先にその金額を控除して計算します。また、本制度の適用を受ける非上場株式等に係る会社棟が一定の外国会社等の場合には、その外国会社等の株式等を有していなかったものとして計算した価額となります。

第1章　3 特例相続税猶予制度

[参考] 一般相続税猶予制度の場合の計算イメージ

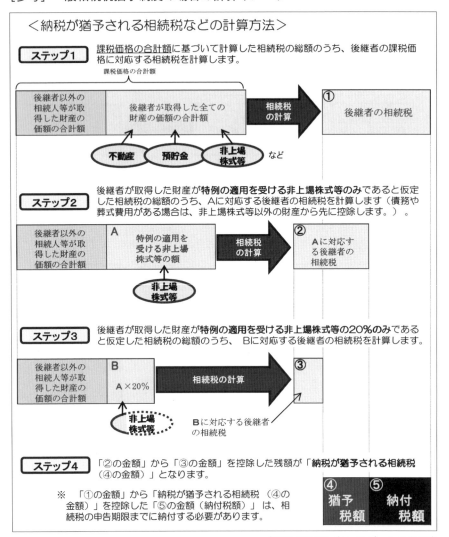

(国税庁資料（H 29.7）より抜粋)

4 納税猶予分の相続税額の計算

(4) 計算例

① 計算の前提

	総額	子A	子B（後継者）
甲社株式（注）	1億2,000万円		1億2,000万円
他の財産	2億3,000万円	1億5,000万円	8,000万円
遺産総額	3億5,000万円	1億5,000万円	2億0,000万円
債務	▲3,000万円		▲3,000万円
課税価格	3億2,000万円	1億5,000万円	1億7,000万円
基礎控除	▲4,200万円		
課税遺産の総額	2億7,800万円		

② 特例相続税猶予制度における納税猶予分の相続税額の計算

	特例相続税納税猶予制度
ステップ1	**[相続税の総額の計算]** 通常の計算 2億7,800万円×1/2（※）＝1億3,900万円 　（※）子A及びBの法定相続分 1億3,900万円×40％－1,700万円＝3,860万円 3,860万円×2人＝7,720万円（相続税の総額） **[子B（後継者）の相続税額]** 7,720万円×1.7億/3.2億＝4,101万円
ステップ2	**[納税猶予分の相続税額の計算]** 子B（後継者）が納税猶予制度の対象株式（1億2,000万円）のみを取得したものとして計算 2億2,800万円（※）×1/2＝1億1,400万円 　（※）子A 1.5億＋子B 1.2億－基礎控除 1億1,400万円×40％－1,700万円＝2,860万円 2,860万円×2人＝5,720万円 **[子B（後継者）の相続税額]** 5,720万円×1.2億/2.7億＝2,542万円
猶予税額	**[子B（後継者）の猶予税額]** ステップ1－ステップ2 4,101万円－2,542万円＝1,559万円

第1章 ❸ 特例相続税猶予制度

■納税猶予分の相続税額の計算イメージ

計算例（特例相続税猶予制度適用株式が1億2,000万円・債務控除3,000万円の場合）

<ステップ1>

課税価格 3.2億円
債務控除後 3,000万円

↓

（後継者以外）
子A：1.5億円

（後継者）
子B：1.7億円

↓

通常の相続税額の計算

↓

子A 3,619万円
子B 4,101万円

↓

子A（後継者以外）の相続税額は、子Bの特例措置適用に影響を受けない

納付税額　1,559万円
猶予税額　2,542万円

子Bは特例経営承継相続人等（後継者）で、その相続財産には特例措置適用株式1億2,000万円を含み、債務3,000万円を承継した。

<ステップ2>

子Bの猶予税額の計算

子Bが特例相続税猶予制度適用株式（1.2億）のみを相続するとした場合の相続税額
<2,542万円>

－

（一般相続税猶予制度におけるステップ3の計算）
不要

＝

<猶予税額>
2,542万円

※子A：1.5億円、子B：1.2億円として計算

136

5 相続税の期限内申告書の提出及び担保提供

(1) 期限内申告書の提出

本特例の適用を受けるためには相続税の申告書に、非上場株式等の全部または一部につき本特例の適用を受けようとする旨を記載し、次に掲げる書類を添付して、申告期限内に提出する必要があります（措法70の7の6①、措規23の12の3⑭）。

■期限内申告書の添付書類

【共通】

①	計算明細書	その非上場株式等の明細及び納税猶予分の相続税額の計算に関する明細。
②	死亡届等	特例被相続人の死亡による特例相続税猶予制度の規定の適用に係る相続の開始があったことを知った日その他参考となるべき事項を記載した書類。 なお、相続の開始があったことを知った日が相続の開始の日と異なる場合には、相続の開始があったことを明らかにする書類。
③	定款の写し	相続の開始の時における特例認定承継会社の定款の写し（会社法その他の法律の規定により定款の変更をしたものとみなされる事項がある場合にあっては、その事項を記載した書面を含みます。）。
④	株主名簿等	相続の開始の直前及び相続の開始の時における特例認定承継会社の株主名簿の写しその他の書類で、その特例認定承継会社のすべての株主または社員の氏名または名称及び住所または所在地並びにこれらの者が有するその特例認定承継会社の株式等に係る議決権の数が確認できるもの。 この書類は、特例認定承継会社の証明が必要です。
⑤	遺言書の写し、または、遺産分割協議書の写し及び印鑑証明書等	遺言書の写し、財産の分割の協議に関する書類（その相続に係るすべての共同相続人及び包括受遺者が自署し、自己の印を押しているものに限る。）の写しその他の財産の取得状況を明らかにする書類。 なお、自己の印に係る印鑑証明書の添付が必要となります。
⑥	認定書写し及び申請書の写し	円滑化省令第7条第10項の認定書の写し及び円滑化法省令第7条の第6項の申請書の写し。

⑦	確認書の写し及び申請書の写し	円滑化省令第17条第4項の確認書の写し及び同上第2項の申請書の写し。
⑧	その他参考となるべき書類	

【現物出資等資産に該当するものがある場合】

⑨	現物出資等資産に関する書類	特例認定承継会社が、現物出資資産を有する場合には、特例認定承継会社の資産の価額の合計額及び現物出資等資産の価額の合計額、現物出資者または贈与者の氏名または名称その他参考になるべき書類。

【一定の外国会社等がある場合】

⑩	貸借対照表及び損益計算書	特例認定承継会社またはその特例認定承継会社の特別関係会社で、特例認定承継会社との間に支配関係がある法人が、外国会社その他一定の会社（※）である場合に、特例認定承継会社の相続の開始の日の属する年の直前の貸借対照表及び損益計算書。 （※）一定の会社 　特例認定承継会社、その特例認定承継会社の代表権を有する者及びその代表権を有する者の同族関係者等が所有する次の会社でそれぞれに掲げる株式または出資を所有する場合のその会社。 　・上場株式等の株式等で3/100以上 　・医療法人の出資で、出資の総額の50/100を超える金額

(2) 担保の提供

① 概要

　本特例の適用を受けるためには、相続税の申告期限までに納税猶予分の相続税額に相当する担保を提供しなければなりません（措法70の7の6①、措令40の8の6⑤、措規23の12の3②）。

　なお、特例対象非上場株式等の全部を担保として提供した場合には、その納税猶予分の相続税額に相当する担保が提供されたものとみなされます（措法70の7の6④、措令40の8の6㉖）。

② 担保として提供する財産の価額

担保として提供する財産の価額は、納税猶予に係る相続税の本税額及び猶予期間中の利子税額（※1）の合計額に見合うことが必要です（措通70の7の6－5）。

> [必要担保額の判定]
> 必要担保額 ≧ 納税猶予に係る相続税額（本税）＋猶予期間中の利子税額（※2）

（※1） 猶予期間中に非上場株式等の譲渡等があった場合など、納税猶予期限が確定した場合には、法定納期限の翌日から納税猶予期限までの期間について利子税（年3.6％）がかかります（利子税の割合は年ごとに、特例基準割合に応じて変動します。）。

なお、特例基準割合とは、各年の前々年の10月から前年の9月までの各月における銀行の新規の短期貸出約定平均金利の合計を12で除して得た割合として各年の前年の12月15日までに財務大臣が告示する割合に、年1％の割合を加算した割合をいいます。

（※2） 必要担保額を算定するに当たっての猶予期間中の利子税額は、相続税の申告期限における相続人の平均余命年数（厚生労働省の作成に係る完全生命表に掲げる年齢及び性別に応じた平均余命（1年未満の端数があるときは、これを切り捨てた年数））を納税猶予期間として計算した額によります。

③ みなす充足の取扱い

イ 「みなす充足」の意義

特例対象非上場株式等の全部を担保として提供した場合には、非上場株式等についての納税猶予の適用については必要担保額に見合う担保提供があったものとみなされます（措法70の7の6④）。こ

れを「みなす充足」といいます。

　なお、特例対象非上場株式等に係る特例認定承継会社が２以上ある場合、これらの特例対象非上場株式等を担保として提供するに当たっては、担保の提供手続、みなす充足の取扱い、納税猶予の期限の繰上げの取扱いについては、特例認定承継会社の異なるものごとの納税猶予分の相続税額にそれぞれの規定を適用することとされています。

　したがって、担保提供に当たっては特例認定承継会社ごとに供託手続または質権設定に関する承諾書等を作成する必要があります。

ロ　追加担保の要否とみなす充足の不適用

　担保として提供している非上場株式の価額が下落しても追加で担保提供をする必要はありません。

　ただし、担保として提供されている非上場株式等について、次に掲げるような場合にはみなす充足の取扱いが適用されなくなります（措法70の7の6④、措令40の8の6㉖）。

　この場合には税務署長から増担保の要求が行われることになります。

5 相続税の期限内申告書の提出及び担保提供

■みなす充足の適用がされなくなる場合

	みなす充足の適用がされなくなる事由	左記の事由から除外される場合
1	**[株券不発行会社となる場合]** 　担保として提供された特例対象非上場株式等に係る特例認定承継会社が、株券を発行する旨の定款の定めを廃止する定款の変更した場合。	税務署長に対し書面によりその旨の通知があった場合で、その定款の変更が効力を生ずる日までに担保設定に関する承諾書等により担保提供が行われた場合を除きます。
2	**[株券発行会社となる場合]** 　株券不発行会社が株券を発行する旨の定款の変更をした場合。	税務署長に対し書面によりその旨の通知があった場合で、その定款の変更が効力を生ずる日までに、国税通則法の規定に基づく担保の提供手続が行われた場合を除きます。
3	**[担保財産に変更があった場合]** 　担保として提供された財産の全部または一部に変更があった場合（※）。	

（※）担保として提供された財産の全部または一部に変更があった場合とは、例えば次に掲げる場合をいいます（措通70の7の6－20）。

　（イ）担保として提供された特例対象非上場株式等に係る特例認定承継会社が合併により消滅した場合。

　（ロ）担保として提供された特例対象非上場株式等に係る特例認定承継会社が株式交換等により他の会社の株式交換完全子会社等になった場合。

　（ハ）担保として提供された特例対象非上場株式等に係る特例認定承継会社が組織変更した場合。

　（ニ）担保として提供された特例対象非上場株式等である株式の併合または分割があった場合。

　（ホ）担保として提供された特例対象非上場株式等に係る特例認定承継会社が会社法第185条に規定する株式無償割当てをした場合。

　（ヘ）担保として提供された特例対象非上場株式等の名称変更があったことその他の事由により担保として提供されたその特例対象非上場株式等に係る株券の差替えの手続が必要となった場合。

（ト）担保財産の変更等が行われたため、特例対象非上場株式等のすべてが担保として提供されていないこととなった場合。

（チ）担保として提供された特例対象非上場株式等について、特例対象非上場株式等について質権の設定がされていないことまたは差押えがされていないことその他特例対象非上場株式等について担保の設定または処分の制限（民事執行法その他の法令の規定による処分の制限をいいます。）がされていないこと等の要件に該当しないこととなった場合。

ハ　特定事由が生じた場合の担保解除

特例対象非上場株式等の全部が担保提供されている場合に、特例認定承継会社について特定事由（合併、株式交換その他の事由をいいます。）が生じ、または生じることが確実であると認められる場合で、特定事由が生じた日から1月以内に行われた納税者からの申請により、提供されている担保を解除することがやむを得ないと認められるときは、税務署長は、その提供された担保の全部または一部を解除することができます（措令40の8の6㉖）。

この場合には、みなす充足が引き続き適用される（解除に際して差替えの担保が不要）とともに、特定事由が生じた日から2月以内に特定事由により新たに取得した特例非上場株式等を再び担保提供しない場合は、増担保要求に応じなかったものとみなされます。

ニ　税務署長への申請による免除事由に基づき免除申請書が提出された場合の担保解除

特例経営承継期間経過後において、税務署長への申請による事由（措法70の7の6⑫）に基づく免除申請書が納税者から提出された場合に、猶予中相続税額から免除申請相続税額を控除した残額（附帯税を含みます。）に相当する相続税を納付した場合には、税務署長

5 相続税の期限内申告書の提出及び担保提供

は猶予中相続税額に係る担保（特例非上場株式等に限ります。）を解除することができます（措令40の8の6㉘）。

④ 非上場株式等に係る納税猶予の担保に関するお尋ね（照会）

　事業承継税制の適用により、非上場株式等を担保に提供した場合には、事業承継税制の適用者に対し、「非上場株式等に係る納税猶予の担保に関するお尋ね（照会）」の文書が、定期的に所轄税務署より送付されます。

　この文書は、みなす充足の適用を確認する目的で、担保に供されている非上場株式等に関する状況を確認する項目が記載されており、各確認項目（定款変更の有無等）をチェックして指定された期限までに回答することが求められます。

第1章　3 特例相続税猶予制度

平成　年　月　日

（住所）

（氏名）　　　　　　　　　様

税務署長
財務事務官

非上場株式等に係る納税猶予の担保に関するお尋ね（照会）

　非上場株式等についての相続税の納税猶予の担保として提供されている次の特例（相続・受贈）非上場株式等に関する変更の有無、その他の状況について確認の上、お手数ですが平成　年　月　日までに、ご回答いただけますようお願いいたします。

《担保として提供されている特例（相続・受贈）非上場株式等》

【認定（相続・贈与）承継会社の名称等】

【株券の番号又は出資の持分を特定する情報】

【数量又は金額】
非上場株式・持分　　　　　　　　　　　　株・口・円

相続（贈与）税の申告年月日　平成　年　月　日
被相続人（贈与者）
納税猶予中の相続（贈与）税額（本税）　　　　　円（平成　年　月　日現在）

《確認項目》　　　　　　　（確認年月日：平成　年　月　日）

項　目	変更等の有無	有の場合の変更等の内容
担保の設定又は処分の制限がされていないこと	有・無	
・認定（相続・贈与）承継会社が合併により消滅した ・認定（相続・贈与）承継会社が株式交換等により他の会社の株式交換完全子会社になった ・認定（相続・贈与）承継会社が組織変更した ・株式の合併又は分割があった ・認定（相続・贈与）承継会社が株式無償割当てをした ・認定（相続・贈与）承継会社の名称変更その他の事由により株券の差換えが必要となった	有・無	
認定（相続・贈与）承継会社が、株券を発行する旨の定款の定めを廃止する定款の変更をした	有・無	
その他、担保の効力等に影響を与えるような事象の有無	有・無	

※　この文書による行政指導の責任者は税務署長です。
　　このお知らせについてご不明な点が有りましたら、当税務署の管理運営担当にお問い合わせください。

税務署管理運営担当　担当者　　　　　　電話番号　　　　　　内線

5 相続税の期限内申告書の提出及び担保提供

⑤ 担保提供できる財産

担保提供できる財産は次のとおりです。

	担保提供できる財産	留意点
イ	納税猶予の対象となる特例認定承継会社の特例対象非上場株式等（非上場株式または持分会社の持分）。	ただし、特例対象非上場株式等の全部を担保提供する場合に限ります。この場合には、非上場株式に譲渡制限が付されているものであっても、担保として提供できる財産として取り扱われます（措通70の7の6－20）。
ロ	不動産、国債・地方債、税務署長が確実と認める有価証券、税務署長が確実と認める保証人の保証など（国税通則法第50条に掲げる財産）。	なお、この場合には「みなす充足」の適用がありませんので、担保として提供する財産の価額は、納税猶予の相続税額及び猶予期間中の利子税額の合計額に見合うことが必要です。

(3) 特例対象非上場株式等の全部を担保として供託する場合の手続の概要

① 特例認定承継会社が株券発行会社の場合

株券発行会社の場合には、非上場株式を担保として供託する場合の手続の流れの概要は以下のとおりです。

■特例対象非上場株式等を担保提供する場合の手続の流れ（株券発行会社）

1	供託書の作成	担保のための供託書（正本・副本）を作成 （注）用紙は法務局（供託所）に備え付け。
2	供託書の提出	作成した供託書（正本・副本）を法務局（供託所）に提出。
3	供託書の返却	法務局（供託所）において内容の審査を行った後、供託書（正本）（「受理した旨」が記載されたもの）が返却される。
4	日本銀行への提出	法務局（供託所）から指定された日本銀行（本店・支店・代理店）へ、供託書（正本）（「受理した旨」が記載されたもの）、供託有価証券寄託書及び株券を提出。
5	供託書の返却	供託書（正本）（「納入された旨」が記載されたもの）が返却される。 （注）実際の供託手続等に関しては法務局に確認。
6	税務署へ供託書を提出	税務署長に供託書（正本）を提出します。税務署長から担保関係書類の預かり証が交付されます。

② 特例認定承継会社が株券不発行会社の場合

　株券不発行会社の場合には、次の書類を税務署に提出します（措令40の8の6③、措規23の12の3②）。

5 相続税の期限内申告書の提出及び担保提供

■特例対象非上場株式等を担保提供する場合の手続の流れ（株券不発行会社）

1 税務署に書類提出	（イ）特例認定承継会社の非上場株式に税務署長が質権を設定することについて承諾した旨を記載した書類（自署押印したものに限ります。） （ロ）納税者の印鑑証明書（上記1の押印に係るもの） ※質権設定後に、特例認定承継会社の株主名簿記載事項証明書（会社法第149条に規定された書面で、代表取締役が記名押印したもの）及びその証明書の押印に係る代表取締役の印鑑証明書を提出する必要があります。

（4）担保提供に関する関係書類

　本特例の適用を受けるためには、相続税の申告書の提出期限までに、納税猶予分の相続税額に相当する担保を提供することが必要となります。この場合に申告書と併せて提出する担保提供に関する主な書類等は次の通りです。下記以外の財産については国税庁作成の「相続・贈与税の延納の手引」の担保の提供手続等一覧表を参考にすることができます。

① 担保財産に共通する書類

（イ）担保提供書
（ロ）担保目録
（ハ）速やかに担保関係書類の提出を行う旨の確約書 　（注）例えば株券の発行や供託手続等に時間を要するため、申告書の提出期限までに担保提供に関する書類の全部が整わない場合には、あらかじめ所轄の税務署（管理運営部門）に相談の上、「速やかに担保関係書類の提出を行う旨の確約書」を提出し、株券発行等の手続を了した後に速やかに関係書類を提出する必要があります。

② 担保財産が非上場株式の場合

（イ）特例認定承継会社が株券発行会社の場合 … 供託書正本 　　この場合、参考として株券（写）を担保提供書（非上場株式等について納税猶予用）に添付します。
（ロ）特例認定承継会社が株券不発行会社の場合 … 次のⅰ及びⅱに掲げる書類 　ⅰ　特例認定承継会社の非上場株式に税務署長が質権を設定することについて承諾した旨を記載した書類（自署押印したものに限ります。） 　ⅱ　納税者の印鑑証明書（上記ⅰの押印に係るもの） 　　※質権設定後に、特例認定承継会社の株主名簿記載事項証明書（会社法第149条に規定された書面で、代表取締役が記名押印したもの）及びその証明書の押印に係る代表取締役の印鑑証明書を提出する必要があります。

③ 担保財産が持分会社の持分の場合

（イ）納税者が出資の持分に税務署長等の質権の設定をすることについて承諾したことを証する書類（自署押印したものに限ります。）
（ロ））納税者の印鑑証明書（上記（イ）の押印に係るもの）
（ハ）持分会社が（イ）の質権の設定について承諾したことを証する書類で次のいずれかのもの 　ⅰ　その質権の設定について承諾した旨が記載された公正証書 　ⅱ　その質権の設定について承諾した旨が記載された私署証書で登記所または公証人役場において日付のある印章が押されているもの及び法人の印鑑証明書 　ⅲ　その質権の設定について承諾した旨が記載された書類で郵便法第48条第1項の規定により内容証明を受けたもの及び法人の印鑑証明書
（ニ）議事録の写し、定款の写しなど

④ 担保財産が土地の場合

（イ）抵当権設定登記承諾書
（ロ）印鑑証明書
（ハ）登記事項証明書
（ニ）固定資産税評価証明書

(5) 担保提供した特例対象非上場株式等が処分された場合になお不足がある場合

　「みなす充足」の取扱いは、あくまで非上場株式についての相続税の

納税猶予の特例の適用を受けるための要件である「納税猶予分の相続税額に相当する担保提供」が行われているかどうかの判断において、必要担保額に見合う担保提供があったものとみなすものです。

このため、納税猶予が取り消され猶予期限が確定したものの、猶予期限までに納付が行われなかったため、担保権を実行して未納の国税を徴収する場合には、一般の国税の担保の取扱いと同じく国税通則法第52条の適用を受けることになります。

したがって、担保として提供された特例非上場株式等の処分の代金を猶予期限の確定した未納の相続税額に充ててなお不足があるときは、納税者の他の財産に対して滞納処分が行われることになります（国税通則法52④）。

6 継続届出書の提出義務

(1) 概要

本特例の提供を受ける特例経営承継相続人等は、相続税の申告書の提出期限の翌日から猶予中相続税額（※1）に相当する相続税の全部につき納税の猶予に係る期限が確定する日までの間に経営報告基準日（※2）が存する場合には、届出期限間までに、引き続いて本特例の適用を受けたい旨及び本特例の適用を受ける特例対象非上場株式等に係る特例認定承継会社の経営に関する事項を記載した届出書（以下、「継続届出書」といいます。）並びに一定の書類を納税地の所轄税務署長に提出しなければなりません（措法70の7の6⑦、措令40の8の6㉗、措規23の12の3⑮）。

なお、経営報告基準日が特例経営承継期間の末日である場合において、雇用確保要件を満たさない場合には、認定支援機関による指導及び助言を受けた旨の記載がある報告書の写し及び都道府県知事の確認書の写しを継続届出書に添付する必要があります。

(※1) 猶予中相続税額

　　　猶予中相続税額とは、納税猶予中の相続税額から、既に一部確定した税額を除いたものをいいます。

(※2) 経営報告基準日

　　　経営報告基準日とは、第1種基準日(※3)または第2種基準日(※4)をいいます。

(※3) 第1種基準日

　　　第1種基準日とは、特例経営承継期間のいずれかの日で、相続税の申告書の提出期限の翌日から1年を経過するごとの日をいいます。

(※4) 第2種基準日

　　　第2種基準日とは、特例経営承継期間の末日の翌日から納税猶予分の相続税額に相当する相続税額の全部につき納税の猶予に係る期限が確定する日までの期間のいずれかの日で、特例経営承継期間の末日の翌日から3年を経過するごとの日をいいます。

(2) 届出期限

継続届出書の届出期限は、第1種基準日の翌日から5月を経過する日、または、第2種基準日の翌日から3月を経過する日となります。

(3) 継続届出書の添付書類

継続届出書には、次の書類を添付する必要があります（措令40の8の6⑳、措規23の12の3⑮）。

6 継続届出書の提出義務

■継続届出書の添付書類

	添付書類	留意点
イ	経営報告基準日における定款の写し。	
ロ	登記事項証明証(経営報告基準日以後に作成されたものに限ります。)。	経営報告基準日が申告書の提出の翌日から同日以後5年を経過する日以前である場合には不要。
ハ	経営報告基準日における株主名簿の写しその他の書類で株主または社員の氏名または名称及び住所または所在地並びにこれらの者が有する株式等に係る議決権の数が確認できる書類。	
ニ	経営報告基準日の直前の経営報告基準日の翌日からその基準日までの間に終了する各事業年度に係る貸借対照表及び損益計算書。	経営報告基準日が申告書の提出の翌日から同日以後5年を経過する日以前である場合には不要。
ホ	円滑化省令に基づく年次報告書及びその報告書に係る確認書の写し。	経営報告基準日が申告書の提出の翌日から同日以後5年を経過する日の翌日以後である場合には不要。
ヘ	特例経営承継期間の末日において、常時使用従業員の数の5年平均が80％に満たない場合には、円滑化省令第20条第3項に係る報告書の写し及び同条第1項に基づく都道府県知事の確認書の写し。	
ト	経営報告基準日の直前の経営報告基準日の翌日から、その経営報告基準日までの間に会社分割または組織変更があった場合には、その会社分割に係る吸収分割契約書もしくは新設分割計画書の写し、またはその組織変更に係る組織変更計画書の写し。	

(4) 継続届出書未提出の場合

継続届出書が届出期限までに納税地の所轄税務署長に提出されない場合には、その届出期限における猶予中相続税額に相当する相続税については、その届出期限の翌日から2月を経過する日をもって納税の猶予に

係る期限となります（措法70の7の6⑨）。

　ただし、継続届出書が届出期限までに提出されなかった場合において、所轄税務署長が届出期限内にその提出がなかったことについてやむを得ない事情があると認める場合で、一定の継続届出書が税務署長に提出されたときは、その届出書が届出期限内に提出されたものとみなされます（措法70の7の6㉒）。

7　相続税の納付が必要になる場合（期限の確定）

(1)　概要

　本特例に係る納税の猶予に係る期限の確定事由については、原則として、雇用確保要件に係る規定（措法70の7の2③二）を除き、次の一般相続税猶予制度の規定が準用されています（措法70の7の6③）。

・経営承継期間内の納税猶予税額の全部確定事由（措法70の7の2③）
・経営承継期間内の納税猶予税額の一部確定事由（措法70の7の2④）
・経営承継期間後の納税猶予税額の確定事由（措法70の7の2⑤）

　なお、納税猶予に係る期限は、これらの準用規定に定める日から2月を経過する日（その定める日から2月を経過する日までの期間に特例経営贈与承継受贈者が死亡した場合には、その特例経営承継受贈者の相続人がその特例経営承継受贈者の死亡による相続の開始があったことを知った日の翌日から6月を経過する日）が納税の猶予に係る期限となります（措法70の7の2③）。

(2)　特例経営承継期間内の全部確定事由

　特例経営承継期間内に次に掲げる事由に該当することとなった場合には、それぞれに掲げる日から2月を経過する日が納税の猶予に係る期限となります（措法70の7の6③、措法70の7の2③）。

7 相続税の納付が必要になる場合（期限の確定）

	確定事由	猶予期限
①	**後継者が代表権を有しないこととなった場合** 　特例経営承継相続人等が代表権を有しないこととなった場合。 　ただし、代表権を有しないこととなったことについて一定のやむを得ない理由がある場合を除きます。 　［やむを得ない理由］ 　　代表権を有しないこととなったことについてやむを得ない理由とは、特例経営承継相続人等が次のいずれかに該当することとなったこととされています（措規23の12の3⑫）。 　　イ　精神保健及び精神障害者福祉に関する法律の規定により精神障害等級が1級の精神障害者保健福祉手帳の交付を受けたこと。 　　ロ　身体障害者福祉法の規定により、身体上の障害の程度が1級または2級の身体障害者手帳の交付を受けたこと。 　　ハ　介護保険法の規定による要介護5の要介護認定を受けたこと。 　　ニ　イからハに掲げる事由に類すると認められること。	その有しないこととなった日
②	**後継者の属する株主グループの議決権が50％以下となった場合** 　特例経営承継相続人等及び特例経営承継相続人等の同族関係者等の有する議決権の数（特例対象非上場株式等に係る認定承継会社の非上場株式等に係るものに限ります。）の合計が特例認定承継会社の総株主等議決権数の50％以下となった場合。 　ただし、特例経営承継相続人等がやむを得ない理由により代表権を有しないこととなった場合において、特例対象非上場株式等について贈与税の納税猶予等に係る贈与をした場合に50％以下となる場合を除きます。	50％以下となった日
③	**後継者がグループ内での筆頭株主でなくなった場合** 　特例経営承継相続人等の同族関係者等のうちのいずれかの者（※）が、その特例経営承継相続人等が有するその特例対象非上場株式等に係る特例認定承継会社の非上場株式等に係る議決権の数を超える数の議決権を有することとなった場合。	その有することとなった日

	（※）その特例認定承継会社に係るその特例経営承継相続人等以外の特例経営承継受贈者、特例対象非上場株式等について特例相続税猶予制度の適用を受ける特例経営承継相続人等及び非上場株式等の特例贈与者が死亡した場合の特例相続税猶予制度（措法70の7の8①）の規定の適用を受ける特例経営承継受贈者を除きます（措通70の7の6－16）。	
④	**後継者が特例対象非上場株式等を譲渡した場合** 　その特例経営承継相続人等が、特例対象非上場株式等の一部の譲渡または贈与（以下、「譲渡等」といいます。）をした場合。	その譲渡等をした日
⑤	**後継者が特例対象非上場株式等の全部を譲渡した場合** 　その特例経営承継相続人等が、特例対象非上場株式等の全部の譲渡等をした場合（株式移転または株式交換により他の会社の株式交換（移転）完全子会社となった場合を除きます。）。	その譲渡等をした日
⑥	**会社が会社分割等をした場合** 　特例認定承継会社が会社分割をした場合。 　この場合の会社分割は、その会社分割に際して吸収分割承継会社または新設分割設立会社の株式等を配当財産とする剰余金の配当があった場合に限ります。	その会社分割がその効力を生じた日
⑦	**会社が組織変更をした場合** 　特例認定承継会社が組織変更をした場合。	その組織変更が効力を生じた日
⑧	**会社が解散した場合** 　特例認定承継会社が解散した場合（合併により消滅する場合を除きます。）または会社法その他の法律の規定により解散をしたものとみなされた場合。	その解散をした日またはみなされた解散の日
⑨	**会社が資産保有型会社等に該当することとなった場合** 　特例認定承継会社が、資産保有型会社または資産運用型会社に該当することとなった場合。 　ただし、事業実態のあるものとして一定の要件を満たすものを除きます。	その該当することとなった日
⑩	**会社が総収入金額が零となった場合** 　その特例認定承継会社の事業年度における総収入金額が零となった場合。	その事業年度終了の日
⑪	**会社が資本金の額の減少をした場合** 　その特例認定承継会社が資本金の額の減少をした場合または準備金の額の減少をした場合。	その資本金の額等の減少がその効力を生じた日

7 相続税の納付が必要になる場合（期限の確定）

⑫	**後継者が特例相続猶予制度の不適用の届出をした場合** 　特例経営承継相続人等が、特例相続猶予制度の適用を受けることをやめる旨を記載した届出書を納税地の所轄税務署長に提出した場合。	その届出書の提出があった日
⑬	**会社が合併により消滅した場合** 　特例認定承継会社が合併により消滅した場合（合併に特例認定承継会社に相当するものが存する場合として一定の場合（適格合併（※1））を除きます。）。	合併がその効力を生じた日
⑭	**会社が株式交換等をした場合** 　その特例認定承継会社が株式交換等により他の会社の株式交換完全子会社等となった場合（株式交換等により特例認定承継会社に相当するものがそのする場合として一定の場合（適格交換等（※2））を除きます。）。	その株式交換等がその効力を生じた日
⑮	**会社が非上場株式等に該当しなくなった場合** 　特例認定承継会社が非上場株式等に該当しないこととなった場合。	その該当しないこととなった日
⑯	**会社が風俗営業会社に該当することとなった場合** 　特例認定承継会社が風俗営業会社に該当することとなった場合。	その該当することとなった日
⑰	**円滑な事業の運営に支障を及ぼすおそれがある場合として一定の場合** 　特例経営承継相続人等による特例対象非上場株式に係る特例認定承継会社の円滑な事業の運営に支障を及ぼすおそれがある場合として次に掲げる事由に該当することとなった場合。 (1) 特例相続猶予制度の適用を受ける者（※）以外の者が黄金株を所有することとなったとき。 　（※）措令40の8の6①ニイからハに掲げる者（本書 **3 3** (1)②イからハに掲げる者） (2) 特例認定承継会社が特例非上場株式等の全部または一部の種類を株主総会において議決権を行使することができる事項につき制限のある株式に変更した場合。 (3) 特例非上場株式等に係る特例認定承継会社（持分会社に限ります。）が定款の変更により特定の者が有する議決権の制限をした場合。	(1) その有することとなった日 (2) その変更した日 (3) その制限をした日

（※1）特例相続税猶予制度上の「適格合併」

　⑬の適格合併とは、その合併がその効力を生ずる日において、その特例

認定承継会社に相当するものが存する場合として、次に掲げる要件を満たしている場合の合併をいいます（措法70の7の6③、措規23の12の3⑫）。

a　その合併に係る合併承継会社が、租税特別措置法第70条の7の6第2項第1号イからヘ（本書❸❸（3）「特例認定承継会社の要件」①から⑤）までに掲げる要件を満たしていること。

b　特例相続税猶予制度の適用を受ける特例経営承継相続人等が、aの合併承継会社の代表権（制限が加えられた代表権を除きます。）を有していること。

c　bの特例経営承継相続人等及びその特例経営承継相続人等の同族関係者等の有する合併承継会社等の非上場株式等に係る議決権の数の合計が、その合併承継会社に係る総株主等議決権数の100分の50を超える数であること。

d　bの特例経営承継相続人等が有する合併承継会社の非上場株式等に係る議決権の数が、その特例経営承継相続人等の同族関係者等の有する者のうち、いずれの者（措令48の8の6①二イからハ（本書❸❸（1）「特例被相続人の要件」②イからハ）までに掲げる者を除きます。）が有するその合併承継会社の非上場株式等に係る議決権の数をも下回らないこと。

e　その合併に際して、aの合併承継会社が交付しなければならない株式及び出資以外の金銭その他の資産（剰余金の配当（株式または出資に係る剰余金の配当または利益の配当をいいます。）として交付される金銭その他の資産を除きます。）の交付がされていないこと。

（※2）特例相続税猶予制度上の「適格交換等」

　　⑭の適格交換等とは、その株式交換等がその効力を生ずる日において、その特例認定承継会社に相当するものが存する場合として、次に掲げる要件を満たしている場合の株式交換等をいいます（措法70の7の6③、措

規23の12の3⑫)。

a　その株式交換等に係る交換等承継会社が、租税特別措置法第70条の7の6第2項第1号イからヘ(本書❸❸ (3)「特例認定承継会社の要件」①から⑤)までに掲げる要件を満たしていること。

b　特例相続税猶予制度の適用を受ける特例経営承継相続人等が、aの交換等承継会社及び株式交換完全子会社となった特例認定承継会社の代表権(制限が加えられた代表権を除きます。)を有していること。

c　bの特例経営承継相続人等及びその特例経営承継相続人等の同族関係者等の有する交換等承継会社等の非上場株式等に係る議決権の数の合計が、その交換等承継会社に係る総株主等議決権数の100分の50を超える数であること。

d　bの特例経営承継相続人等が有する交換等承継会社の非上場株式等に係る議決権の数が、その特例経営承継相続人等の同族関係者等の有する者のうち、いずれの者(措令48の8の6①二イからハ(本書❸❸ (1)「特例承継会社の要件」②イからハ)までに掲げる者を除きます。)が有するその交換等承継会社の非上場株式等に係る議決権の数をも下回らないこと。

e　その株式交換等に際して、aの交換等承継会社が交付しなければならない株式及び出資以外の金銭その他の資産(剰余金の配当(株式または出資に係る剰余金の配当または利益の配当をいいます。)として交付される金銭その他の資産を除きます。)の交付がされていないこと。

(3) 特例相続猶予制度における雇用確保要件と円滑化省令との関係

　税法上、特例相続猶予制度に関しては雇用確保要件が規定されていませんが、円滑化省令では、特例経営承継期間の末日において、特例認定承継会社の第1種基準日におけるそれぞれの常時使用従業員の数の平均

が相続時における常時使用従業員数の80％を下回る場合には、その理由について、都道府県知事の確認を受けなければならないこととされています。

この確認を受けようとする場合には、その下回ることとなった理由について、認定支援機関の所見の記載があり、その理由が経営状況の悪化である場合またはその認定支援機関が正当と認められないと判断したものである場合には、その認定支援機関による指導及び助言を受けた旨の記載がある報告書を都道府県知事に提出する必要があります（円滑化省令20③）。

この報告書の写し及び都道府県知事の確認書の写しは、継続届出書の添付書類とされており、これらの書類の提出がない場合には、継続届出書の提出期限の2月を経過する日（その2月を経過する日までの間に特例経営承継相続人等が死亡した場合には、その特例経営承継相続人等の相続人が、その相続の開始があったことを知った日の翌日から6月を経過する日。）が納税の猶予に係る期限となりますので留意が必要です（措通70の7の6－15）。

(4) 特例経営承継期間内の一部確定事由

次に掲げる場合には、それぞれに掲げる金額に相当する相続税額について、それぞれに掲げる日から2月を経過する日をもって、納税猶予に係る期限となります（措法70の7の6③）。

7 相続税の納付が必要になる場合(期限の確定)

① 後継者が代表権を有しなくなった場合で一定の場合

一部確定事由	やむを得ない理由により、その特例経営承継相続人等がその有する特例対象非上場株式等に係る認定承継会社の代表権を有しないこととなった場合においてその特例経営承継相続人等がその特例対象非上場株式等の一部につき一般贈与税猶予制度または特例贈与税猶予制度の適用に係る贈与をした場合 ［やむを得ない理由］ 　代表権を有しないこととなったことについてやむを得ない理由とは、特例経営承継相続人等が次のいずれかに該当することとなったこととされています(措規23の12の3⑫)。 　イ　精神保健及び精神障害者福祉に関する法律の規定により精神障害等級が1級の精神障害者保健福祉手帳の交付を受けたこと。 　ロ　身体障害者福祉法の規定により、身体上の障害の程度が1級または2級の身体障害者手帳の交付を受けたこと。 　ハ　介護保険法の規定による要介護5の要介護認定を受けたこと。 　ニ　イからハに掲げる事由に類すると認められること。
確定する金額	猶予中相続税額のうち、その贈与した株式等に対応する部分の額として次の算式により計算した金額 贈与の直前における猶予中相続税額 × $\dfrac{贈与をした特例対象非上場株式等の数または金額}{その贈与の直前におけるその特例対象非上場株式等の数または金額}$
納税猶予に係る期限	贈与をした日から2月を経過する日(2月を経過する日までの間にその特例経営承継相続人等が死亡した場合には、その特例経営承継相続人等の相続人がその特例経営承継相続人等の死亡による相続の開始があったことを知った日の翌日から6月を経過する日)

② 合併等をした場合

一部確定事由	特例認定承継会社が適格合併をした場合または適格交換等をした場合において、その特例対象非上場株式等に係る特例経営承継相続人等が、その適格合併をした場合における合併または適格交換等をした場合における株式交換等に際して吸収合併存続会社等及び他の会社の株式等以外の金銭その他の資産の交付を受けたとき。
確定する金額	猶予中相続税額のうち、その金銭その他の資産の額に対応する部分の額として次の算式により計算した金額 その適格合併または適格交換等の効力が生じる直前における猶予中相続税額 × $\dfrac{\text{合併または株式交換等により交付しなければならない株式等以外の金銭その他の資産の額}}{\text{合併前純資産額または交換等前純資産額}}$
納税猶予に係る期限	その合併または株式交換等をした日から2月を経過する日（2月を経過する日までの間にその特例経営承継相続人等が死亡した場合には、その特例経営承継相続人等の相続人がその特例経営承継相続人等の死亡による相続の開始があったことを知った日の翌日から6月を経過する日）

(5) 特例経営承継期間経過後の確定事由

特例経営承継期間の末日の翌日から、納税猶予税額に係る期限が確定する日までの間において、次の事由に該当することとなった場合には、それぞれに掲げる日から2月を経過する日が納税の猶予に係る期限となります（措法70の7の6③）。

	確定事由	対象税額	猶予期限
①	**特例対象非上場株式等の全部を譲渡した場合** その特例経営承継相続人等が、特例対象非上場株式等の全部の譲渡等をした場合（株式移転または株式交換により他の会社の株式交換（移転）完全子会社となった場合を除きます。）。	猶予中相続税額	その譲渡等をした日

7 相続税の納付が必要になる場合（期限の確定）

②	**解散した場合** 特例認定承継会社が解散した場合（合併により消滅する場合を除きます。）または会社法その他の法律の規定により解散をしたものとみなされた場合。	猶予中相続税額	その解散をした日またはみなされた解散の日
③	**資産保有型会社等に該当することとなった場合** 特例認定承継会社が、資産保有型会社または資産運用型会社に該当することとなった場合。ただし、事業実態のあるものとして一定の要件を満たすものを除きます。	猶予中相続税額	その該当することとなった日
④	**総収入金額が零となった場合** その特例認定承継会社の事業年度における総収入金額が零となった場合。	猶予中相続税額	その事業年度終了の日
⑤	**資本金の額の減少をした場合** その特例認定承継会社が資本金の額の減少をした場合または準備金の額の減少をした場合。	猶予中相続税額	その資本金の額等の減少がその効力を生じた日
⑥	**特例相続税猶予制度の不適用の届出をした場合** 特例経営承継相続人等が、特例相続税猶予制度の適用を受けることをやめる旨を記載した届出書を納税地の所轄税務署長に提出した場合。	猶予中相続税額	その届出書の提出があった日
⑦	**後継者が特例対象非上場株式等の一部を譲渡等した場合** その特例経営承継相続人等がその特例対象受贈非上場株式等の一部の譲渡等をした場合。	猶予中相続税額のうち、その譲渡等をした株式等の数または金額に対応する部分の金額	その譲渡等をした日
⑧	**会社が合併により消滅した場合** その特例認定承継会社が合併により消滅した場合。	交付を受ける存続会社等の株式等相当部分を除く猶予中相続税額	その合併が効力を生じた日
⑨	**会社が株式交換等をした場合** その特例認定承継会社が株式交換または株式移転により他の会社の株式交換完全子会社等となった場合。	交付を受ける他の会社の株式相当額分を除く猶予中相続税額	その合併がその効力を生じた日

⑩	会社が会社分割をした場合 　その特例認定承継会社が会社分割をした場合（その会社分割に際して吸収分割承継会社または新設分割設立会社の株式等を配当財産とする剰余金の配当があった場合に限ります。）。	猶予中相続税額のうち、その会社分割に際して会社から配当されたその吸収分割承継会社等の株式等の価額に対応する部分の額	その会社分割がその効力を生じた日
⑪	会社が組織変更をした場合 　その特例認定承継会社が組織変更をした場合（その認定承継会社の株式等以外の財産の交付があった場合に限ります。）。	猶予中相続税額のうち、その組織変更に際して会社から交付されたその会社の株式等以外の財産の価額に対応する部分の額	その組織変更がその効力を生じた日

8　納税猶予税額が免除される場合

(1) 概要

　本特例に係る免除事由については、一般相続税猶予制度に係る下記①から③の免除事由に関する各規定が準用されているほか、新たに④の経営環境の変化に対応した免除事由が設けられています（措法70の7の6⑫）。

［一般相続税猶予制度の規定の準用による免除事由］

① 特例経営承継相続人等の死亡等による納税猶予税額の免除（措法70の7の2⑯準用）

② 法的な倒産等による納税猶予税額の免除（措法70の7の2⑰～㉑準用）

③ 再生計画認可の決定等があった場合の納税猶予税額の再計算による免除（措法70の7の2㉒～㉖準用）

[特例相続税猶予制度でのみ適用される免除事由]
④ 経営環境の変化に対応した免除（措法70の7の6⑬～⑳）

(2) 特例経営承継相続人等の死亡等による納税猶予税額の免除

① 概要

　本特例の適用を受ける特例経営承継相続人等が次の下表に掲げる免除事由に該当することとなった場合（その該当日前において、猶予期限の確定や繰り上げがあった場合を除きます。）、それぞれに掲げる免除額が免除されます。この場合、特例経営承継相続人等または特例経営承継相続人等の相続人は、それぞれに掲げる免除届出期限までに届出書一定の事項を記載した届出書を納税地の所轄税務署長に提出する必要があります（措法70の7⑮、措法70の7の5⑪、措令40の8⑪、措令40の8の5㉑）。

② 免除事由、免除される相続税額

	免除事由	免除される相続税	免除届出期限
イ	特例経営承継相続人等が死亡した場合	猶予中相続額	特例経営承継相続人等が死亡した日から同日以後6月を経過する日
ロ	特例経営承継期間の末日の翌日（※）以後にその特例経営承継相続人等が特例非上場株式等につき一般贈与税猶予制度または特例贈与税猶予制度の適用に係る贈与をした場合	猶予中相続税額のうち、その贈与に係る特例対象非上場株式等でこれらの規定の適用に係るものに対応する部分の額として一定の金額に相当する相続税額	その贈与を受けた者が贈与税の申告書を提出した日以後6月を経過する日

（※）特例経営承継期間内に特例経営承継相続人等が、身体障害等のやむを得ない理由により特例認定承継会社の代表権を有しないこととなった場合には、「その有しないこととなった日」。

(3) 法的な倒産等による納税猶予税額の免除

① 概要

　　本特例の適用を受ける特例経営承継相続人等または特例対象非上場株式等に係る特例認定承継会社が次の②に掲げるいずれかの場合に該当することとなった場合（その該当日前に、納税猶予に係る期限の確定や繰り上げがあった場合を除きます。）において、それぞれに掲げる相続税の免除を受けようとするときは、その該当することとなった日から2月を経過する日までにその免除を受けたい旨、免除を受けようとする相続税に相当する金額及びその計算の明細その他の事項を記載した申請書を納税地の所轄税務署に提出しなければなりません（措法70の7の6⑫）。

② 免除事由、免除される相続税額

イ　後継者が特例対象非上場株式等の全部の譲渡等をした場合

（イ）要件

　　　特例経営承継期間の末日の翌日以後に、特例経営承継相続人等が特例対象非上場株式等の全部を譲渡した場合で、次の（ロ）に掲げる（a）と（b）の合計額が譲渡直前における猶予中相続税額に満たないとき。

　　　ただし、この場合の譲渡は、同族関係者以外または民事再生・会社更生による譲渡の場合に限られ、譲渡後に、譲受者及び譲受者の特別関係者で特例認定承継会社の総株主等議決権の過半数を有すること、譲受者（譲受者が法人（医療法人を除きます。）の場合には、その法人の役員等。）が特別関係者の中で筆頭株主であること、譲受者が特例認定承継会社の代表権を有することが必要となります（措規23の12の3⑲）。

(ロ) 申請により免除される相続税額

猶予中相続税額から次の（a）と（b）の合計額を控除した残額が申請により免除されます。

$$\boxed{猶予中相続税額} - \left(\boxed{（a）} + \boxed{（b）} \right)$$

（a）原則として特例非上場株式等の譲渡時の時価。

（b）譲渡があった日以前5年以内に特例経営承継相続人等及び特例経営承継相続人等と生計を一にする者が会社から受け取った配当等の額の合計額。

ロ　再生計画認可の決定等があった場合の納税猶予税額の再計算による免除

(イ) 要件

特例経営承継期間の末日の翌日以後にその特例対象非上場株式等に係る特例認定承継会社について、破産手続の開始決定または特別清算開始の命令があった場合。

(ロ) 申請により免除される相続税額

次の（a）に掲げる金額から（b）に掲げる金額を控除した残額に相当する相続税額が申請により免除されます。

$$\boxed{（a）} - \boxed{（b）}$$

（a）その特例認定承継会社の解散（会社法等の規定により解散をしたものとみなされる場合を含みます。）の直前における猶予中相続税額。

（b）その特例認定承継会社の解散前5年以内において、その特

例経営承継相続人等及びその特例経営承継相続人等と生計を一にする者が特例認定承継会社から受けた剰余金の配当等の額その他特例認定承継会社から受けた金額として政令で定めるものの合計額。

ハ　合併により消滅した場合

（イ）要件

　　特例経営承継期間の末日の翌日以後に、特例認定承継会社が合併により消滅した場合（吸収合併存続会社等が特例経営承継相続人等と一定の特別の関係がある者以外のものであり、かつ、合併に際して吸収合併存続会社等の株式等の交付がない場合に限ります。）において、次の（ａ）及び（ｂ）に掲げる金額の合計額がその合併が効力を生ずる直前における猶予中相続税額に満たないとき。

（ロ）申請により免除される相続税額

　　その猶予中相続税額からその合計額を控除した残額に相当する相続税額が申請により免除されます。

$$\boxed{猶予中相続税額} - \left(\boxed{(a)} + \boxed{(b)}\right)$$

（ａ）その合併がその効力を生ずる直前におけるその特例対象非上場株式等の時価に相当する金額として一定の金額（その金額が合併対価の額より小さい金額である場合には、その合併対価の額。）。

（ｂ）その合併が効力を生ずる日以前５年以内において、その特例経営承継相続人等及びその特例経営承継相続人等と生計を一にする者がその特例認定承継会社から受けた金額として一定の額。

ニ　株式交換等により他の会社の株式交換完全子会社等となった場合
(イ)　要件

特例経営承継期間の末日の翌日以後に、その特例対象非上場株式等に係る認定承継会社が株式交換等により他の会社の株式交換完全子会社等となった場合で、次の(ロ)に掲げる(ａ)及び(ｂ)金額の合計額がその株式交換等が効力を生ずる直前における猶予中相続税額に満たないとき。

(ロ)　申請により免除される相続税額

その猶予中相続税額からその合計額を控除した残額に相当する相続税額が申請により免除されます。

$$\boxed{猶予中相続税額} - \left\{ \boxed{(ａ)} + \boxed{(ｂ)} \right\}$$

(ａ)　その株式交換等がその効力を生ずる直前における特例対象非上場株式等の時価に相当する金額として一定の金額。

(ｂ)　その株式交換等がその効力を生ずる5年以内において、その特例経営承継相続人等及び特例経営承継相続人等と生計を一にする者がその特例認定承継会社から受け取った剰余金の配当等の額その他特例認定承継会社から受けた金額として一定の額。

(4)　経営環境の変化に対応した納税猶予税額の免除制度

① 概要

本特例では、事業の継続が困難な事由として一定の事由が生じた場合の措置として、以下の措置が設けられています（措法70の7の6⑬〜⑱）。

イ 譲渡等を行った時における免除

　特例認定承継会社が事業継続が困難な事由に該当し、特例相続税猶予制度の適用を受けている特例非上場株式等を譲渡等した場合に、譲渡等の対価の額に基づいて（相続税評価額の50％が下限となります。）納税猶予に係る相続税額を再計算し、当初猶予税額との差額については免除されることになります。

ロ 納税の猶予が継続される場合とその場合の猶予に係る期限及び免除

　その譲渡等の対価の額が、時価（相続税評価額）の50％に満たない場合には、譲渡時の相続税評価額の50％に基づいて納税猶予に係る相続税額を再計算し、当初猶予税額との差額は免除されるとともに、その譲渡等から2年経過時において、事業を継続していると認められる要件を満たす場合には、実際の譲渡等の対価を基に計算した相続税額との差額が免除されます。

　本制度は、特例経営承継相続人等が、その該当することとなった日から2月を経過する日（その該当することとなった日からその2月を経過する日までの間に特例経営承継相続人等が死亡した場合には、その特例経営承継相続人等の相続人がその特例経営承継相続人等の死亡による相続の開始があったことを知った日の翌日から6月を経過する日。以下「申請期限」といいます。）までに、免除を受けたい旨、免除を受けようとする相続税に相当する金額及びその計算の明細その他の事項を記載した申請書（免除の手続に必要な書類その他の書類を添付したものに限ります。）を納税地の所轄税務署長に提出しなければなりません（措法70の7の6⑭～⑰）。

② 譲渡等を行ったときにおける時価（相続税評価額）の２分の１の部分に対応する猶予税額の免除

　本特例の適用を受ける特例経営承継相続人等または特例対象非上場株式等に係る特例認定承継会社が次のイからニまでの免除事由のいずれかに掲げる場合に該当することとなった場合（その特例認定承継会社の事業の継続が困難な事由として一定の事由が生じた場合に限ります。）において、その特例経営承継相続人等がそれぞれに掲げる相続税の免除を受けようとするときは、その該当することとなった日から２月を経過する日（その該当することとなった日からその２月を経過する日までの間に特例経営承継相続人等が死亡した場合には、その特例経営承継相続人等の相続人がその特例経営承継相続人等の死亡による相続の開始があったことを知った日の翌日から６月を経過する日。以下「申請期限」といいます。）までに、免除を受けたい旨、免除を受けようとする相続税に相当する金額及びその計算の明細その他の事項を記載した申請書（免除の手続に必要な書類その他の書類を添付したものに限ります。）を納税地の所轄税務署長に提出しなければなりません（措法70の７の６⑬）。

イ　特例対象非上場株式等の全部または一部の譲渡等をした場合

（イ）要件

　　特例経営承継期間の末日の翌日以後に、特例経営承継相続人等が特例対象非上場株式等の全部または一部の譲渡等をした場合（その特例経営承継相続人等の同族関係者以外の者に対して行う場合に限ります。）において、次の（ロ）に掲げる（ａ）及び（ｂ）の金額の合計額がその譲渡等の直前における猶予中相続税額（その譲渡等をした特例対象非上場株式等の数または金額に対応する部分の額に限ります。）に満たないとき。

(ロ) 申請により免除される相続税額

猶予中相続税額から次の（a）と（b）の合計額を控除した残額に相当する相続税が申請により免除されます。

$$\boxed{猶予中相続税額} - \left[\boxed{（a）} + \boxed{（b）}\right]$$

（a）譲渡等の対価の額（その額がその譲渡等をした時における譲渡等をした数または金額に対応する特例対象非上場株式等の相続税評価額の2分の1以下である場合には、相続税評価額の2分の1に相当する金額。）をこの特例の適用に係る相続により取得をした特例対象非上場株式等のその相続の開始の時における価額とみなして計算した納税猶予分の相続税額。

（b）譲渡等があった日以前5年以内において、特例経営承継相続人等及びその特例経営承継相続人等の同族関係者がその特例認定承継会社から受けた剰余金の配当等の額とその特例認定承継会社から受けた法人税法の規定により過大役員給与等とされる金額との合計額。

ロ　合併により消滅した場合

(イ) 要件

特例経営承継期間の末日の翌日以後に、特例対象非上場株式等に係る特例認定承継会社が合併により消滅した場合（吸収合併存続会社等が特例経営承継相続人等の同族関係者以外のものである場合に限ります。）において、次の（ロ）に掲げる（a）及び（b）の金額の合計額がその合併がその効力を生ずる直前における猶予中相続税額に満たないとき。

(ロ) 申請により免除される相続税額

猶予中相続税額から（ａ）と（ｂ）の合計額を控除した残額に相当する相続税が申請により免除されます。

$$\boxed{猶予中相続税額} - \left(\boxed{(ａ)} + \boxed{(ｂ)}\right)$$

(ａ) 合併対価（吸収合併存続会社等が合併に際して消滅する特例認定承継会社の株主または社員に対して交付する財産をいいます。）の額（その額がその合併がその効力を生ずる直前における特例対象非上場株式等の相続税評価額の２分の１以下である場合には、相続税評価額の２分の１に相当する金額。）をこの特例の適用に係る相続により取得をした特例対象非上場株式等のその相続の開始の時における価額とみなして計算した納税猶予分の相続税額。

(ｂ) 合併がその効力を生ずる日以前５年以内において、特例経営承継相続人等及びその特例経営承継相続人等の同族関係者がその特例認定承継会社から受けた剰余金の配当等の額とその特例認定承継会社から受けた法人税法の規定により過大役員給与等とされる金額の合計額。

ハ　株式交換等により他の会社の株式交換等完全子会社となった場合
(イ) 要件

特例経営承継期間の末日の翌日以後に、特例対象非上場株式等に係る特例認定承継会社が株式交換または株式移転（以下「株式交換等」といいます。）により他の会社の株式交換完全子会社等となった場合（他の会社が特例経営承継相続人等の同族関係者以外のものである場合に限ります。）において、次の（ロ）に掲げる（ａ）及び（ｂ）

の金額の合計額がその株式交換等がその効力を生ずる直前における猶予中相続税額に満たないとき。

(ロ) 申請により免除される相続税額

猶予中相続税額から（ａ）と（ｂ）の合計額を控除した残額に相当する相続税が申請により免除されます。

$$\boxed{猶予中相続税額} - \left(\boxed{（ａ）} + \boxed{（ｂ）} \right)$$

(ａ) 交換等対価（他の会社が株式交換等に際して株式交換完全子会社等となった特例認定承継会社の株主に対して交付する財産をいいます。）の額（その額がその株式交換等がその効力を生ずる直前における特例対象非上場株式等の相続税評価額の２分の１以下である場合には、相続税評価額の２分の１に相当する金額）をこの特例の適用に係る相続により取得をした特例対象非上場株式等のその相続の開始の時における価額とみなして計算した納税猶予分の相続税額。

(ｂ) 株式交換等がその効力を生ずる日以前５年以内において、特例経営承継相続人等及びその特例経営承継相続人等の同族関係者がその特例認定承継会社から受けた剰余金の配当等の額とその特例認定承継会社から受けた法人税法の規定により過大役員給与等とされる金額の合計額。

ニ 解散をした場合

(イ) 要件

特例経営承継期間の末日の翌日以後に、特例対象非上場株式等に係る特例認定承継会社が解散をした場合において、次の（ロ）に掲げる（ａ）及び（ｂ）の金額の合計額がその解散の直前にお

ける猶予中相続税額に満たないとき。
(ロ) 申請により免除される相続税額

猶予中相続税額から（a）と（b）の合計額を控除した残額に相当する相続税が申請により免除されます。

$$ 猶予中相続税額 - \left[(a) + (b) \right] $$

(a) 解散の直前における特例対象非上場株式等の相続税評価額をこの特例の適用に係る相続により取得をした特例対象非上場株式等のその相続の開始の時における価額とみなして計算した納税猶予分の相続税額。

(b) 解散の日以前5年以内において、特例経営承継相続人等及びその特例経営承継相続人等の同族関係者がその特例認定承継会社から受けた剰余金の配当等の額及びその特例認定承継会社から受けた法人税法の規定により過大役員給与とされる金額の合計額。

[特例認定承継会社の事業の継続が困難な事由として一定の事由]

本制度が適用される「特例認定承継会社の事業の継続が困難な事由として一定の事由」とは、次のいずれかに該当する場合をいいます（措令40の8の6㉙、措規23の12の3⑳～㉓、措通70の7の6－26）。なお、特例認定承継会社が解散をした場合にあっては、ニを除きます。

イ 直前事業年度（特例経営承継相続人または特例認定承継会社が上記②イからニまでのいずれかに該当することとなった日の属する事業年度の前事業年度をいいます。）及びその直前の3事業年度（直前事業年度の終了の日の翌日以後6月を経過する日後に上記②イからニまでのいずれかに該当することとなった場合には、2事業年度）のうち2以上の事業年度において、特例認定承継会社の経常損益金額（会社計算規則第91条第1項に規定する経常損益金額をいいます。）が零未満であること。

ロ　直前事業年度及びその直前の３事業年度（直前事業年度の終了の日の翌日以後６月を経過する日後に上記②イからニまでのいずれかに該当することとなった場合には、２事業年度）のうち２以上の事業年度において、各事業年度の平均総収入金額（総収入金額（会社計算規則第88条第１項第４号に掲げる営業外収益及び同項第６号に掲げる特別利益以外のものに限ります。）を総収入金額に係る事業年度の月数で除して計算した金額をいいます。）が、各事業年度の前事業年度の平均総収入金額を下回ること。

ハ　次に掲げる事由のいずれか（直前事業年度の終了の日の翌日以後６月を経過する日後に上記②イからニまでのいずれかに該当することとなった場合には、下記（イ）に掲げる事由）に該当すること。

（イ）特例認定承継会社の直前事業年度の終了の日における負債（利子（特例経営承継相続人等の同族関係者に対して支払うものを除きます。）の支払の基因となるものに限ります。次の（ロ）において同じです。）の帳簿価額が、直前事業年度の平均総収入金額に６を乗じて計算した金額以上であること。

（ロ）特例認定承継会社の直前事業年度の前事業年度の終了の日における負債の帳簿価額が、その事業年度の平均総収入金額に６を乗じて計算した金額以上であること。

ニ　次に掲げる事由のいずれかに該当すること。

（イ）判定期間（直前事業年度の終了の日の１年前の日の属する月から同月以後１年を経過する月までの期間をいいます。）における業種平均株価（注）が、前判定期間（判定期間の開始前１年間をいいます。（次のロ）において同じです。）における業種平均株価を下回ること。

（ロ）前判定期間における業種平均株価が、前々判定期間（前判定期間の開始前１年間をいいます。）における業種平均株価を下回ること

（注）業種平均株価とは、判定期間、前判定期間または前々判定期間に属する各月における上場株式平均株価（具体的には、非上場株式等の相続税評価額の算定に用いるために国税庁において公表する業種目別株価となります。）を合計した数を12で除して計算した価格をいいます。

ホ　特例経営承継相続人等（上記②イからハまでのいずれかに該当することとなった時において特例認定承継会社の役員または業務を執行する社員であった者に限ります。）が心身の故障その他の事由によりその特例認定承継会社の業務に従事することができなくなったこと。

8 納税猶予税額が免除される場合

(参考) 特例認定贈与承継会社の事業の継続が困難な事由とその判定について

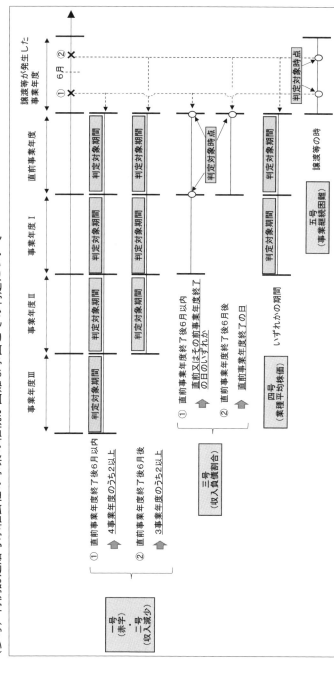

(注) 上記は、各事業年度が1年間の場合である。

(資産課税情報第16号(平成30年10月5日) 措通70の7の5-26解説より)

第1章 ❸ 特例相続税猶予制度

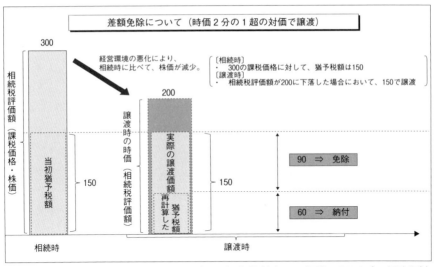

(財務省 HP 平成 30 年度税制改正の解説 P604（一部改訂）)

③ 実際の譲渡等の価額が相続税評価額の２分の１を下回った場合の納税猶予

上記②イからハまでに該当する場合で、かつ、次のイからハまでに該当する場合において、特例経営承継相続人等が下記④の適用を受けようとするときは、上記②にかかわらず、申請期限までに上記②イからハまでのそれぞれ（ａ）及び（ｂ）に掲げる金額の合計額に相当する担保を提供した場合で、かつ、その申請期限までにこの特例の適用を受けようとする旨、その金額の計算の明細その他の事項を記載した申請書を納税地の所轄税務署長に提出した場合に限り、再計算対象猶予税額（上記②イに該当する場合には猶予中相続額のうちその譲渡等をした特例対象非上場株式等の数または金額に対応する部分の額をいい、上記②ロまたはハに該当する場合には猶予中相続税額に相当する金額をいいます。）からその合計額を控除した残額を免除し、その合計額（上記①イに該当する場合には、その合計額に猶予中相続税額からその再計算対象猶

8 納税猶予税額が免除される場合

予税額を控除した残額を加算した金額）を猶予中相続税額とすることができます（措法70の7の6⑭）。

　イ　上記②イの対価の額がその譲渡等をした時における特例対象非上場株式等の相続税評価額の2分の1以下である場合。

　ロ　上記②ロの合併対価の額が合併がその効力を生ずる直前における特例対象非上場株式等の相続税評価額の2分の1以下である場合。

　ハ　上記②ハの交換等対価の額が株式交換等がその効力を生ずる直前における特例対象非上場株式等の相続税評価額の2分の1以下である場合。

■実際の譲渡等の価額が相続税評価額の2分の1を下回った場合の納税猶予の流れ

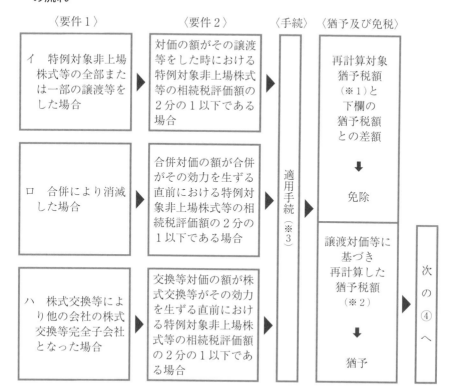

(※1) 上記②イに該当する場合には猶予中相続税額のうちその譲渡等をした特例対象非上場株式等の数または金額に対応する部分の額をいい、上記②ロまたはハに該当する場合には猶予中相続税額に相当する金額をいいます。

(※2) 上記②イからハに掲げる（a）及び（b）の合計額。

(※3) 申請期限までに差額免除の申請書が提出されなかった場合等について、その提出がなかった場合の宥恕規定は設けられていないことに留意が必要です（措通70の7の6－34（注））。

④ 実際の譲渡等の価額が相続税評価額の2分の1を下回った場合の猶予税額の免除

上記②イからハまでに該当することとなった日から2年を経過する日において、上記③により猶予中相続税額とされた金額に相当する相続税の納税の猶予に係る期限及び免除については、次表に掲げる場合の区分に応じそれぞれに定めるところによります（措法70の7の6⑮）。この場合、この相続税及び納税猶予期間に対応する利子税を納付しなければなりません。

なお、下表イにより相続税の免除を受けようとする特例経営承継相続人等は、再申請期限（※1）までに、免除を受けたい旨、免除を受けようとする相続税に相当する金額及びその計算の明細その他の事項を記載した申請書（その免除の手続に必要な書類その他の書類を添付したものに限ります。）を納税地の所轄税務署長に提出しなければなりません（措法70の7の6⑰）。なお、差額免除の申請書について、再申請期限までに提出がなかった場合の宥恕規定は設けられていないことに留意が必要です（措通70の7の6－36（注））。

8 納税猶予税額が免除される場合

区分		納税の猶予に係る期限	免除される税額
イ	次に掲げる会社がその２年を経過する日においてその事業を継続している場合（※２） （イ）上記②イの場合におけるその譲渡等をした特例対象非上場株式等に係る会社 （ロ）上記②ロの場合におけるその合併に係る吸収合併存続会社等 （ハ）上記②ハの場合におけるその株式交換等に係る株式交換完全子会社等	特例再計算相続税額（上記③ロまたはハに該当する場合には、その合併または株式交換等に際して交付された株式等以外の財産の価額に対応する部分の額に限ります。）に相当する相続税については、再申請期限（※１）をもって納税猶予に係る期限となります。	上記②により猶予中相続税額とされた金額から特例再計算相続税額（※３）を控除した残額に相当する相続税については免除されることとなります。
ロ	上欄のイ（イ）から（ハ）までの会社がその２年を経過する日において事業を継続していない場合	上記②により猶予中相続税額とされた金額（上記②イに該当する場合にはその譲渡等をした特例対象非上場株式等の数または金額に対応する部分の額に、上記②ロまたはハに該当する場合にはその合併または株式交換等に際して交付された株式等以外の財産の価額に対応する部分の額に限ります。）に相当する相続税については、再申請期限をもって納税猶予に係る期限となります。	

（※１）「再申請期限」とは、その２年を経過する日から２月を経過する日（その２年を経過する日からその２月を経過する日までの間に特例経営承継相続人等が死亡した場合には、その特例経営承継相続人等の相続人がその特例経営承継相続人等の死亡による相続の開始があったことを知った日の翌日から６月を経過する日。）をいいます。

（※２）「事業を継続している場合」とは、次の要件のすべてを満たす場合をいいます（措令40の８の６㊳）。

第1章　❸ 特例相続税猶予制度

　　i　商品の販売その他の業務を行っていること。
　　ii　上記①イからハまでに該当することとなった時の直前における特例認定承継会社の常時使用従業員のうちその総数の2分の1に相当する数（その数に1人未満の端数があるときはこれを切り捨てた数とし、その該当することとなった時の直前における常時使用従業員の数が1人のときは1人とします。）以上の者が、その該当することとなった時から上記の2年を経過する日まで引き続き上記イ（イ）から（ハ）までに掲げる会社の常時使用従業員であること。
　　iii　iiの常時使用従業員が勤務している事務所、店舗、工場その他これらに類するものを所有し、または賃借していること。
（※3）「特例再計算相続税額」とは、実際の譲渡等の対価の額、合併対価の額または交換等対価の額に相当する金額を相続により取得をした特例対象非上場株式等のその相続の開始の時における価額とみなして計算した納税猶予分の相続税額に、それぞれ上記②イ（ロ）（b）、ロ（ロ）（b）またはハ（ロ）（b）に掲げる金額を加算した金額をいいます。

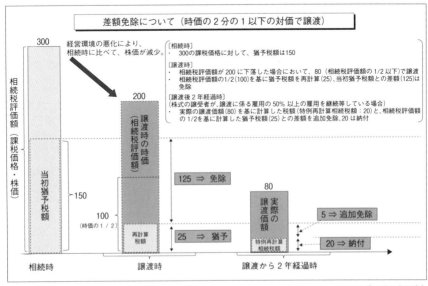

(財務省HP　平成30年度税制改正の解説　P606（一部改訂））

⑤ 税務署長による調査

　税務署長は、上記②から④までの申請書の提出があった場合において、これらの申請書に記載された事項について調査を行い、これらの申請書に係る相続税の免除をし、またはこれらの申請書に係る申請の却下をします。この場合において、税務署長は、これらの申請書に係る申請期限または再申請期限の翌日から起算して6月以内に、免除をした贈与税の額または却下をした旨及びその理由を記載した書面により、これらの申請書を提出した特例経営承継相続人等に通知することとされています（措法70の7の6⑱）。

9　その他の取扱い

(1) 未分割の場合の不適用

　相続に係る相続税の申告書の提出期限までに、相続または遺贈により取得をした非上場株式等の全部または一部が共同相続人または包括受遺者によってまだ分割されていない場合における特例相続税猶予制度の適用については、その分割されていない非上場株式等は、相続税の申告書に同項の規定の適用を受ける旨の記載をすることができません（措法70の7の6⑤）。

(2) 他の納税猶予制度との重複適用の排除

　同一の会社について一般納税猶予制度または非上場株式等の贈与者が死亡した場合の相続税の納税猶予及び免除制度（措法70の7の4）の規定の適用を受けている場合には、特例相続税猶予制度は適用できません（措法70の7の6②ホ）。

(3) 同族会社等の行為または計算の否認等の規定の準用

相続税法第64条（同族会社等の行為または計算の否認等）第1項及び第4項の規定は、本特例の適用を受ける特例経営承継相続人等もしくは特例経営承継相続人等に係る被相続人またはこれらの者と特別の関係がある者の相続税または贈与税の負担が不当に減少する結果となると認められる場合について準用されます（措法70の7の6⑪）。

(4) 利子税

本特例の適用を受けた特例経営承継相続人等は、納税猶予税額の全部または一部を納付する場合には、納付する税額を基礎とし、相続税の申告書の提出期限の翌日から納税の猶予の期間に応じ、年3.6％の割合を乗じて計算した金額に相当する利子税をあわせて納付しなければなりません（措法70の7の6㉓）。

(5) 特例認定承継会社に該当しない会社

特例対象非上場株式等に係る特例認定承継会社が、特例相続税猶予制度の規定の適用を受けようとする特例経営承継相続人等及び特例経営承継相続人等の同族関係者から現物出資または贈与により取得をした資産（相続の開始前3年以内に取得をしたものに限り、次の②において「現物出資等資産」といいます。）がある場合において、相続の開始の時における次の①に掲げる金額に対する次の②に掲げる金額の割合が70％以上であるときは、経営承継相続人等については、特例相続税猶予制度の規定は適用されません（措法70の7の6㉕）。

① 特例認定承継会社の資産の価額の合計額。
② 現物出資等資産の価額（特例認定承継会社が相続の開始の時において現物出資等資産を有していない場合には、相続の開始の時に有してい

るものとしたときにおける現物出資等資産の価額）の合計額。

$$\text{非適用会社} = \frac{\text{② 現物出資等資産の価額（時価）}}{\text{① 特例認定承継会社の資産の価額（時価）}} \times 100 \geqq 70\%$$

なお、上記の特例認定承継会社の資産の価額及び現物出資等資産の価額とは、相続開始時における財産評価基本通達の定めにより計算した価額をいいます（措通70の7の6－42）。

4 特例贈与者が死亡した場合

1 特例贈与者が死亡した場合の相続税の課税

(1) 制度の概要

一般贈与税猶予制度の贈与者が死亡した場合と同様に、特例贈与税猶予制度の適用を受ける特例経営承継受贈者に係る特例贈与者が死亡した場合（※1）には、その特例贈与者の死亡による相続または遺贈に係る相続税については、その特例経営承継受贈者がその特例贈与者から相続（その特例経営承継受贈者がその特例贈与者の相続人以外の者である場合には、遺贈）により特例相続税猶予制度の適用に係る特例対象受贈非上場株式等（※2）の取得をしたものとみなします（以下「本特例」といいます）。

この場合において、その死亡による相続または遺贈に係る相続税の課税価格の計算の基礎に算入すべき特例対象受贈非上場株式等の価額については、その特例贈与者から特例贈与税猶予制度の適用に係る贈与により取得をした特例対象受贈非上場株式等のその贈与の時における価額を基礎として計算します（措法70の7の7①）。

(※1) その死亡の日前に猶予中贈与税額に相当する贈与税の全部につき贈与税の猶予に係る期限が確定した場合及びその死亡の時以前にその特例経営承継受贈者が死亡した場合を除きます。

(※2) 猶予中贈与税額に対応する部分に限るものとし、合併により特例対象受贈非上場株式等に係る特例認定贈与承継会社が消滅した場合その他の場合には、その特例対象受贈非上場株式等に相当するものとして一定のものをいいます。

(2) 特例贈与者からの贈与が免除対象贈与の適用に係る贈与の場合

特例経営承継受贈者の特例贈与税猶予制度の適用に係る贈与前に、特例贈与税猶予制度の適用に係る特例対象受贈非上場株式等につき、一般

贈与税猶予制度または特例贈与税猶予制度の免除対象贈与（措法70の7⑮三、措法70の7の5⑪）の規定に係る贈与をした者のうち、最も古い時期に一般贈与税猶予制度または特例贈与税猶予制度の適用を受けていた者にその特例対象受贈非上場株式等の贈与をした者が死亡した場合には、その贈与をした者の死亡による相続税については、その特例経営承継受贈者がその贈与をした者から相続により特例対象受贈非上場株式等の取得をしたものとみなされます（措法70の7の7②）。

(3) 前の贈与者が死亡した場合

特例経営承継受贈者に係る前の贈与者が行った前の贈与が、一般贈与税猶予制度または特例贈与税猶予制度のいずれであるかに関わらず、その前の贈与者が死亡した場合には、その特例経営承継受贈者については、本特例の適用があります（措通70の7の7－2（注5））。

なお、「前の贈与者」とは、次に掲げる場合の区分に応じそれぞれに定める者にその特例対象受贈非上場株式等に係る特例認定贈与承継会社の非上場株式等の贈与をした者をいいます（措令40の8の3）。

①	贈与者に対する一般贈与税猶予制度または特例贈与税猶予制度の適用に係る贈与が、その贈与をした者の免除対象贈与（租税特別措置置法第70条の7第15項（第3号に係る部分に限り、同法第70条の7の5第11項において準用する場合を含みます。）の規定の適用に係るものである場合。	特例対象受贈非上場株式等に係る特例認定贈与承継会社の非上場株式等の免除対象贈与をした者のうち最初に一般贈与税猶予制度または特例贈与税猶予制度の適用を受けた者。
②	①に掲げる場合以外の場合。	贈与者。

また、「前の贈与」とは、上記①または②に掲げる場合の区分に応じそれぞれに定める者に対するその特例対象受贈非上場株式等に係る特例認定贈与承継会社の非上場株式等の贈与をいいます（措法70の7の7②）。

第1章 ❹ 特例贈与者が死亡した場合

したがって、例えば、既に一般贈与税猶予制度の適用を受けている2代目経営者が、1代目経営者の生存中に3代目経営者に特例贈与税猶予制度の適用に係る贈与をした場合で、その後1代目経営者の相続が開始した場合には、3代目経営者は、納税猶予割合を100％とする特例相続税猶予制度に移行することができます。

(参考) 特例贈与税猶予制度の適用に係る前の贈与者が死亡した場合

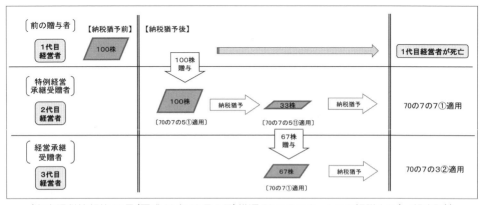

(資産課税情報第16号(平成30年10月5日)措通70の7の3-1の2解説より(一部改訂))

(参考) 一般贈与税猶予制度の適用に係る前の贈与者が死亡した場合

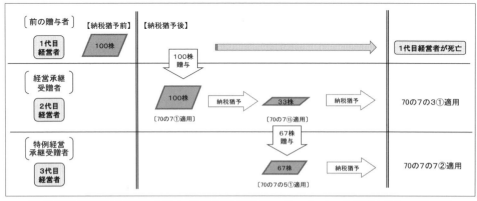

(資産課税情報第16号(平成30年10月5日)措通70の7の3-1の2解説より(一部改訂))

(4) 贈与年に贈与者の相続が開始した場合等

① 贈与年に贈与者の相続が開始した場合

　贈与の日の属する年に贈与者の相続が開始した場合の取扱いは次のようになります。

イ　贈与者から相続又は遺贈により財産を取得する場合

　相続税法第19条等の規定により、贈与株式等が相続税の課税価格に算入されるため、相続税の納税猶予の前提となる認定の対象となります。

ロ　贈与者から相続又は遺贈により財産を取得しない場合

　相続税法第19条等の規定の適用がなく、贈与株式等は贈与税の課税対象となるため、贈与税の納税猶予の前提となる認定の対象となります。

② 後継者が贈与税の申告期限前に死亡した場合

　後継者が贈与税の申告期限前に死亡した場合には、その後継者の相続人が贈与税の申告を行うことになります。

　この場合、贈与税の納税猶予制度の対象となり得る株式等の贈与を受けた後継者（2代目。ただし、贈与に関する認定要件を満たしている者に限ります。）が都道府県知事の認定を受ける前に死亡した場合には、その後継者（2代目）から相続又は遺贈によりその株式等を取得した代表者（後継者の後継者（3代目）。ただし、相続に関する認定要件を満たしている者に限ります。）は、後継者（2代目）の株式等の取得に関する認定を受けることができます。

(5) 特例贈与者の死亡の日前に納税猶予の期限が確定している場合の留意点

本特例の対象からは、特例贈与者の死亡の日前にその納税猶予に係る贈与税の全部または一部について、納税猶予の期限が確定している場合は除かれています（措法70の7の7①）。

したがって、この場合には、特例相続税猶予制度（措法70の7の6①、措法70の7の8①）への移行はできません。

この場合、その特例贈与者の死亡による課税関係は次のとおりです（措通70の7の7-3）。

① 暦年課税を選択している場合

その贈与者の贈与後3年以内の死亡の日前に納税猶予に係る贈与税の全部または一部についての納税猶予の期限が確定しており、かつ、特例経営承継受贈者がその贈与者から相続または遺贈により財産を取得している場合におけるその期限の確定に係る特例受贈非上場株式等は、相続税法第19条（生前贈与加算）の規定により、贈与時の価額で相続税が課税されます。

② 相続時精算課税を選択している場合

その贈与者の死亡の日前に、その納税猶予に係る贈与税の全部または一部についての納税猶予の期限が確定している場合におけるその期限の確定に係る特例受贈非上場株式等は、相続時精算課税制度の規定（相法21の15、相法21の16）に基づく贈与時の価額で、相続税が課税されることになります。

2 特例贈与者が死亡した場合の相続税の納税猶予及び免除の特例への移行

(1) 制度の概要

　特例経営相続承継受贈者が、上記1（措法70の7の7①）により特例対象受贈非上場株式等を特例贈与者から相続または遺贈により取得をしたものとみなされた場合には、特例対象相続非上場株式等（※）に係る納税猶予分の相続税額に相当する相続税については、相続税の申告期限までに一定の担保を提供した場合に限り、特例相続税猶予制度と同様に、その特例経営相続承継受贈者の死亡の日までその納税が猶予されます（措法70の7の8①）。

（※）　特例対象相続非上場株式等とは、上記1により相続または遺贈により取得したものとみなされる特例認定相続承継会社に係る特例対象受贈非上場株式等で、特定贈与者が死亡した場合の相続税の納税猶予及び免除の特例への移行（以下 2 において、「本特例」といいます。）の適用を受けようとする特例経営相続承継受贈者が、その相続に係る相続税の申告書に本制度の適用を受けようとする旨の記載があるものをいいます。

(2) 適用期限と本特例の関係

　特例相続税猶予制度は、相続または遺贈による取得の期限が定められていますが、本特例にはありません。

　したがって、特例贈与税猶予制度の適用に係る贈与が期限内（平成30年1月1日～平成39年（2027年）12月31日）にされていれば、その特例贈与税猶予制度の適用に係る特例贈与者の死亡の時期にかかわらず、本特例の適用を受けることができます。

第1章　**4**　特例贈与者が死亡した場合

3　用語の意義

(1) 特例経営相続承継受贈者

　特例経営相続承継受贈者とは、特例贈与税猶予制度の適用を受ける特例経営承継受贈者で、次に掲げる要件のすべてを満たすものをいいます（措法70の7の8②一）。

① 　代表者であること

　その者が、本特例の適用に係る相続の開始の時において、その特例対象受贈非上場株式等に係る特例認定相続承継会社の代表権を有していること（措法70の7の8②一イ）。

② 　同族関係者と併せて50％超の議決権を保有していること

　本特例の適用に係る相続の開始の時において、その者及びその者の同族関係者等の有するその特例認定相続承継会社の株式等に係る議決権の数の合計が、その特例認定相続承継会社に係る総株主等議決権数の100分の50を超える数であること（措法70の7の8②一ロ）。

③ 　同族関係者の中で筆頭株主であること

　本特例の適用に係る相続の開始の時において、その者が有するその特例認定相続承継会社の株式等に係る議決権の数が、その者の同族関係者等のうちいずれの者（その者以外の特例贈与税猶予制度、特例相続税猶予制度または本特例の規定の適用を受ける者を除きます。）が有するその特例認定相続承継会社の株式等に係る議決権の数をも下回らないこと（措法70の7の8②一ハ）。

(2) 特例認定相続承継会社

　特例贈与税猶予制度の適用を受ける会社で、本特例の適用に係る相続の開始の時において、次に掲げる要件（本制度の適用を受ける特例経営相続承継受贈者に係る特例贈与者が次の（5）のイまたはロに掲げる日のいずれか早い日の翌日以後に死亡した場合には、③に掲げるものを除きます。）のすべてを満たすものをいいます（措法70の7の8②二）。

① 常時使用従業員の数

　その会社の常時使用従業員の数が、一人以上であること（「常時使用従業員」については本書**3** **3**（3）「特例認定贈与承継会社の要件」①参照。）（措法70の7の8②二イ）。

② 資産保有型会社等でないこと

　その会社が、資産保有型会社または資産運用型会社のうち事業実態要件を備えていないものに該当しないこと（「資産保有型会社等」については本書**3** **3**（3）「特例認定贈与承継会社の要件」②参照。）（措法70の7の8②二ロ）。

③ 非上場会社であること

　その会社の株式等及び特別関係会社（その会社と一定の関係がある会社をいいます。）のうちその会社と密接な関係を有する会社として一定の会社（④において「特定特別関係会社」といいます。）の株式等が、非上場株式等に該当すること（措法70の7の8②二ハ）。

④ 風俗営業会社でないこと

　その会社及び特定特別関係会社が、風俗営業会社に該当しないこと

(「風俗営業会社」については本書**3** **3**(3)「特例認定贈与・承継会社の要件」
④参照。)（措法70の7の8②二ニ）。

⑤ 特別関係会社に外国会社がある場合の常時使用従業員の数
　その会社の特別関係会社が会社法第2条第2号に規定する外国会社に該当する場合（その会社またはその会社との間に支配関係がある法人がその特別関係会社の株式等を有する場合に限ります。）にあっては、その会社の常時使用従業員の数が5人以上であること（措法70の7の8②二ホ）。

⑥ 円滑な事業の運営を確保するための要件
　①から⑤までに掲げるもののほか、会社の円滑な事業の運営を確保するために必要とされる要件として一定の要件（本書**3** **3**(3)「特例認定贈与・承継会社の要件」⑤を参照。）を備えているものであること（措法70の7の8②二ヘ）。

(3) 非上場株式等

非上場株式等とは、国内外の金融商品取引所等に上場していない、または、上場の申請等がされていない株式をいい、具体的には、次に掲げる要件と満たす株式をいいます（措法70の7の8②三）。

① 金融証券取引法第2条第16項に規定する金融商品取引所に上場されていないことその他租税特別措置法施行規則第23条の9第7項に規定する要件を満たす株式
② 合名会社、合資会社または合同会社の出資のうち租税特別措置法施行規則第23条9第8項に規定する要件を満たす出資

(4) 納税猶予分の相続税額

本特例の適用に係る特例対象相続非上場株式等の価額（※）を本特例の特例経営相続承継受贈者に係る相続税の課税価格とみなして、相続税法第13条から第19条までの規定を適用して一定の計算をしたその特例経営相続承継受贈者の相続税の額（措法70の7の8②四）。

（※）その特例対象相続非上場株式等に係る特例認定相続承継会社または特例認定相続承継会社等（その特例認定相続承継会社の特別関係会社であってその特例認定相続承継会社との間に支配関係がある法人をいいます。）がその特例認定相続承継会社の特別関係会社に該当する外国会社その他一定の法人の株式等を有する場合には、本特例が適用される特例対象受贈非上場株式等の特例贈与税猶予制度の適用に係る贈与の時における株式等の価額を基礎とし、その特例認定相続承継会社等がその外国会社その他一定の法人の株式等を有していなかったものとして一定の計算をした価額。

(5) 特例経営相続承継期間

特例経営相続承継期間とは、次の①または②に掲げる日のうち、いずれか早い日をいいます（措法70の7の8②五）。

① 特例贈与税猶予制度の適用に係る贈与の日の属する年分の贈与税の申告書の提出期限の翌日から次のイまたはロ掲げる日のいずれか早い日までの間にその贈与に係る特例贈与者（※）について相続が開始した場合におけるその相続の開始の日から、次に掲げる日のいずれか早い日。

（※）特例経営相続承継受贈者の特例贈与税猶予制度に係る贈与がその特例贈与者の免除事由（措法70の7の5⑪、措法70の7⑮三）に係るものである場合には、一般贈与税猶予制度または特例贈与税猶

予制度の規定の適用を受けていた者として一定の者に本特例の適用に係る特例対象受贈非上場株式等に係る特例認定相続承継会社の非上場株式等の贈与をした者。

イ　その特例経営相続承継受贈者の最初の特例贈与税猶予制度の規定の適用に係る贈与の日の属する年分の贈与税の申告書の提出期限の翌日以後5年を経過する日。

ロ　その特例経営相続承継受贈者の最初の特例相続税猶予制度の規定の適用に係る相続に係る相続税の申告書の提出期限の翌日以後5年を経過する日。

② その贈与に係る特例経営相続承継受贈者の死亡の日の前日。

(6) 経営相続報告基準日

経営相続報告基準日とは、次の①または②に掲げる期間の区分に応じ①または②に定める日をいいます（措法70の7の8②六）。

① 第1種相続基準日

特例経営相続承継期間において、特例贈与税猶予制度の規定の適用に係る贈与の日の属する年分の贈与税の申告書の提出期限（特例経営相続承継受贈者が既に特例対象受贈非上場株式等に係る特例認定相続承継会社の非上場株式等について特例相続税猶予制度の規定の適用を受けている場合には、相続税の申告書の提出期限。）の翌日から1年を経過するごとの日。

② 第2種相続基準日

特例経営相続承継期間（本特例の適用を受ける特例経営相続承継受贈者に係る特例贈与者が上記(5)①イまたはロに掲げる日のいずれか早い日

の翌日以後に死亡した場合にあっては、その特例経営相続承継受贈者に係る特例贈与税猶予制度に規定する特例経営贈与承継期間。）の末日の翌日から猶予中相続税額（既に一部確定事由または特例経営承継期間経過後の確定事由の適用があった場合には、一定の金額を除きます。）に相当する相続税の全部につき納税の猶予に係る期限が確定する日までの期間において、その末日の翌日から3年を経過するごとの日。

4 適用手続

本特例は、本特例の適用を受けようとする特例経営相続承継受贈者が提出する相続税の申告書に、特例対象受贈非上場株式等の全部もしくは一部につき本特例の規定の適用を受けようとする旨の記載がない場合または次に掲げる書類の添付がない場合には、適用されません（措法70の7の8⑤）。

■本特例の適用に当たり相続税の申告書に添付する書類

	申告書に添付する書類
①	その特例対象受贈非上場株式等の明細及び納税猶予分の相続税額の計算に関する明細その他一定の事項を記載した書類。
②	その特例対象受贈非上場株式等に係る特例贈与者の死亡の日の翌日以後最初に到来する経営相続報告基準日の翌日から5月（その特例贈与者が3(5)「経営相続報告基準日」①または②に掲げる日のいずれか早い日の翌日以後に死亡した場合にあっては、3月）を経過する日がその特例贈与者の死亡に係る相続税の申告書の提出期限までに到来する場合には、その特例対象受贈非上場株式等に係る特例認定相続承継会社の経営に関する事項として一定の事項を記載した書類。
③	本特例の規定の適用に係る相続の開始の時において、その特例経営相続承継受贈者が上記3(1)「特例経営相続承継受贈者」の①から③までに掲げる要件のすべてを満たし、かつ、その特例対象受贈非上場株式等に係るその特例認定相続承継会社が上記3(2)「特例認定相続承継会社」の①から⑤までに掲げる要件（その特例経営相続承継受贈者に係る特例贈与者が上記3(5)「特例経営相続承継期間」の①または②に掲げる日のいずれか早い日の翌日以後に死亡した場合には、上記3(2)「特例認定相続承継会社」の③に掲げるものを除きます。）その他一定の要件を満たしていることを証する一定書類。

5 届出書の提出

　本特例の適用を受ける特例経営相続承継受贈者は、特例対象相続非上場株式等に係る特例贈与者の死亡の日の翌日から猶予中相続税額に相当する相続税の全部につき納税の猶予に係る期限が確定する日までの間に経営相続報告基準日（※）が存する場合には、届出期限（第1種相続基準日の翌日から5月を経過する日及び第2種相続基準日の翌日から3月を経過する日をいいます。）までに、引き続いて本特例の規定の適用を受けたい旨及び特例対象相続非上場株式等に係る特例認定相続承継会社の経営に関する事項を記載した届出書を納税地の所轄税務署長に提出しなければなりません（措法70の7の8⑥）。

　（※）　その特例対象相続非上場株式等に係る特例贈与者の死亡の日の翌日以後最初に到来する経営相続報告基準日の翌日から5月（その特例贈与者が上記3（5）「特例経営相続承継期間」のイまたはロに掲げる日のいずれか早い日の翌日以後に死亡した場合にあっては3月）を経過する日がその特例贈与者の死亡に係る相続税の申告書の提出期限までに到来する場合におけるその最初に到来する経営相続報告基準日を除きます。

5 一般納税猶予制度の平成30年度改正項目

1 贈与者及び被相続人の要件の見直し

　特例納税猶予制度と同様に、一般納税猶予制度においても複数の者からの贈与または相続についても適用できることとされたことに伴い、贈与者及び被相続人の要件は次のとおりとされています（措令40の8①、40の8の2①）。

(1) 最初の贈与者または被相続人

　その認定（贈与）承継会社について最初の贈与税または相続税の納税猶予制度の適用に係る贈与に係る贈与者または相続もしくは遺贈に係る被相続人の要件は、改正前と同様です。

(2) 2回目以降の贈与者または被相続人

　その認定（贈与）承継会社について、上記①の贈与または相続もしくは遺贈の後、つまり2回目以降の贈与または相続もしくは遺贈について、2回目以降の贈与者または被相続人から贈与または相続もしくは遺贈を受ける場合におけるその2回目以降の贈与者または被相続人の要件は、認定（贈与）承継会社の非上場株式等を有していた個人（贈与の場合には、加えて、その贈与の時においてその認定贈与承継会社の代表権を有していないもの）とされました。

2 経営(贈与)承継期間等の改正

上記**1**(2)のとおり、平成30年度改正により、複数の贈与者からの贈与についても、一般贈与税猶予制度の適用を受けることができるようになりましたが、経営贈与承継期間は、本制度の適用を受けるための最初の贈与に係る贈与税の申告書の提出期限(先に相続税の納税猶予制度の適用を受けている場合には、その最初の相続に係る相続税の申告書の提出期限)から5年間とされています(措法70の7②六)。

また、雇用確保要件(5年間平均で8割確保)は、対象受贈非上場株式等に係る認定贈与承継会社の非上場株式等について一般贈与税猶予制度または一般相続税猶予制度の適用を受けるために提出する最初の贈与税の申告書または相続税の申告期限の翌日から同日以後5年を経過する日(経営承継受贈者またはその経営承継受贈者に係る贈与者が同日までに死亡した場合には、その死亡の日の前日)までの期間で判定することとされました(措法70の7③二)。

(参考)従業員数確認期間の例

【ケース1】A社株式を、×1年に父から贈与され、×4年に母から贈与された場合

⇨ ×2年3月16日〜×7年3月15日が従業員数確認期間となり、同日において父母からの贈与につき、雇用確保要件を判定

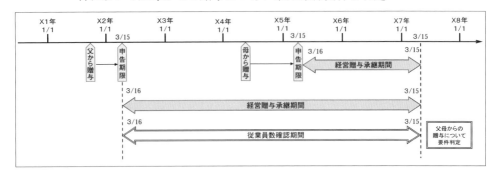

2 経営(贈与)承継期間等の改正

【ケース2】A社株式を、×1年8月1日に父から相続し、×4年に母から贈与された場合

⇨ ×2年6月2日~×7年6月1日が従業員数確認期間となり、同日において父からの相続及び母からの贈与につき、雇用確保要件を判定

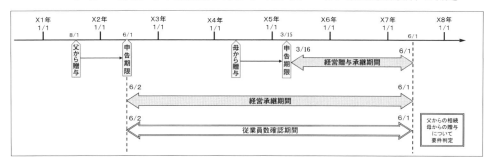

【ケース3】A社株式を、×1年に父から贈与され、×3年に母から贈与された後、×5年6月1日に父が死亡した場合(措置法第70条の7の4第1項の適用なし)

⇨ 父からの贈与については、×2年3月16日~×5年5月31日が従業員数確認期間となり、同日において父からの贈与について雇用確保要件を判定

母からの贈与については、×2年3月16日~×7年3月15日が従業員数確認期間となり、同日において母からの贈与につき、雇用確保要件を判定

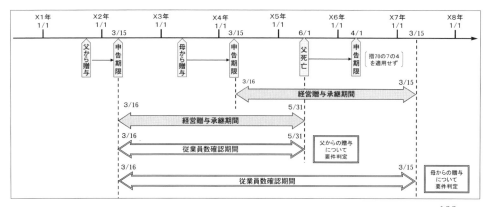

第1章　5　一般納税猶予制度の平成30年度改正項目

【ケース4】 A社株式を、×1年に父から贈与され、×3年に母から贈与された後、×5年6月1日に父が死亡した場合（措置法第70条の7の4第1項の適用あり）

⇨　×2年3月16日～×7年3月15日が従業員数確認期間となり、同日において父からの承継及び母からの贈与につき、雇用確保要件を判定

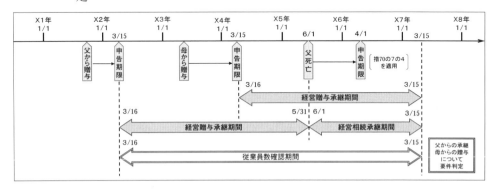

（資産課税情報第16号（平成30年10月5日）措通70の7－16の2解説より）

第2章

特例納税猶予制度の適用を受けるための都道府県知事に対する手続

1 手続の概要

1　贈与税の納税猶予に係る手続

(1)「特例承継計画」の提出・確認

　事業承継税制の特例（特例納税猶予制度。以下「本特例」といいます）の適用を受けるためには、現行の事業承継税制（一般納税猶予制度）とは異なり、「特例承継計画」を策定し認定支援機関が所見を記載した後に、都道府県知事に提出して確認を受ける必要があります（円滑化省令16、17①）。

　この計画の提出期限は、平成30年4月1日より平成35年（2023年）3月31日までの間となります。

(2) 贈与の実行

　平成30年1月1日から、平成39年（2027年）12月31日までの間の贈与であることが要件とされています（円滑化省令17②）。

　なお、平成35年（2023年）3月31日までに贈与を行う場合は、その贈与の後に、上記(1)の計画を提出することも可能です。

(3) 円滑化法の認定

　本特例の適用を受けるためには、贈与の日の翌年1月15日までに都道府県知事に円滑化法の認定申請書を提出し、認定を受ける必要があります（円滑化省令7②）。

(4) 贈与税の申告

　本特例の適用を受けるためには、贈与税の申告期限（贈与の日の翌年3月15日）までに、本特例の適用を受ける旨を記載した贈与税の申告書及び一定の書類を提出するとともに、納税が猶予される贈与税額及び利

1 贈与税の納税猶予に係る手続

納税猶予を受けるための手続

　納税猶予を受けるためには、「都道府県知事の認定」、「税務署への申告」の手続が必要となります。

(1) 贈与税の納税猶予についての手続

提出先
- 提出先は「主たる事務所の所在地を管轄する都道府県庁」です。
- 平成30年1月1日以降の贈与について適用することができます。

都道府県庁

承継計画の策定
- 会社が作成し、認定支援機関が所見を記載。
※「承継計画」は、当該会社の後継者や承継時までの経営見通し等が記載されたものをいいます。
- 平成35年3月31日まで提出可能。
※平成35年3月31日までに相続・贈与を行う場合、相続・贈与後に承継計画を提出することも可能。

贈与の実行

認定申請
- 贈与の翌年1月15日までに申請。
- 承継計画を添付。

税務署

税務署へ申告
- 認定書の写しとともに、贈与税の申告書等を提出。
- 相続時精算課税制度の適用を受ける場合には、その旨を明記

税務署／都道府県庁

申告期限後5年間
- 都道府県庁へ「年次報告書」を提出（年1回）。
- 税務署へ「継続届出書」を提出（年1回）。

5年経過後 実績報告
- 雇用が5年平均8割を下回った場合には、満たせなかった理由を記載し、認定支援機関が確認。その理由が、経営状況の悪化である場合等には認定支援機関から指導・助言を受ける。

6年目以降
- 税務署へ「継続届出書」を提出（3年に1回）。

　認定支援機関とは、中小企業が安心して経営相談等が受けられるために専門知識や実務経験が一定レベル以上の者に対し、国が認定する公的な支援機関です。具体的には、商工会や商工会議所などの中小企業支援者のほか、金融機関、税理士、公認会計士、弁護士等が主な認定支援機関として認定されています。

（中小企業庁資料を一部修正）

子税の額に見合う担保を提供する必要があります（措法70の7①⑧）。

(5) 年間の年次報告等

申告期限から5年間、都道府県知事に基準日（納税猶予の申告期限の翌日から起算して1年を経過するごとの日）の翌日から3か月以内に「年次報告書」を提出するとともに、税務署に、同じく基準日の翌日から5か月以内に「継続届出書」を提出します（円滑化省令12①、措法70の7②⑨）。

(6) 5年経過後の実績報告等

5年経過後において雇用確保要件を満たさない場合には、円滑化法の認定に係る有効期限の翌日から4か月以内に、「特例承継計画に関する報告書」を都道府県知事に提出し、確認を受ける必要があります（円滑化省令20③）。

また、この報告書と確認書は税務署に対して、「継続届出書」に添付して提出することになります。

(7) 6年目以降の報告

6年目以降は、税務署に対して3年に一度「継続届出書」を提出する必要があります（措法70の7②⑨）。

都道府県知事に対する報告は不要です。

2　相続税の納税猶予に係る手続

(1) 「特例承継計画」の提出・確認

本特例の適用を受けるためには、現行の事業承継税制（一般納税猶予制度）とは異なり、「特例承継計画」を策定し認定支援機関が所見を記

2　相続税の納税猶予に係る手続

納税猶予を受けるための手続

　納税猶予を受けるためには、「都道府県知事の認定」、「税務署への申告」の手続が必要となります。

(2) 相続税の納税猶予についての手続

提出先
- 提出先は「主たる事務所の所在地を管轄する都道府県庁」です。
- 平成30年1月1日以降の相続について適用することができます。

都道府県庁

承継計画の策定
- 会社が作成し、認定支援機関が所見を記載。
※「承継計画」は、当該会社の後継者や承継時までの経営見通し等が記載されたものをいいます。

▼

相続の開始
- 平成35年3月31日まで提出可能。
※平成35年3月31日までに相続・贈与を行う場合、相続・贈与後に承継計画を提出することも可能。

▼

認定申請
- 相続の開始後8か月以内に申請。
- 承継計画を添付。

▼

税務署

税務署へ申告
- 認定書の写しとともに、相続税の申告書等を提出。

税務署／都道府県庁

申告期限後5年間
- 都道府県庁へ「年次報告書」を提出（年1回）。
- 税務署へ「継続届出書」を提出（年1回）。

▼

5年経過後 実績報告
- 雇用が5年平均8割を下回った場合には、満たせなかった理由を記載し、認定支援機関が確認。その理由が、経営状況の悪化である場合等には認定支援機関から指導・助言を受ける。

▼

6年目以降
- 税務署へ「継続届出書」を提出（3年に1回）。

認定支援機関とは、中小企業が安心して経営相談等が受けられるために専門知識や実務経験が一定レベル以上の者に対し、国が認定する公的な支援機関です。具体的には、商工会や商工会議所などの中小企業支援者のほか、金融機関、税理士、公認会計士、弁護士等が主な認定支援機関として認定されています。

（中小企業庁資料を一部修正）

載した後に、都道府県知事に提出して確認を受ける必要があります（円滑化省令17①）。

この計画の提出期限は、平成30年4月1日より平成35年（2023年）3月31日までの間となります。

(2) 相続の開始

平成30年1月1日から、平成39年（2027年）12月31日までの間に開始する相続であることが要件とされています（円滑化省令17②）。

なお、平成35年（2023年）3月31日までに開始する相続の場合は、その相続開始の後に、上記（1）の計画を提出することも可能です。

(3) 経営承継円滑化法の認定

本特例の適用を受けるためには、相続の開始後8か月以内に都道府県知事に経営承継円滑化法の認定申請書を提出し、認定を受ける必要があります（円滑化省令7③）。

(4) 相続税の申告

相続税の申告期限（相続の開始後10か月以内）までに、本特例の適用を受ける旨を記載した贈与税の申告書及び一定の書類を提出するとともに、納税が猶予される相続税額及び利子税の額に見合う担保を提供する必要があります（措法70の7の2①⑨）。

(5) 5年間の年次報告等

申告期限から5年間、都道府県知事に基準日（納税猶予の申告期限の翌日から起算して1年を経過するごとの日）の翌日から3か月以内に「年次報告書」を提出するとともに、税務署に、同じく基準日の翌日から5

か月以内に「継続届出書」を提出します（円滑化省令12③、措法70の7の2②⑩）。

(6) 5年経過後の実績報告等

5年経過後には、経営承継円滑化法の認定に係る有効期限の翌日から4か月以内に、「特例承継計画に関する報告書」を都道府県知事に提出し、雇用確保要件の確認を受ける必要があります（円滑化省令20③）。

また、この報告書と確認書は税務署に対して、「継続届出書」に添付して提出することになります。

(7) 6年目以降の報告

6年目以降は、税務署に対して3年に一度「継続届出書」を提出する必要があります（措法70の7の2②⑩）。

都道府県知事に対する報告は不要です。

2 特例承継計画の策定・提出

1 特例承継計画の記載事項

(1) 認定申請会社の記載すべき事項

認定申請会社は、次の項目について記載する必要があります。

---

① 会社について
② 特例代表者について
③ 特例後継者について
④ 特例代表者が有する株式等を特例後継者が取得するまでの期間における経営の計画について
⑤ 特例後継者が株式等を承継した後5年間の経営計画

なお、④については、株式等を特例後継者が取得した後に本申請を行う場合には、記載を省略することができます。

確認申請書の様式は次のとおりです。

1 特例承継計画の記載事項

様式第21

施行規則第17条第2項の規定による確認申請書
（特例承継計画）

　　　　　　　　　　　　　　　　　　　　　　　　　年　　　月　　　日

都道府県知事　殿

　　　　　　　　　　　　　　郵　便　番　号
　　　　　　　　　　　　　　会　社　所　在　地
　　　　　　　　　　　　　　会　　社　　名
　　　　　　　　　　　　　　電　話　番　号
　　　　　　　　　　　　　　代表者の氏名　　　　　　　㊞

　中小企業における経営の承継の円滑化に関する法律施行規則第17条第1項第1号の確認を受けたいので、下記のとおり申請します。

記

1　会社について

主たる事業内容	
資本金額又は出資の総額	円
常時使用する従業員の数	人

2　特例代表者について

特例代表者の氏名	
代表権の有無	□有　□無（退任日　　年　　月　　日）

3　特例後継者について

特例後継者の氏名（1）	
特例後継者の氏名（2）	
特例後継者の氏名（3）	

4 特例代表者が有する株式等を特例後継者が取得するまでの期間における経営の計画について

株式を承継する時期（予定）	年　　月～　年　　月
当該時期までの経営上の課題	
当該課題への対応	

5 特例後継者が株式等を承継した後5年間の経営計画

実施時期	具体的な実施内容
1年目	
2年目	
3年目	
4年目	
5年目	

1 特例承継計画の記載事項

(備考)
① 用紙の大きさは、日本工業規格 A4 とする。
② 記名押印については、署名をする場合、押印を省略することができる。
③ 申請書の写し（別紙を含む）及び施行規則第 17 条第 2 項各号に掲げる書類を添付する。
④ 別紙については、中小企業等経営強化法に規定する認定経営革新等支援機関が記載する。

(記載要領)
① 「2 特例代表者」については、本申請を行う時における申請者の代表者（代表者であった者を含む。）を記載する。
② 「3 特例後継者」については、該当するものが一人又は二人の場合、後継者の氏名(2)の欄又は(3)の欄は空欄とする。
③ 「4 特例代表者が有する株式等を特例後継者が取得するまでの期間における経営の計画」については、株式等を特例後継者が取得した後に本申請を行う場合には、記載を省略することができる。

(2) 認定支援機関の所見等

確認申請書には、認定支援機関の所見等を添付して提出することになります（円滑化省令16、17②）。

様式は次のとおりです。

（別紙）

　　　　　　　　認定経営革新等支援機関による所見等

1　認定経営革新等支援機関の名称等

認定経営革新等支援機関の名称	㊞
（機関が法人の場合）代表者の氏名	
住所又は所在地	

2　指導・助言を行った年月日
　　　　　　年　　　月　　　日

3　認定経営革新等支援機関による指導・助言の内容

2　特例承継計画の記載例

(1) サービス業の記載例

様式第21

施行規則第17条第2項の規定による確認申請書
（特例承継計画）

●●●●年●月●日

●●県知事　殿

郵　便　番　号　000-0000
会　社　所　在　地　●●県●●市…
会　　社　　名　経済クリーニング株式会社
電　話　番　号　＊＊＊-＊＊＊-＊＊＊＊
代表者の氏名　経済　一郎　　　　㊞
　　　　　　　　経済　二郎　　　　㊞

　中小企業における経営の承継の円滑化に関する法律施行規則第17条第1項第1号の確認を受けたいので、下記のとおり申請します。

記

1　会社について

主たる事業内容	生活関連サービス業（クリーニング業）
資本金額又は出資の総額	5,000,000 円
常時使用する従業員の数	8 人

2　特例代表者について

特例代表者の氏名	経済　太郎
代表権の有無	□有　☑無（退任日　平成30年3月1日）

3　特例後継者について

特例後継者の氏名（1）	経済　一郎
特例後継者の氏名（2）	経済　二郎
特例後継者の氏名（3）	

4 特例代表者が有する株式等を特例後継者が取得するまでの期間における経営の計画について

株式を承継する時期（予定）	平成30年3月1日相続発生
当該時期までの経営上の課題	（株式等を特例後継者が取得した後に本申請を行う場合には、記載を省略することができます）
当該課題への対応	（株式等を特例後継者が取得した後に本申請を行う場合には、記載を省略することができます）

5 特例後継者が株式等を承継した後5年間の経営計画

実施時期	具体的な実施内容
1年目	郊外店において、コート・ふとん類に対するサービスを強化し、その内容を記載した看板の設置等、広告活動を行う。
2年目	新サービスであるクリーニング後、最大半年間（又は一年間）の預かりサービス開始に向けた倉庫等の手配をする。
3年目	クリーニング後、最大半年間（又は一年間）の預かりサービス開始。（預かり期間は、競合他店舗の状況を見て判断。）駅前店の改装工事後に向けた新サービスを検討。
4年目	駅前店の改装工事。リニューアルオープン時に向けた新サービスの開始。
5年目	オリンピック後における市場（特に土地）の状況を踏まえながら、新事業展開（コインランドリー事業）又は新店舗展開による売り上げ向上を目指す。

（備考）
① 用紙の大きさは、日本工業規格A4とする。
② 記名押印については、署名をする場合、押印を省略することができる。
③ 申請書の写し（別紙を含む）及び施行規則第17条第3項各号に掲げる書類を添付する。
④ 別紙については、中小企業等経営強化法に規定する認定経営革新等支援機関が記載する。

(記載要領)
① 「2 特例代表者」については、本申請を行う時における申請者の代表者(代表者であった者を含む。)を記載する。
② 「3 特例後継者」については、該当するものが一人又は二人の場合、後継者の氏名(2)の欄又は(3)の欄は空欄とする。
③ 「4 特例代表者が有する株式等を特例後継者が取得するまでの期間における経営の計画」については、株式等を特例後継者が取得した後に本申請を行う場合には、記載を省略することができる。

(別紙)

認定経営革新等支援機関による所見等

1　認定経営革新等支援機関の名称等

認定経営革新等支援機関の名称	●●　●●税理士事務所　㊞
（機関が法人の場合）代表者の氏名	●●　●●
住所又は所在地	●●県●●市…

2　指導・助言を行った年月日
　　　平成30年5月3日

3　認定経営革新等支援機関による指導・助言の内容

> 売上の7割を占める駅前店の改装工事に向け、郊外店の売上増加施策が必要。競合他店が行っている預かりサービスを行うことにより、負の差別化の解消を図るように指導。
>
> 駅前店においても、改装工事後に新サービスが導入できないか引き続き検討。サービス内容によっては、改装工事自体の内容にも影響を与えるため、2年以内に結論を出すように助言。
>
> また、改装工事に向けた資金計画について、今からメインバンクである●●銀行にも相談するようにしている。
>
> なお、土地が高いために株価が高く、一郎・二郎以外の推定相続人に対する遺留分侵害の恐れもあるため「遺留分に関する民法の特例」を紹介。

（中小企業庁資料）

(2) 製造業の記載例

様式第21

施行規則第17条第2項の規定による確認申請書
（特例承継計画）

●●●● 年 ● 月 ● 日

●●県知事　殿

郵 便 番 号　000-0000
会 社 所 在 地　●●県●●市…
会　　社　　名　中小鋳造株式会社
電 話 番 号　＊＊＊-＊＊＊-＊＊＊＊
代表者の氏名　中小　一郎　　㊞

　中小企業における経営の承継の円滑化に関する法律施行規則第17条第1項第1号の確認を受けたいので、下記のとおり申請します。

記

1　会社について

主たる事業内容	銑鉄鋳物製造業
資本金額又は出資の総額	50,000,000 円
常時使用する従業員の数	75 人

2　特例代表者について

特例代表者の氏名	中小　太郎
代表権の有無	□有　☑無（退任日　平成29年3月1日）

3　特例後継者について

特例後継者の氏名（1）	中小　一郎
特例後継者の氏名（2）	
特例後継者の氏名（3）	

4 特例代表者が有する株式等を特例後継者が取得するまでの期間における経営の計画について

株式を承継する時期(予定)	平成 30 年 10 月
当該時期までの経営上の課題	⇨ 工作機械向けパーツを中心に需要は好調だが、原材料の値上がりが続き、売上高営業利益率が低下している。 ⇨ また、人手不足問題は大きな課題であり、例年行っている高卒採用も応募が減ってきている。発注量に対して生産が追いつかなくなっており、従業員が残業をして対応している。今年からベトナム人研修生の受け入れを開始したが、まだ十分な戦力とはなっていない。
当該課題への対応	⇨ 原材料値上がりに伴い、発注元との価格交渉を継続的に行っていく。合わせて、平成 30 年中に予定している設備の入れ替えによって、生産効率を上げコストダウンを図っていく。 ⇨ 人材確保のため地元高校での説明会への参加回数を増やし、リクルート活動を積極的に行う。またベトナム人研修生のスキルアップのために、教育体制を見直すとともに、5Sの徹底を改めて行う。

5 特例後継者が株式等を承継した後5年間の経営計画

実施時期	具体的な実施内容
1年目	・ 設計部門を増強するとともに、導入を予定している新型CADを活用し、複雑な形状の製品開発を行えるようにすることで、製品提案力を強化し単価の向上を図る。 ・ 海外の安価な製品との競争を避けるため、BtoBの工業用品だけではなく、鋳物を活用したオリジナルブランド商品の開発(BtoC)に着手する。 ・ 生産力強化のため、新工場建設計画を策定。用地選定を開始する。

2年目	・ 新工場用の用地を決定、取引先、金融機関との調整を行う。 ・ 電気炉の入れ替えを行い、製造コストの低下を図る。 ・ オリジナルブランド開発について一定の結論を出し、商品販売を開始する。
3年目	・ 新工場建設着工を目指す。 ・ 3年目を迎える技能実習生の受け入れについて総括を行い、人材採用の方向性について議論を行う。
4年目	・ 新工場運転開始を目指すとともに、人員配置を見直す。増員のための採用方法については要検討。 ・ 少数株主からの株式の買い取りを達成する。
5年目	・ 新工場稼働による効果と今後の方向性についてレビューを行う。

（備考）
① 用紙の大きさは、日本工業規格A4とする。
② 記名押印については、署名をする場合、押印を省略することができる。
③ 申請書の写し（別紙を含む）及び施行規則第17条第3項各号に掲げる書類を添付する
④ 別紙については、中小企業等経営強化法に規定する認定経営革新等支援機関が記載する。

（記載要領）
① 「2 特例代表者」については、本申請を行う時における申請者の代表者（代表者であった者を含む。）を記載する。
② 「3 特例後継者」については、該当するものが一人又は二人の場合、後継者の氏名（2）の欄又は（3）の欄は空欄とする。
③ 「4 特例代表者が有する株式等を特例後継者が取得するまでの期間における経営の計画」については、株式等を特例後継者が取得した後に本申請を行う場合には、記載を省略することができる。

第2章　❷ 特例承継計画の策定・提出

(別紙)

認定経営革新等支援機関による所見等

1　認定経営革新等支援機関の名称等

認定経営革新等支援機関の名称	●●商工会議所　㊞
(機関が法人の場合)代表者の氏名	中小企業相談所長　△△　△△
住所又は所在地	●●県●●市●-●

2　指導・助言を行った年月日
　　　平成30年6月4日

3　認定経営革新等支援機関による指導・助言の内容

> 大半の株式は先代経営者である会長が保有しているが、一部現経営者の母、伯父家族に分散しているため、贈与のみならず買い取りも行って、安定した経営権を確立することが必要。
>
> 原材料の値上げは収益力に影響を与えているため、業務フローの改善によりコストダウンを行うとともに、商品の納入先と価格交渉を継続的に行っていくことが必要。原材料価格の推移をまとめ、値上げが必要であることを説得力を持って要求する必要がある。
>
> 新工場建設については、取引先の増産に対応する必要があるか見極める必要あり。最終商品の需要を確認するとともに、投資計画の策定の支援を行っていく。
>
> なお、税務面については顧問税理士と対応を相談しながら取り組みを進めていくことを確認した。

(中小企業庁資料)

2 特例承継計画の記載例

（3）小売業の記載例

様式第21

施行規則第17条第2項の規定による確認申請書
（特例承継計画）

●●●● 年 ● 月 ● 日

●●県知事　殿

郵　便　番　号　000-0000
会　社　所　在　地　●●県●●市…
会　　社　　名　株式会社承継玩具
電　話　番　号　＊＊＊-＊＊＊-＊＊＊＊
代表者の氏名　承継 太郎　㊞

　中小企業における経営の承継の円滑化に関する法律施行規則第17条第1項第1号の確認を受けたいので、下記のとおり申請します。

記

1　会社について

主たる事業内容	玩具小売店
資本金額又は出資の総額	10,000,000 円
常時使用する従業員の数	15 人

2　特例代表者について

特例代表者の氏名	承継 太郎
代表権の有無	☑有　□無（退任日　　年　　月　　日）

3　特例後継者について

特例後継者の氏名（1）	承継 一郎
特例後継者の氏名（2）	承継 二郎
特例後継者の氏名（3）	承継 花子

4 特例代表者が有する株式等を特例後継者が取得するまでの期間における経営の計画について

株式を承継する時期（予定）	2022年 ～ 2023年頃予定
当該時期までの経営上の課題	・借入によりキャッシュフローが圧迫されていること。
当該課題への対応	・商品在庫数を見直し、在庫回転率を向上させる。 ・借入の返済スケジュールの見直しを要請。 ・遊休資産の処分により手元現金を増やす。

5 特例後継者が株式等を承継した後5年間の経営計画

実施時期	具体的な実施内容
1年目	【棚卸し資産の洗い出し】【在庫管理の見直し①】 IT導入①（レジ機能を持つタブレットを導入し、年齢別の売上傾向を把握。顧客管理システムを導入。）
2年目	【原価計算の適正化①】 IT導入②（在庫管理システムの導入。IT導入①とセットで行うことにより、売れ筋商品への注力を図り、商品の減耗防止や棚卸し回転率の向上を図る。）
3年目	【店舗改装工事】 バリアフリー化を図り、ベビーカーや車椅子でも店内を見やすいようにレイアウト変更を行う。 【広告活動の強化①】 店舗改装期間中に近隣住宅にポスティングを行い、改装直後の集客を図る。 HPを抜本的に見直し、性別や年齢別の人気ランキングを掲載する。
4年目	【原価計算の適正化②】【在庫管理の見直し②】 過去3年間の実績に基づき、改めて原価計算・在庫管理を行う。
5年目	【広告活動の強化②】 顧客管理システムに登録されたお客様に対して、新商品発売等に合わせてダイレクトメールを展開。 【商品ラインナップの充実】 安定的な消費が見込める文房具の取扱い開始。 今後もメインターゲットである子ども向けの商品展開を充実させていく。

（備考）
① 用紙の大きさは、日本工業規格 A4 とする。
② 記名押印については、署名をする場合、押印を省略することができる。
③ 申請書の写し（別紙を含む）及び施行規則第 17 条第 3 項各号に掲げる書類を添付する。
④ 別紙については、中小企業等経営強化法に規定する認定経営革新等支援機関が記載する。

（記載要領）
① 「2 特例代表者」については、本申請を行う時における申請者の代表者（代表者であった者を含む。）を記載する。
② 「3 特例後継者」については、該当するものが一人又は二人の場合、後継者の氏名（2）の欄又は（3）の欄は空欄とする。
③ 「4 特例代表者が有する株式等を特例後継者が取得するまでの期間における経営の計画」については、株式等を特例後継者が取得した後に本申請を行う場合には、記載を省略することができる

第2章 ❷特例承継計画の策定・提出

(別紙)

認定経営革新等支援機関による所見等

1　認定経営革新等支援機関の名称等

認定経営革新等支援機関の名称	税理士法人●● ㊞
(機関が法人の場合)代表者の氏名	社員　●●
住所又は所在地	●●県●●市…

2　指導・助言を行った年月日
　　　平成30年10月1日

3　認定経営革新等支援機関による指導・助言の内容

> 後継者である承継一郎は、現在はIT企業（他社）で経験をつんでいるが、来年度に承継商店㈱に入社予定である。入社後は、培った経験を基に、積極的なIT活用による生産性向上を考えており、またその実現性は高い。
>
> また、承継商店㈱で営業部長である承継二郎は自身の子育て経験に基づいた売上向上のための施策（売上ランキングの公表や、文房具の販売）を企画・立案しており、業務拡大への貢献度が高い。
>
> 総務・経理を担当している承継花子は、会社の財務状況を正確に把握しており「攻めの投資」が得意とする兄二人とは異なり、安定経営を支える基盤強化に努めている。
>
> 異なる特色を持つ兄弟3人が力を合わせて業務展開していくことで、まさに「三本の矢」となり、独創的かつ安定的な経営ができるものと考えます。

3 変更確認申請書

　特例承継計画の確認を受けた後に、計画の内容に変更があった場合は、変更申請書を提出し確認を受けることができます。

なお、変更申請書には変更事項を反映した計画を記載し、再度認定支援機関による指導及び助言を受けることが必要です（円滑化省令18①②）。

　申請書の様式は次のとおりですが、「3　特例後継者について」以降は前掲**1**の確認申請書と同様となっています。

様式第24

施行規則第18条第5項の規定による変更確認申請書

　　　　　　　　　　　　　　　　　　　　　　　　　年　　月　　日

都道府県知事　殿

　　　　　　　　　　　　　　　　　郵　便　番　号
　　　　　　　　　　　　　　　　　会　社　所　在　地
　　　　　　　　　　　　　　　　　会　　社　　名
　　　　　　　　　　　　　　　　　電　話　番　号
　　　　　　　　　　　　　　　　　代表者の氏名　　　　　　　㊞

　　年　　月　　日付けの中小企業における経営の承継の円滑化に関する法律施行規則（以下「施行規則」という。）第17条第1項第1号の確認について、下記のとおり変更したいので、施行規則第18条　□第1項　□第2項　の確認を申請します。

記

1　会社について

主たる事業内容	
資本金額又は出資の総額	円
常時使用する従業員の数	人

2　特例代表者について

特例代表者の氏名	
代表権の有無	□有　□無（退任日　　年　　月　　日）

3　特例後継者について

特例後継者の氏名（1）	
特例後継者の氏名（2）	
特例後継者の氏名（3）	

4 確認取消申請書

　特例承継計画の確認を受けた後に確認の取消しを受ける場合には、確認取消申請書を提出し確認を受けることができます（円滑化省令19①②）。
　申請書の様式は次のとおりです。

様式第 25

　　　　　　　　　施行規則第 19 条第 2 項の規定による確認取消申請書

　　　　　　　　　　　　　　　　　　　　　　　　　　　　年　　　月　　　日

都道府県知事　殿
　　　　　　　　　　　　　　郵　便　番　号
　　　　　　　　　　　　　　会　社　所　在　地
　　　　　　　　　　　　　　会　　社　　名
　　　　　　　　　　　　　　電　話　番　号
　　　　　　　　　　　　　　代表者の氏名　　　　　　　　　㊞

　　　年　　月　　日付けの中小企業における経営の承継の円滑化に関する法律施行規則（以下「施行規則」という。）第 17 条第 1 項　□第 1 号　□第 2 号　の確認を取り消されたいので、施行規則第 19 条第 2 項の規定により確認の取消しを申請します。

　　　　　　　　　　　　　　　　　記

　確認の年月日及び番号

（備考）
①　用紙の大きさは、日本工業規格 A4 とする。
②　申請書の写しを添付する。

（記載要領）
　「確認の年月日及び番号」については、施行規則第 18 条第 1 項、第 2 項、第 3 項又は第 4 項の変更の確認を受けている場合には、当該変更の確認の年月日及び番号を並べて記載する。

5 認定支援機関向け記載マニュアル

中小企業庁は、次のとおり認定支援機関向けの記載マニュアルを公表しています。

〈特例承継計画に関する指導及び助言を行う機関における事務について〉
(中小企業庁資料から抜粋)

１．はじめに

　中小企業経営者の高齢化が進展する中、事業承継の円滑化は喫緊の課題です。平成30年度税制改正において、事業承継の際に生ずる相続税・贈与税の負担を軽減する「非上場株式等についての相続税及び贈与税の納税猶予及び免除の特例」(以下、「事業承継税制」)が抜本的に改正されました。

　本改正では、中小企業者の早期の事業承継を後押しするため、これまでの**事業承継税制の内容を拡充した期限付の特例措置が創設されます。特例措置においては①特例承継計画について認定経営革新等支援機関(以下「認定支援機関」)による指導及び助言を受ける必要がある**ほか、**②一定期間内に従業員数が事業承継時の80％を下回った場合には、実績報告に加え、認定支援機関による指導及び助言を受ける必要**があります。

　本マニュアルは、本税制措置の運用を円滑なものにするため、中小企業者を支援する認定支援機関における特例承継計画に係る事務のガイドラインを示すものです。

　なお、本マニュアルはあくまでもガイドラインであり、認定支援機関の行う事務の要領を参考までに提示するものですので、関係法律、政令、省令の規定等を確認の上、支援対象者における業務の内容、実態など個別具体的事情に沿った十分な検討を踏まえて、指導及び助言等を行ってください。

２．事業承継税制の概要

　事業承継税制は、中小企業者の後継者が、先代経営者等から贈与又は相続により取得した自社株式等について、一定の要件を満たせば当該株式等にかかる贈与税又は相続税の納税が猶予・免除される制度です。本税制の適用に当たって、中小企業者は「中小企業の経営の承継の円滑化に関する法律」(以下「経営承継円滑化法」)に基づく都道府県知事の認定を受ける必要があります。

　なお、この特例承継計画に記載された特例代表者からの贈与・相続後一定の期間

内に行われた贈与・相続であれば、先代経営者以外の株主等からの贈与・相続も、事業承継税制（特例）の対象となります。

3．認定支援機関における事務①――特例承継計画における指導及び助言

中小企業者が経営承継円滑化法の認定を受けるためには、「特例承継計画」（様式第21）を都道府県に提出※し、確認を受ける必要があります。

特例承継計画の記載事項は、後継者の氏名や事業承継の時期、承継時までの経営の見通しや承継後5年間の事業計画等に加え、認定支援機関による指導及び助言の内容等です。

※計画を提出することができる期間は、平成30年4月1日～平成35年3月31日です。

(1) 納税猶予を適用するための手続き

事業承継税制を利用するためには、①特例承継計画の作成・提出、②株式の贈与・相続、③認定申請、④税務申告の順で手続きが必要になります。①の**特例承継計画の作成にあたり、認定支援機関の指導及び助言が必要になります。**なお、株式の承継の前に特例承継計画を提出することができなかった場合でも、都道府県庁へ認定の申請を行う際に、併せて特例承継計画を提出することも可能です。

STEP 1
中小企業者は特例承継計画（**認定支援機関による指導及び助言について記載**）を作成し、都道府県に提出。

STEP 2
株式の承継を行い都道府県に認定申請。都道府県知事が認定。

STEP 3
特例承継計画・認定書の写しとともに、税務署へ納税申告。納税猶予の開始。

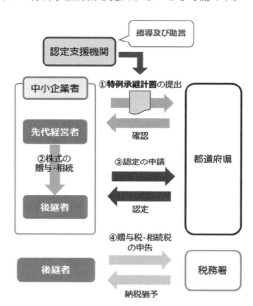

(2) 特例承継計画における記載事項

特例承継計画の作成に当たっては、所定の様式（様式21）を利用し、以下の事項を記載する必要があります。

1. 会社について

   経営承継円滑化法の特例の認定を受けようとする事業者の名称等を記載してください。

2. 特例代表者について

   保有する株式を承継する予定の代表者の氏名と、代表権の有無を記載してください（「無」の場合は、退任した年月日を記載）。なお、特例代表者は特例承継計画提出時に、現に代表者である方、又は代表者であった方である必要があります。

3. 特例後継者について

   特例代表者から株式を承継する予定の後継者の氏名を記載してください（最大3人まで）。特例後継者として氏名を記載された方でなければ、事業承継税制の特例の認定を受けることはできません。特例後継者を変更する場合は、後述の変更申請書による変更手続きを行う必要があります。

4. 特例代表者が有する株式等を特例後継者が取得するまでの期間における経営の計画について

   株式を承継する予定の時期、当該時期までの経営上の課題、当該課題への対処方針について記載してください。

   株式等の贈与後・相続後に本計画を作成する場合や、すでに先代経営者が役員を退任している場合には記載不要です。

   当該会社がいわゆる持株会社である場合には、その子会社等における取組を記載してください。

5. 特例後継者が株式等を承継した後5年間の経営計画

   特例後継者が実際に事業承継を行った後の5年間で、どのような経営を行っていく予定か、具体的な取組内容を記載してください。なお、この事業計画は必ずしも設備投資・新事業展開や、売上目標・利益目標についての記載を求めるものではありません。後継者が、先代経営者や認定支援機関とよく相談の上、後継者が事業の持続・発展に必要と考える内容を自由に記載してください。

   すでに後継者が代表権を有している場合であっても、株式等の取得により経営権が安定したあとの取組について記載してください。

当該会社がいわゆる持株会社である場合には、その子会社等における取組を記載してください。

(別紙)認定経営革新等支援機関による所見等（認定支援機関が記載してください。）
1. 認定経営革新等支援機関の名称等
　申請者に指導及び助言を行った認定支援機関の名称等について記載してください。代表者欄に記入する氏名及び使用する印鑑は、当該認定支援機関における内部規定等により判断してください。
2. 指導・助言を行った年月日
　認定支援機関が指導及び助言を行った年月日を記載してください。
3. 認定支援機関による指導・助言の内容
　中小企業者の作成した特例承継計画について、認定支援機関の立場から、事業承継を行う時期や準備状況、事業承継時までの経営上の課題とその対処方針、事業承継後の事業計画の実現性など、円滑な事業承継を後押しするための指導及び助言を行い、その内容を記載してください。

【チェックポイント】
　「特例代表者が有する株式等を特例後継者が取得するまでの期間における経営の計画について」及び「特例後継者が株式等を承継した後5年間の経営計画について」は「なぜその取組を行うのか」「その取組の結果、どのような効果が期待されるか」が記載されているかをご確認ください。
　「特例後継者が株式等を承継した後5年間の経営計画」においては、すべての取組が必ずしも新しい取組である必要はありませんが、各年において取組が記載されている必要があります。記載例を参考に、可能な限り具体的な記載がなされているかをご確認ください。
　なお、計画作成の数年後に株式の承継を行うことを予定しているなど、この計画の作成段階では承継後の具体的な経営計画を記載することが困難である場合には、大まかな記載にとどめ、実際に株式を承継しようとする前に具体的な計画を定めることも可能です。（その場合には、下記(3)の特例承継計画の変更手続を行うことが求められます。）
　また、所見欄には、その取組への評価や、実現可能性（及びその実現可能性を高めるための指導・助言）を記載してください。

(3) 特例承継計画の変更
　特例承継計画の確認を受けた後に、計画の内容に変更があった場合は、変更申

請書（様式第24）を都道府県に提出し確認を受けることができます。変更申請書には、変更事項を反映した計画を記載し、再度認定支援機関による指導及び助言を受けることが必要です。

> 注意点

- ✔ **特例後継者が事業承継税制の適用を受けた後は、当該特例後継者を変更することはできません。** ただし、特例後継者を二人又は三人記載した場合であって、まだ株の贈与・相続を受けていない者がいる場合は、当該特例後継者に限って変更することが可能です。

- ✔ 特例後継者として特例承継計画に記載されていない者は、経営承継円滑化法の特例の認定を受けることはできません。

- ✔ 事業承継後5年間の事業計画を変更した場合（より詳細な計画を策定する場合を含む）も、計画の変更の手続きを行うことができます。特に、当初の特例承継計画においては具体的な経営計画が記載されてなかった場合は、認定支援機関の指導・助言を受けた上で、それを具体化するための計画の変更の手続を行うことが求められます。

4．認定支援機関における事務② ──雇用減少の際の指導及び助言

経営承継円滑化法の特例の認定を受けた中小企業者は、贈与・相続の申告期限から5年間、会社の状況について年1回、都道府県に年次報告書（様式第11）を提出する必要があります。年次報告書には、認定を受けた中小企業者が上場会社や風俗営業会社、資産保有型会社等になっていないことや、雇用する従業員の数を記載します。

従来の制度では、認定を受けた中小企業者は、5年間で平均8割の雇用を維持することができなかった場合は認定取消となりました。一方、**特例の認定を受けた場合は、雇用が8割を下回った場合でも認定取消とはならない代わりに、その理由について都道府県に報告を行わなければなりません**（様式第27を使用してください。）。

その報告に際し、認定支援機関が、雇用が減少した理由について所見を記載するとともに、中小企業者が申告した雇用減少の理由が、経営悪化あるいは正当ではない理由によるものの場合は、経営の改善のための指導及び助言を行う必要があります。

5 認定支援機関向け記載マニュアル

(1) 従業員数の確認と報告の概要

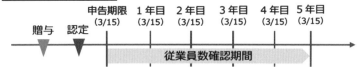

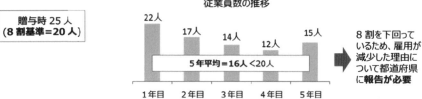

報告書には・・・ 認定支援機関による

✓ **雇用が減少した理由に対する所見**
✓ **経営改善のための指導及び助言**
   （雇用減少が経営悪化による場合等に限る）

の記載が必要

(2) 実績報告書記載事項
1. 第一種（第二種）特例贈与認定中小企業者又は第一種（第二種）特例相続認定中小企業者について
   雇用実績について報告を行う中小企業者の、認定の類型や認定年月日、雇用判定期間を確認するための認定の有効期間や報告基準日等について記載してください。
2. 従業員の数について
   贈与の時（相続の開始の時）における従業員数とその80％の数、各報告基準日における従業員の数と5年間の平均人数を記載してください。

   年次報告の際と同様に、従業員数は会社における
   ① 厚生年金保険の被保険者の数、
   ② 厚生年金保険の被保険者ではなく健康保険の被保険者である従業員の数、
   ③ 厚生年金保険・健康保険のいずれの被保険者でもない従業員の数、
   の合計から、

④　役員（使用人兼務役員を除く。）の数

を引いた数です。

　また、雇用判定の基準になる贈与（相続開始）時の従業員数の80％の数については、小数点第一位以下の数字がある場合は切り捨てるものとします。
　（例：贈与時の従業員数が6人の場合には6人×80％＝4.8人ですが、小数点以下を切り捨て、4.0人を基準とします。つまり、認定後従業員数が5年間平均で4.0人を下回った場合には、本報告書の提出が必要になります。）

3. 従業員数の5年間平均が贈与の時（相続の開始の時）の従業員の数の8割を下回った理由

　雇用が減少した理由について、①～⑤の中から当てはまるものを選択してください。「④経営状況の悪化により、雇用を継続できなくなった」を選択した場合、又は「⑤その他」を選択し、その具体的な理由が認定支援機関として正当でないと判断する場合は、認定支援機関による「4．指導及び助言の内容」の記載が必要になります。

(別紙) 認定経営革新等支援機関による所見等（認定支援機関が記載してください）
1. 認定経営革新等支援機関の名称等

　報告者に指導及び助言を行った認定支援機関の名称等について記載してください。

　代表者欄に記入する氏名及び使用する印鑑は、当該認定支援機関における内部規定等により判断してください。

2. 所見を記載した年月日

　認定支援機関が所見（指導及び助言）について記載した年月日を記載してください。

3. 認定支援機関による所見

　平均雇用人数の5年間平均が8割を下回った理由について、その理由が事実であるかどうかを確認し、所見を記載してください。

【チェックポイント】
　①　高齢化が進み後を引き継ぐ者を確保できなかった。を選択した場合
　　　…退職理由を確認し、雇用人数減少の主たる理由が高齢化による退職であることを確認してください。
　②　採用活動を行ったが、人手不足から採用に至らなかった。を選択した場合

…過去の求人状況（人材紹介会社やハローワーク等への求人状況や、自社広告等）を確認し、雇用人数減少の主たる理由が採用に至らなかったためであることを確認してください。
③ 設備投資等、生産性が向上したため人手が不要となった。を選択した場合
…設備投資等の状況を確認し、雇用人数減少の主たる理由が生産性向上によるものであることを確認してください。
④ 経営状況の悪化により、雇用を継続できなくなった。を選択した場合
…経営状況が悪化した理由について確認してください。そのうえで「4 指導及び助言の内容」欄を記載してください。
⑤ その他（具体的に理由を記載）。を選択した場合
…雇用人数減少の主たる理由が当該具体的な理由であるかどうかを確認してください。その具体的な理由が認定支援機関として正当でないと判断する場合には、「4 指導及び助言の内容」欄に記載が必要です。

4. 指導及び助言の内容

（この欄は、「3 平均雇用人数の5年間平均が贈与の時の従業員の数の8割を下回った理由」において、「④経営状況の悪化により、雇用を継続できなくなった」を選択した場合、又は「⑤その他」を選択し、その具体的な理由が認定支援機関として正当でないと判断する場合に記載が必要です。）

「3. 認定支援機関による所見」も踏まえ、その会社の経営改善のための指導及び助言を行い、その内容について記載してください。

【チェックポイント】

当該中小企業者が事業を継続していくための指導及び助言を行ってください。

また、「⑤その他」を選択し、その具体的な理由が認定支援機関として正当でないと判断する場合には、その正当でないと判断する理由を記載し、当該中小企業者が事業を継続していくための指導・助言を行ってください。

第2章　❷特例承継計画の策定・提出

6　提出書類

特例承継計画の確認申請手続に必要な書類は、次のとおりです（円滑化省令17②）。

特例承継計画の確認申請手続き

提出書類

申請に当たって、提出が必要な書類は下記のとおりです。

1. 【様式第21】確認申請書（特例承継計画）
（原本1部、写し1部）
2. 履歴事項全部証明書
3. 従業員数証明書
4. その他、確認の参考となる書類
5. 返信用封筒

---

1. 【様式第21】確認申請書（特例承継計画）
（原本1部、写し1部）
経営革新等支援機関の指導及び助言を受けた確認申請書を提出してください。
（記載方法については、「特例承継計画作成の手引き」をご覧ください。）

2. 履歴事項全部証明書
申請会社の**履歴事項全部証明書の原本（確認申請日の前3か月以内に取得したもの）**を添付してください。

※特例代表者がすでに代表者を退任している場合で、過去に代表者であった旨の記載が履歴事項全部証明書にない場合は、併せてその旨の記載がある**閉鎖事項証明書**を添付してください。

3. 従業員数証明書
※次ページの手順に従って必要書類を添付してください。

4. その他、確認の参考となる書類
その他、確認の判断ができない場合、参考となる資料を提出いただくことがあります。

5. 返信用封筒
定形外封筒（返信先宛先を明記してください）を同封してください。

（中小企業庁資料）

6 提出書類

特例承継計画の確認申請手続き

従業員数証明書について

認定経営革新等支援機関から指導及び助言を受けた日における常時使用する従業員の数を明記した書類を添付してください（様式自由。下図の例を参考にしてください）。

【従業員数証明書の例】

平成●●年●月●日

従業員数証明書

○○県知事殿

経済産業株式会社
代表取締役　経済太郎　　（法人実印）

平成○○年○月○日における当社の従業員数は○○人であることを証明します。

※1　平成○○年○月○日には、認定経営革新等支援機関から指導及び助言を受けた日付を記載してください。
※2　平成●●年●月●日には、確認申請書を提出する日付を記載してください。

具体的には、以下の資料を使用し確認します。
なお、「従業員数」には役員（使用人兼務役員は除く）及び短時間労働者は含まれません。

① 厚生年金保険の標準報酬月額決定通知書

70歳未満の常時使用する従業員の数を証する書類です。

日雇労働者、短期間雇用労働者及び当該事業所の平均的な従業員と比して労働時間が4分の3に満たない短時間労働者など、厚生年金保険の加入対象とならない者は常時使用する従業員には該当しません。いわゆる出向や派遣等の場合には、あくまでも厚生年金保険の加入事業所における常時使用する従業員として取り扱います。

厚生年金保険の適用事業所において、70歳未満であり、かつ、従業員として使用されている者（日雇労働者、短期間雇用労働者及び当該事業所の平均的な従業員と比して労働時間が4分の3に満たない短時間労働者等を除く。）は、厚生年金保険の被保険者になります。

また、厚生年金保険の保険料や保険給付額の計算のために、社会保険事務所が毎年7月1日に被保険者の給与を基準として被保険者毎に標準報酬月額を定め「標準報酬月額決定通知書」を発行します。ただし、使用人兼務役員以外の役員であっても被保険者になるため、原則として決定通知書に氏名がある被保険者の人数から使用人兼務役員以外の役員の人数を除いた人数が70歳未満の常時使用する従業員の数となります。

なお、「標準報酬月額決定通知書」発行後における増減については、別途「被保険者資格取得（喪失）確認通知書」等によりその変動を証する必要があります。

（中小企業庁資料）

特例承継計画の確認申請手続き

従業員数証明書について

② 健康保険の標準報酬月額決定通知書
70歳以上75歳未満の常時使用する従業員の数を証する書類です。

日雇労働者、短期間雇用労働者及び当該事業所の平均的な従業員と比して労働時間が4分の3に満たない短時間労働者など、健康保険の加入対象とならない者は常時使用する従業員には該当しません。

任意継続被保険者は、被保険者であっても加入事業所における雇用の実態がないため、常時使用する従業員には該当しません。いわゆる出向や派遣等の場合にあっては、あくまでも健康保険の加入事業所における常時使用する従業員として取り扱います。

健康保険の適用事業所において、75歳未満であり、かつ、従業員として使用されている者(日雇労働者、短期間雇用労働者及び当該事業所の平均的な従業員と比して労働時間が4分の3に満たない短時間労働者等を除く。)は、船員保険に加入している場合等を除き健康保険の被保険者になります。

また、健康保険の保険料や保険給付額の計算のために、社会保険事務所が毎年7月1日に被保険者の給与を基準として被保険者毎に標準報酬月額を定め「標準報酬月額決定通知書」を発行します。ただし、使用人兼務役員以外の役員であっても被保険者になるため、原則として決定通知書に氏名がある被保険者の人数から使用人兼務役員以外の役員及び任意継続被保険者の人数を除いた人数のうち70歳以上75歳未満の人数が常時使用する従業員の数となります。

なお、「標準報酬月額決定通知書」発行後における増減については、別途「被保険者資格取得(喪失)確認通知書」等によりその変動を証する必要があります。

また、厚生年金保険及び健康保険については、法人事業所はすべて適用事業所となります。また、個人事業所は一部の事業所(従業員が5人未満の個人経営の事業所など)を除き適用事業所となります(厚生年金保険法第6条第1項及び健康保険法第3条第3項)。

③ その他の資料

常時使用する従業員の数を証する書類として、原則として、①及び②の書類の提出を求めていますが、下記に掲げるような場合にあっては、2月を超える雇用契約があり給与支給の実績がある、いわゆる正社員並みの雇用実態があることを前提に、それぞれに定める書類を提出することにより常時使用する従業員として取り扱います。

・**75歳以上で厚生年金保険及び健康保険の加入対象外である場合**:2月を超える雇用契約書(正社員並みとしての雇用形態がわかるもの。)及び給与明細書など
・**船員保険の被保険者である場合等**:これらの保険の被保険者資格を証する書類、2月を超える雇用契約書(正社員並みとしての雇用形態がわかるもの。)及び給与明細書など
・**使用人兼務役員である場合**:職業安定所に提出する兼務役員雇用実態証明書、雇用保険の被保険者資格を証する書類、2月を超える使用人としての雇用契約書及び使用人給与明細書など、使用人としての職制上の地位を証する書類

(中小企業庁資料)

6 提出書類

特例承継計画の確認申請手続き

従業員数証明書について（添付書類）

常時使用する従業員の数は、以下の手順で確認します。

手順1

まず、日本年金機構等から通知を受けた「健康保険・厚生年金保険被保険者標準報酬月額決定通知書」（直近のもの。当該通知の対象となっていない方に係る「（同）改定通知書」を含む。）の写しを添付してください。事業所ごとに通知を受けている場合はすべての事業所について添付します。

手順2

次に、上記標準報酬月額決定の手続きをして以降、認定支援機関による指導及び助言を受けた日まで間に被保険者の増減があった場合に日本年金機構から通知を受けた「健康保険・厚生年金保険資格取得確認および標準報酬決定通知書」の写しまたは「健康保険・厚生年金保険資格喪失確認通知書」の写しを時系列に揃えてすべて添付してください。

手順3

手順1及び手順2で揃えた各通知書に記載された方のうち、申請会社の短時間労働者及び役員については、その旨がわかるマークなどを付記してください。
（例：短時間労働者 → 短／役員 → 役／使用人兼務役員 → 使）

手順4

厚生年金保険または健康保険のいずれにも加入対象となっていない従業員（例：75歳以上の従業員）がいる場合には、その方に関する雇用契約書（2月を超える雇用であること及び正社員並みの雇用形態であることがわかるもの）及び給与明細書（贈与の日または贈与認定申請基準日前後のもの）の写しを添付してください。

手順5

厚生年金保険または健康保険の加入対象者に使用人兼務役員がいる場合は、使用人としての職制上の地位がわかる書類や、雇用保険に加入している事がわかる書類などを添付してください。

（中小企業庁資料）

❸ 経営承継円滑化法の認定申請

1 贈与の場合

(1) 先代経営者から後継者への贈与（第一種特例経営承継贈与）

先代経営者から後継者への贈与が行われた場合には、贈与の翌年1月15日までに都道府県知事に経営承継円滑化法の認定申請書を提出し、認定を受ける必要があります（円滑化省令7②）。

申請書の様式は次のとおりです。

なお、特定資産に係る明細表（別紙1）は原則記入が必要ですが、平成29年度から、施行規則第6条第2項各号に掲げる要件（※）をすべて満たしている場合、その旨を証する書類を添付することで、特定資産等に係る明細表の(1)～(30)が記載不要となりました（以下(2)、2(1)(2)も同様です）。

※ 施行規則第6条第2項で規定する事業実態要件（概要）

① 親族外従業員が5人以上いること

② 本社、事業所、工場など従業員が勤務するための物件を所有していること又は賃借していること

③ 贈与（相続）開始の日まで引き続いて3年以上にわたり次に掲げるいずれかの業務をしていること

(イ) 商品販売等（商品の販売、資産の貸付又は役務の提供で、継続して対価を得て行われるもの、その商品の開発若しくは生産又は役務の開発を含む）

　ただし、資産の貸付けの相手方が「経営承継受贈者である場合」や「その同族関係者である場合」には、当該資産の貸付けは商品販売等の事業活動に該当しません。

(ロ) 商品販売等を行うために必要となる資産（上記②の事務所等を除く）の所有又は賃貸

(ハ) 上記（イ）及び（ロ）の業務に類するもの

1 贈与の場合

様式第7の3

第一種特例贈与認定中小企業者に係る認定申請書

年　　月　　日

都道府県知事名　殿

郵　便　番　号
会　社　所　在　地
会　　社　　名
電　話　番　号
代　表　者　の　氏　名　　　　　㊞

　中小企業における経営の承継の円滑化に関する法律第12条第1項の認定(同法施行規則第6条第1項第11号の事由に係るものに限る。)を受けたいので、下記のとおり申請します。

記

1　特例承継計画の確認について

施行規則第17条第1項第1号の確認(施行規則第18条第1項又は第2項の変更の確認をした場合には変更後の確認)に係る確認事項	確認の有無		□有 □無(本申請と併せて提出)
	「有」の場合	確認の年月日及び番号	年　月　日(　　号)
		特例代表者の氏名	
		特例後継者の氏名	

2　贈与者及び第一種特例経営承継受贈者について

贈与の日			年　月　日
第一種特例贈与認定申請基準日			年　月　日
贈与税申告期限			年　月　日
第一種特例贈与認定申請基準事業年度		年　月　日から　年　月　日まで	
総株主等議決権数	贈与の直前	(a)	個
	贈与の時	(b)	個

第2章 ❸ 経営承継円滑化法の認定申請

贈与者	氏名			
	贈与の時の住所			
	贈与の時の代表者への就任の有無		□有 □無	
	贈与の時における過去の法第12条第1項の認定（施行規則第6条第1項第11号又は第13号の事由に係るものに限る。）に係る贈与の有無		□有 □無	
	代表者であった時期		年　月　日から　年　月　日	
	代表者であって、同族関係者と合わせて申請者の総株主等議決権数の100分の50を超える数を有し、かつ、いずれの同族関係者（第一種特例経営承継受贈者となる者を除く。）が有する議決権数をも下回っていなかった時期(*)		年　月　日から　年　月　日	
	(*)の時期における総株主等議決権数		(c)	個
	(*)の時期における同族関係者との保有議決権数の合計及びその割合		(d)+(e)	個
			((d)+(e))／(c)	％
	(*)の時期における保有議決権数及びその割合		(d)	個
			(d)／(c)	％
	(*)の時期における同族関係者	氏名（会社名）	住所（会社所在地）	保有議決権数及びその割合
				(e)　　　　個
				(e)／(c)　　％
	贈与の直前における同族関係者との保有議決権数の合計及びその割合		(f)+(g)	個
			((f)+(g))／(a)	％
	贈与の直前における保有議決権数及びその割合		(f)	個
			(f)／(a)	％
	贈与の直前における同族関係者	氏名（会社名）	住所（会社所在地）	保有議決権数及びその割合
				(g)　　　　個
				(g)／(a)　　％
	(*2)から(*3)を控除した残数又は残額		(i)−(j)	株(円)
	贈与の直前の発行済株式又は出資（議決権の制限のない株式等に限る。）の総数又は総額 (*1)		(h)	株(円)
	(*1)の3分の2(*2)		(i)=(h)×2/3	株(円)
	贈与の直前において第一種特例経営承継受贈者が有していた株式等の数又は金額 (*3)		(j)	株(円)

1 贈与の場合

	贈与の直前において贈与者が有していた株式等（議決権に制限のないものに限る。）の数又は金額		株(円)
	贈与者が贈与をした株式等（議決権の制限のないものに限る。）の数又は金額		株(円)
第一種特例経営承継受贈者	氏名		
	住所		
	贈与の日における年齢		
	贈与の時における贈与者との関係	□直系卑属 □直系卑属以外の親族 □親族外	
	贈与の時における代表者への就任の有無		□有 □無
	贈与の日前3年以上にわたる役員への就任の有無		□有 □無
	贈与の時における過去の法第12条第1項の認定（施行規則第6条第1項第7号又は第9号の事由に係るものに限る。）に係る受贈の有無		□有 □無
	贈与の時における同族関係者との保有議決権数の合計及びその割合	(k)+(l)+(m) 個 ((k)+(l)+(m))／(b) ％	

保有議決権数及びその割合

贈与の直前	(k) 個 (k)／(a) ％	贈与者から贈与により取得した数 (*4)	(l)	個
贈与の時	(k)+(l) 個 ((k)+(l))／(b) ％			
(*4)のうち租税特別措置法第70条の7の5第1項の適用を受けようとする株式等に係る議決権の数(*5)				個
(*5)のうち第一種特例贈与認定申請基準日までに譲渡した数				個

贈与の時における同族関係者	氏名（会社名）	住所（会社所在地）	保有議決権数及びその割合
			(m) 個 (m)／(b) ％

3 贈与者が第一種特例経営承継受贈者へ第一種特例認定贈与株式を法第12条第1項の認定に係る贈与をする前に、当該認定贈与株式を法第12条第1項の認定に係る受贈をしている場合に記載すべき事項について

本申請に係る株式等の贈与が該当する贈与の類型	☐該当無し ☐第一種特別贈与認定株式再贈与 ☐第一種特例贈与認定株式再贈与		☐第二種特別贈与認定株式再贈与 ☐第二種特例贈与認定株式再贈与	
	氏名	認定日	左記認定番号	左記認定を受けた株式数
第一種特例贈与認定中小企業者の認定贈与株式を法第12条第1項の認定に係る受贈をした者に、贈与をした者（当該贈与をした者が複数ある場合には、贈与した順にすべてを記載する。）				

（備考）
① 用紙の大きさは、日本工業規格A4とする。
② 記名押印については、署名をする場合、押印を省略することができる。
③ 申請書の写し（別紙1及び別紙2を含む）及び施行規則第7条第6項の規定により読み替えられた同条第2項各号に掲げる書類を添付する。
④ 「施行規則第17条第1項第1号の確認（施行規則第18条第1項又は第2項の変更の確認をした場合には変更後の確認）に係る確認事項」については、当該確認を受けていない場合には、本申請と併せて施行規則第17条第2項各号に掲げる書類を添付する。また、施行規則第18条第1項又は第2項に定める変更をし、当該変更後の確認を受けていない場合には、本申請と併せて同条第5項の規定により読み替えられた前条第2項に掲げる書類を添付する。
⑤ 施行規則第6条第2項の規定により申請者が資産保有型会社又は資産運用型会社に該当しないものとみなされた場合には、その旨を証する書類を添付する。
⑥ 第一種特例贈与認定申請基準事業年度終了の日において申請者に特別子会社がある場合にあっては特別子会社に該当する旨を証する書類、当該特別子会社が資産保有型子会社又は資産運用型子会社に該当しないとき（施行規則第6条第2項の規定によりそれぞれに該当しないものとみなされた場合を含む。）には、その旨を証する書類を添付する。

1 贈与の場合

(記載要領)
① 単位が「％」の欄は小数点第1位までの値を記載する。
② 「贈与者から贈与により取得した数」については、贈与の時以後のいずれかの時において申請者が合併により消滅した場合にあっては当該合併に際して交付された吸収合併存続会社等の株式等（会社法第234条第1項の規定により競売しなければならない株式を除く。）に係る議決権の数、贈与の時以後のいずれかの時において申請者が株式交換等により他の会社の株式交換完全子会社等となった場合にあっては当該株式交換等に際して交付された株式交換完全親会社等の株式等（会社法第234条第1項の規定により競売しなければならない株式を除く。）に係る議決権の数とする。
③ 「認定申請基準事業年度における特定資産等に係る明細表」については、第一種特例贈与認定申請基準事業年度に該当する事業年度が複数ある場合には、その事業年度ごとに同様の表を記載する。「特定資産」又は「運用収入」については、該当するものが複数ある場合には同様の欄を追加して記載する。（施行規則第6条第2項の規定によりそれぞれに該当しないものとみなされた場合には空欄とする。）
④ 「損金不算入となる給与」については、法人税法第34条及び第36条の規定により申請者の各事業年度の所得の金額の計算上損金の額に算入されないこととなる給与（債務の免除による利益その他の経済的な利益を含む。）の額を記載する。（施行規則第6条第2項の規定によりそれぞれに該当しないものとみなされた場合には空欄とする。）
⑤ 「(*3)を発行している場合にはその保有者」については、申請者が会社法第108条第1項第8号に掲げる事項について定めがある種類の株式を発行している場合に記載し、該当する者が複数ある場合には同様の欄を追加して記載する。
⑥ 「総収入金額（営業外収入及び特別利益を除く。）」については、会社計算規則（平成18年法務省令第13号）第88条第1項第4号に掲げる営業外収益及び同項第6号に掲げる特別利益を除いて記載する。
⑦ 「同族関係者」については、該当する者が複数ある場合には同様の欄を追加して記載する。
⑧ 「(*1)の3分の2」については、1株未満又は1円未満の端数がある場合にあっては、その端数を切り上げた数又は金額を記載する。
⑨ 「特別子会社」については、贈与の時以後において申請者に特別子会社がある場合に記載する。特別子会社が複数ある場合には、それぞれにつき記載する。「株主又は社員」が複数ある場合には、同様の欄を追加して記載する。

第2章 ❸ 経営承継円滑化法の認定申請

(別紙1)

認定中小企業者の特定資産等について

主たる事業内容	
資本金の額又は出資の総額	円

認定申請基準事業年度における特定資産等に係る明細表

種別		内容	利用状況	帳簿価額	運用収入
有価証券	特別子会社の株式又は持分((*2)を除く。)			(1) 円	(12) 円
	資産保有型子会社又は資産運用型子会社に該当する特別子会社の株式又は持分(*2)			(2) 円	(13) 円
	特別子会社の株式又は持分以外のもの			(3) 円	(14) 円
不動産	現に自ら使用しているもの			(4) 円	(15) 円
	現に自ら使用していないもの			(5) 円	(16) 円
ゴルフ場その他の施設の利用に関する権利	事業の用に供することを目的として有するもの			(6) 円	(17) 円
	事業の用に供することを目的としないで有するもの			(7) 円	(18) 円
絵画、彫刻、工芸品その他の有形の文化的所産である動産、貴金属及び宝石	事業の用に供することを目的として有するもの			(8) 円	(19) 円
	事業の用に供することを目的としないで有するもの			(9) 円	(20) 円
現金、預貯金等	現金及び預貯金その他これらに類する資産			(10) 円	(21) 円

1 贈与の場合

	経営承継受贈者及び当該経営承継受贈者に係る同族関係者等（施行規則第1条第12項第2号ホに掲げる者をいう。）に対する貸付金及び未収金その他これらに類する資産			(11) 円	(22) 円
特定資産の帳簿価額の合計額	(23)=(2)+(3)+(5)+(7)+(9)+(10)+(11) 円		特定資産の運用収入の合計額	(25)=(13)+(14)+(16)+(18)+(20)+(21)+(22) 円	
資産の帳簿価額の総額	(24) 円		総収入金額	(26) 円	
認定申請基準事業年度終了の日以前の5年間（贈与の日前の期間を除く。）に経営承継受贈者及び当該経営承継受贈者に係る同族関係者に対して支払われた剰余金の配当等及び損金不算入となる給与の金額			剰余金の配当等	(27) 円	
			損金不算入となる給与	(28) 円	
特定資産の帳簿価額等の合計額が資産の帳簿価額等の総額に対する割合	(29)=((23)+(27)+(28))/((24)+(27)+(28)) ％		特定資産の運用収入の合計額が総収入金額に占める割合	(30)=(25)/(26) ％	
会社法第108条第1項第8号に掲げる事項について定めがある種類の株式(*3)の発行の有無				有☐　無☐	
(*3)を発行している場合にはその保有者	氏名（会社名）		住所（会社所在地）		
総収入金額（営業外収益及び特別利益を除く。）					円

(別紙2)

認定中小企業者の常時使用する従業員の数及び特別子会社について

1 認定中小企業者が常時使用する従業員の数について

常時使用する従業員の数	贈与の時 (a)+(b)+(c)−(d) 人	
	厚生年金保険の被保険者の数	(a) 人
	厚生年金保険の被保険者ではなく健康保険の被保険者である従業員の数	(b) 人
	厚生年金保険・健康保険のいずれの被保険者でもない従業員の数	(c) 人
	役員（使用人兼務役員を除く。）の数	(d) 人

2 贈与の時以後における認定中小企業者の特別子会社について

区分	特定特別子会社に　該当／非該当		
会社名			
会社所在地			
主たる事業内容			
資本金の額又は出資の総額	円		
総株主等議決権数	(a) 個		
株主又は社員	氏名（会社名）	住所（会社所在地）	保有議決権数及びその割合
			(b) 個
			(b)／(a) ％

(2) 先代経営者以外の株主から後継者への贈与（第二種特例経営承継贈与）

先代経営者以外の株主から後継者への贈与は、先代経営者から後継者への贈与が行われていることが前提条件となります。

贈与の翌年1月15日までに都道府県知事に経営承継円滑化法の認定申請書を提出し、認定を受ける必要があります（円滑化省令7④）。

申請書の様式は次のとおりですが、「記載要領」「別紙1」「別紙2」は上記（1）と同様となっています。

様式第7の4

第二種特例贈与認定中小企業者に係る認定申請書

年　月　日

都道府県知事名　殿

郵　便　番　号
会　社　所　在　地
会　　社　　名
電　話　番　号
代表者の氏名　　　㊞

　中小企業における経営の承継の円滑化に関する法律第12条第1項の認定（同法施行規則第6条第1項第13号の事由に係るものに限る。）を受けたいので、下記のとおり申請します。

記

1　第一種特例経営承継贈与又は第一種特例経営承継相続について

本申請に係る認定にあたり必要な施行規則第6条第1項第11号又は第12号の事由に係る第一種特例経営承継贈与又は第一種特例経営承継相続の有無			□有 □無
「有」の場合	当該贈与者（当該被相続人）		
	第一種特例経営承継受贈者 （第一種特例経営承継相続人）		
	□当該贈与の日　□当該相続の開始の日	年　月　日	
	当該第一種特例経営承継贈与又は第一種特例経営承継相続に係る認定の有効期間（当該認定を受ける前の場合は、その見込み）	年　月　日～ 年　月　日まで	

2　贈与者及び第二種特例経営承継受贈者について

贈与の日	年　月　日
第二種特例贈与認定申請基準日	年　月　日
贈与税申告期限	年　月　日

1 贈与の場合

第二種特例贈与認定申請基準事業年度			年　月　日から　年　月　日まで	
総株主等議決権数	贈与の直前		(a)	個
	贈与の時		(b)	個
贈与者	氏名			
	贈与の時の住所			
	贈与の時の代表者への就任の有無			□有　□無
	贈与の時における過去の法第12条第1項の認定（施行規則第6条第1項第11号及び第13号の事由に係るものに限る。）に係る贈与の有無			□有　□無
	贈与の直前における同族関係者との保有議決権数の合計及びその割合		(c)+(d)	個
			((c)+(d))／(a)	％
	贈与の直前における保有議決権数及びその割合		(c)	個
			(c)／(a)	％
	贈与の直前における同族関係者	氏名（会社名）	住所（会社所在地）	保有議決権数及びその割合
				(d) 個
				(d)／(a) ％
	(*2)から(*3)を控除した残数又は残額		(f)−(g)	株(円)
	贈与の直前の発行済株式又は出資（議決権の制限のない株式等に限る。）の総数又は総額(*1)		(e)	株(円)
	(*1)の3分の2(*2)		(f)=(e)×2/3	株(円)
	贈与の直前において経営承継受贈者が有していた株式等の数又は金額(*3)		(g)	株(円)
	贈与の直前において贈与者が有していた株式等（議決権に制限のないものに限る。）の数又は金額			株(円)
	贈与者が贈与をした株式等（議決権の制限のないものに限る。）の数又は金額			株(円)
第二種特例経営承継受贈者	氏名			
	住所			
	贈与の日における年齢			
	贈与の時における贈与者との関係		□直系卑属 □直系卑属以外の親族 □親族外	
	贈与の時における代表者への就任の有無			□有　□無
	贈与の日前3年以上にわたる役員への就任の有無			□有　□無

贈与の時における過去の法第 12 条第 1 項の認定(施行規則第 6 条第 1 項第 7 号又は第 9 号の事由に係るものに限る。)に係る受贈の有無				□有　□無	
贈与の時における同族関係者との保有議決権数の合計及びその割合				(h)+(i)+(j)　　　　　個 ((h)+(i)+(j))／(b)　　　％	
保有議決権数及びその割合	贈与の直前	(h)　　　　　　　　個 (h)／(a)　　　　　　％	贈与者から贈与により取得した数 (*4)	(i)	個
	贈与の時	(h)+(i)　　　　　　個 ((h)+(i))／(b)　　　　％			
	(*4)のうち租税特別措置法第 70 条の 7 の 5 第 1 項の適用を受けようとする株式等に係る議決権の数(*5)				個
	(*5)のうち第二種特例贈与認定申請基準日までに譲渡した数				個
贈与の時における同族関係者	氏名(会社名)	住所(会社所在地)		保有議決権数及びその割合	
				(j)　　　　　　　　個 (j)／(b)　　　　　　％	

3　贈与者が第二種特例経営承継受贈者へ第二種特例認定贈与株式を法第 12 条第 1 項の認定に係る贈与をする前に、当該認定贈与株式を法第 12 条第 1 項の認定に係る受贈をしている場合に記載すべき事項について

本申請に係る株式等の贈与が該当する贈与の類型	□該当無し □第一種特別贈与認定株式再贈与　　□第二種特別贈与認定株式再贈与 □第一種特例贈与認定株式再贈与　　□第二種特例贈与認定株式再贈与			
	氏名	認定日	左記認定番号	左記認定を受けた株式数
第二種特例贈与認定中小企業者の認定贈与株式を法第 12 条第 1 項の認定に係る受贈をした者に、贈与をした者。(当該贈与をした者が複数ある場合には、贈与した順にすべてを記載する。)				

(備考)
① 用紙の大きさは、日本工業規格A4とする。
② 記名押印については、署名をする場合、押印を省略することができる。
③ 申請書（別紙1及び別紙2を含む）の写し及び施行規則第7条第8項の規定により読み替えられた同条第2項各号に掲げる書類を添付する。
④ 施行規則第6条第2項の規定により申請者が資産保有型会社又は資産運用型会社に該当しないものとみなれた場合には、その旨を証する書類を添付する。
⑤ 第二種特例贈与認定申請基準事業年度終了の日において申請者に特別子会社がある場合にあっては特別子会社に該当する旨を証する書類、当該特別子会社が資産保有型子会社又は資産運用型子会社に該当しないとき（施行規則第6条第2項の規定によりそれぞれに該当しないものとみなされた場合を含む。）には、その旨を証する書類を添付する。

2 相続（遺贈）の場合

(1) 先代経営者から後継者への相続（第一種特例経営承継相続）

先代経営者の相続が発生した場合には、相続の開始の日の翌日から8か月を経過する日までに都道府県知事に経営承継円滑化法の認定申請書を提出し、認定を受ける必要があります（円滑化省令7③）。

申請書の様式は次のとおりです。

❷ 相続（遺贈）の場合

様式第8の3

第一種特例相続認定中小企業者に係る認定申請書

　　　　　　　　　　　　　　　　　　　　　　　　　　年　　月　　日

都道府県知事名　殿

　　　　　　　　　　　　　郵 便 番 号
　　　　　　　　　　　　　会 社 所 在 地
　　　　　　　　　　　　　会 　社　 名
　　　　　　　　　　　　　電 話 番 号
　　　　　　　　　　　　　代表者の氏名　　　　　　　　㊞

　中小企業における経営の承継の円滑化に関する法律第12条第1項の認定（同法施行規則第6条第1項第12号の事由に係るものに限る。）を受けたいので、下記のとおり申請します。

記

1　特例承継計画の確認について

施行規則第17条第1項第1号の確認（施行規則第18条第1項又は第2項の変更の確認をした場合には変更後の確認）に係る確認事項	確認の有無		□有 □無（本申請と併せて提出）
	「有」の場合	確認の年月日及び番号	年　月　日（　　号）
		特例代表者の氏名	
		特例後継者の氏名	

2　被相続人及び第一種特例経営承継相続人について

相続の開始の日		年　月　日
第一種特例相続認定申請基準日		年　月　日
相続税申告期限		年　月　日
第一種特例相続認定申請基準事業年度		年　月　日から　年　月　日まで
総株主等議決権数	相続の開始の直前	(a)　　　　　　　　　　　　　個
	相続の開始の時	(b)　　　　　　　　　　　　　個

第2章 ❸ 経営承継円滑化法の認定申請

被相続人	氏名			
	最後の住所			
	相続の開始の日の年齢			
	相続の開始の時における過去の法第12条第1項の認定（施行規則第6条第1項第11号又は第13号の事由に係るものに限る。）に係る贈与の有無		□有　□無	
	代表者であった時期		年　月　日から 年　月　日	
	代表者であって、同族関係者と合わせて申請者の総株主等議決権数の100分の50を超える数を有し、かつ、いずれの同族関係者（第一種特例経営承継相続人となる者を除く。）が有する議決権数をも下回っていなかった時期(*)		年　月　日から 年　月　日	
	(*)の時期における総株主等議決権数		(c)	個
	(*)の時期における同族関係者との保有議決権数		(d)+(e) ((d)+(e))／(c)	個 ％
	(*)の時期における保有議決権数及びその割合		(d) (d)／(c)	個 ％
	(*)の時期における同族関係者	氏名（会社名）	住所（会社所在地）	保有議決権数及びその割合
				(e)　　個 (e)／(c)　％
	相続の開始の直前における同族関係者との保有議決権数の合計及びその割合		(f)+(g) ((f)+(g))／(a)	個 ％
	相続の開始の直前における保有議決権数及びその割合		(f) (f)／(a)	個 ％
	相続の開始の直前における同族関係者	氏名（会社名）	住所（会社所在地）	保有議決権数及びその割合
				(g)　　個 (g)／(a)　％

2　相続（遺贈）の場合

第一種特例経営承継受贈者	氏名					
	住所					
	相続の開始の直前における被相続人との関係			□直系卑属 □直系卑属以外の親族 □親族外		
	相続の開始の日の翌日から5月を経過する日における代表者への就任の有無				□有　□無	
	相続の開始の直前における役員への就任の有無				□有　□無	
	相続の開始の時における過去の法第12条第1項の認定（施行規則第6条第1項第7号又は第9号の事由に係るものに限る。）に係る受贈の有無				□有　□無	
	相続の開始の時における同族関係者との保有議決権数の合計及びその割合			(h)+(i)+(j)　　　　個 ((h)+(i)+(j))／(b)　%		
	保有議決権数及びその割合	相続の開始の直前	(h)　　　個 (h)／(a)　%	被相続人から相続又は遺贈により取得した数(*1)	(i)　　　個	
		相続の開始の時	(h)+(i)　　個 ((h)+(i))／(b)　%			
		(*1)のうち租税特別措置法第70条の7の6第1項の適用を受けようとする株式等に係る数(*2)			個	
		(*2)のうち第一種特例相続認定申請基準日までに譲渡した数			個	
	相続の開始の時における同族関係者	氏名（会社名）		住所（会社所在地）	保有議決権数及びその割合	
					(j)　　　　　個 (j)／(b)　　　%	

(備考)
① 用紙の大きさは、日本工業規格A4とする。
② 記名押印については、署名をする場合、押印を省略することができる。
③ 申請書の写し(別紙1及び別紙2を含む)及び施行規則第7条第7項の規定により読み替えられた第7条第3項各号に掲げる書類を添付する。
④ 「施行規則第17条第1項第1号の確認(施行規則第18条第1項又は第2項の変更の確認をした場合には変更後の確認)に係る確認事項」については、当該確認を受けていない場合には、施行規則第17条第2項各号に掲げる書類を添付する。また、施行規則第18条第1項又は第2項に定める変更をし、当該変更後の確認を受けていない場合には、同条第5項の規定により読み替えられた前条第2項に掲げる書類を添付する。
⑤ 施行規則第6条第2項の規定により申請者が資産保有型会社又は資産運用型会社に該当しないものとみなされた場合には、その旨を証する書類を添付する。
⑥ 第一種特例相続認定申請基準事業年度終了の日において申請者に特別子会社がある場合にあっては特別子会社に該当する旨を証する書類、当該特別子会社が資産保有型子会社又は資産運用型子会社に該当しないとき(施行規則第6条第2項の規定によりそれぞれに該当しないものとみなされた場合を含む。)には、その旨を証する書類を添付する。

(記載要領)
① 単位が「%」の欄は小数点第1位までの値を記載する。
② 「被相続人から相続又は遺贈により取得した数」については、相続の開始の時以後のいずれかの時において申請者が合併により消滅した場合にあっては当該合併に際して交付された吸収合併存続会社等の株式等(会社法第234条第1項の規定により競売しなければならない株式を除く。)に係る議決権の数、相続の開始の時以後のいずれかの時において申請者が株式交換等により他の会社の株式交換完全子会社等となった場合にあっては当該株式交換等に際して交付された株式交換完全親会社等の株式等(会社法第234条第1項の規定により競売しなければならない株式を除く。)に係る議決権の数とする。
③ 「認定申請基準事業年度における特定資産等に係る明細表」については、第一種特例相続認定申請基準事業年度に該当する事業年度が複数ある場合には、その事業年度ごとに同様の表を記載する。「特定資産」又は「運用収入」については、

該当するものが複数ある場合には同様の欄を追加して記載する。（施行規則第6条第2項の規定によりそれぞれに該当しないものとみなされた場合には空欄とする。）

④ 「損金不算入となる給与」については、法人税法第34条及び第36条の規定により申請者の各事業年度の所得の金額の計算上損金の額に算入されないこととなる給与（債務の免除による利益その他の経済的な利益を含む。）の額を記載する。（施行規則第6条第2項の規定によりそれぞれに該当しないものとみなされた場合には空欄とする。）

⑤ 「(*3)を発行している場合にはその保有者」については、申請者が会社法第108条第1項第8号に掲げる事項について定めがある種類の株式を発行している場合に記載し、該当する者が複数ある場合には同様の欄を追加して記載する。

⑥ 「総収入金額（営業外収入及び特別利益を除く。）」については、会社計算規則（平成18年法務省令第13号）第88条第1項第4号に掲げる営業外収益及び同項第6号に掲げる特別利益を除いて記載する。

⑦ 「同族関係者」については、該当する者が複数ある場合には同様の欄を追加して記載する。

⑧ 「特別子会社」については、相続の開始の時以後において申請者に特別子会社がある場合に記載する。特別子会社が複数ある場合には、それぞれにつき記載する。「株主又は社員」が複数ある場合には、同様の欄を追加して記載する。

⑨ 申請者が施行規則第6条第9項の規定により読み替えられた第6条第3項に該当する場合には、「相続の開始」を「贈与」と読み替えて記載する。ただし、「相続の開始の日の翌日から5月を経過する日における代表者への就任」は「贈与の時における代表者への就任」と、「相続の開始の直前における役員への就任」は「贈与の日前3年以上にわたる役員への就任」と読み替えて記載する。

(別紙1)

認定中小企業者の特定資産等について

主たる事業内容	
資本金の額又は出資の総額	円

認定申請基準事業年度における特定資産等に係る明細表

種別		内容	利用状況	帳簿価額	運用収入
有価証券	特別子会社の株式又は持分((*2)を除く。)			(1) 円	(12) 円
	資産保有型子会社又は資産運用型子会社に該当する特別子会社の株式又は持分(*2)			(2) 円	(13) 円
	特別子会社の株式又は持分以外のもの			(3) 円	(14) 円
不動産	現に自ら使用しているもの			(4) 円	(15) 円
	現に自ら使用していないもの			(5) 円	(16) 円
ゴルフ場その他の施設の利用に関する権利	事業の用に供することを目的として有するもの			(6) 円	(17) 円
	事業の用に供することを目的としないで有するもの			(7) 円	(18) 円
絵画、彫刻、工芸品その他の有形の文化的所産である動産、貴金属及び宝石	事業の用に供することを目的として有するもの			(8) 円	(19) 円
	事業の用に供することを目的としないで有するもの			(9) 円	(20) 円
現金、預貯金等	現金及び預貯金その他これらに類する資産			(10) 円	(21) 円

2 相続(遺贈)の場合

	経営承継相続人及び当該経営承継相続人に係る同族関係者等(施行規則第1条第12項第2号ホに掲げる者をいう。)に対する貸付金及び未収金その他これらに類する資産		(11) 円	(22) 円
特定資産の帳簿価額の合計額	(23)=(2)+(3)+(5)+(7)+(9)+(10)+(11) 円	特定資産の運用収入の合計額	(25)=(13)+(14)+(16)+(18)+(20)+(21)+(22) 円	
資産の帳簿価額の総額	(24) 円	総収入金額	(26) 円	
認定申請基準事業年度終了の日以前の5年間(相続の開始の日前の期間を除く。)に経営承継相続人及び当該経営承継相続人に係る同族関係者に対して支払われた剰余金の配当等及び損金不算入となる給与の金額		剰余金の配当等	(27) 円	
		損金不算入となる給与	(28) 円	
特定資産の帳簿価額等の合計額が資産の帳簿価額等の総額に対する割合	(29)=((23)+(27)+(28))/((24)+(27)+(28)) %	特定資産の運用収入の合計額が総収入金額に占める割合	(30)=(25)/(26) %	
会社法第108条第1項第8号に掲げる事項について定めがある種類の株式(*3)の発行の有無			有□ 無□	
(*3)を発行している場合にはその保有者	氏名(会社名)		住所(会社所在地)	
総収入金額(営業外収益及び特別利益を除く。)			円	

(別紙2)

認定中小企業者が常時使用する従業員の数及び特別子会社について

1 相続認定中小企業者が常時使用する従業員の数について

常時使用する従業員の数	相続の開始の時 (a)+(b)+(c)−(d)　人
厚生年金保険の被保険者の数	(a)　人
厚生年金保険の被保険者ではなく健康保険の被保険者である従業員の数	(b)　人
厚生年金保険・健康保険のいずれの被保険者でもない従業員の数	(c)　人
役員（使用人兼務役員を除く。）の数	(d)　人

2 相続の開始の時以後における特別子会社について

区分	特定特別子会社に　該当／非該当		
会社名			
会社所在地			
主たる事業内容			
資本金の額又は出資の総額			円
総株主等議決権数	(a)		個
株主又は社員	氏名（会社名）	住所（会社所在地）	保有議決権数及びその割合 (b)　　　　個 (b)／(a)　　　％

2 相続(遺贈)の場合

(2) 先代経営者以外の株主から後継者への相続(第二種特例経営承継相続)

先代経営者以外の株主から後継者への相続は、先代経営者から後継者への贈与が行われていることが前提条件となります。

相続の開始の日の翌日から8か月を経過する日までに都道府県知事に経営承継円滑化法の認定申請書を提出し、認定を受ける必要があります(円滑化省令7⑤)。

申請書の様式は次のとおりですが、「記載要領」「別紙1」「別紙2」は上記(1)と同様となっています。

様式第8の4

第二種特例相続認定中小企業者に係る認定申請書

　　　　　　　　　　　　　　　　　　　　　　　　　　年　　月　　日

都道府県知事名　殿

　　　　　　　　　　　　　郵　便　番　号
　　　　　　　　　　　　　会 社 所 在 地
　　　　　　　　　　　　　会　　社　　名
　　　　　　　　　　　　　電　話　番　号
　　　　　　　　　　　　　代表者の氏名　　　　　　　　㊞

　中小企業における経営の承継の円滑化に関する法律第12条第1項の認定（同法施行規則第6条第1項第14号の事由に係るものに限る。）を受けたいので、下記のとおり申請します。

記

1　第一種特例経営承継贈与又は第一種特例経営承継相続について

本申請に係る認定にあたり必要な施行規則第6条第1項第11号又は第12号の事由に係る第一種特例経営承継贈与又は第一種特例経営承継相続の有無		□有 □無
「有」の場合	当該贈与者（当該被相続人）	
	第一種特例経営承継受贈者 （第一種特例経営承継相続人）	
	□当該贈与の日　□当該相続の開始の日	年　月　日
	当該第一種特例経営承継贈与又は第一種特例経営承継相続に係る認定の有効期間（当該認定を受ける前の場合は、その見込み）	年　月　日～ 年　月　日まで

2　被相続人及び第二種特例経営承継相続人について

相続の開始の日	年　月　日
第二種特例相続認定申請基準日	年　月　日
相続税申告期限	年　月　日

2 相続（遺贈）の場合

第二種特例相続認定申請基準事業年度			年　月　日から　年　月　日まで	
総株主等議決権数	相続の開始の直前		(a)	個
	相続の開始の時		(b)	個
被相続人	氏名			
	最後の住所			
	相続の開始の日の年齢			
	相続の開始の直前における被相続人との関係		□直系卑属 □直系卑属以外の親族 □親族外	
	相続の開始の日の翌日から5月を経過する日における代表者への就任の有無		□有　□無	
	相続の開始の直前における役員への就任の有無		□有　□無	
	相続開始の時における過去の法第12条第1項の認定（施行規則第6条第1項第7号又は第9号の事由に係るものに限る。）に係る受贈の有無		□有　□無	
	相続の開始の時における同族関係者との保有議決権数の合計及びその割合		(c)+(d)+(e)　　　　個 ((c)+(d)+(e))／(b)　　　　％	
	保有議決権数及びその割合	相続の開始の直前	(c)　　　　個 (c)／(a)　　　　％	被相続人から相続又は遺贈により取得した数 (*1)	(d)　　　　個
		相続の開始の時	(c)+(d)　　　　個 ((c)+(d))／(b)　　　　％		
		(*1)のうち租税特別措置法第70条の7の6第1項の適用を受けようとする株式等に係る数(*2)			個
		(*2)のうち第二種特例相続認定申請基準日までに譲渡した数			個
	相続の開始の時における同族関係者	氏名（会社名）	住所（会社所在地）	保有議決権数及びその割合	
				(e)　　　　個 (e)／(b)　　　　％	

(備考)
① 用紙の大きさは、日本工業規格 A4 とする。
② 記名押印については、署名をする場合、押印を省略することができる。
③ 申請書の写し（別紙1及び別紙2を含む）及び施行規則第7条第9項の規定により読み替えられた第7条第3項各号に掲げる書類を添付する。
④ 施行規則第6条第2項の規定により申請者が資産保有型会社又は資産運用型会社に該当しないものとみなされた場合には、その旨を証する書類を添付する。
⑤ 第二種特例相続認定申請基準事業年度終了の日において申請者に特別子会社がある場合にあっては特別子会社に該当する旨を証する書類、当該特別子会社が資産保有型子会社又は資産運用型子会社に該当しないとき（施行規則第6条第2項の規定によりそれぞれに該当しないものとみなされた場合を含む。）には、その旨を証する書類を添付する。

3 提出書類

経営承継円滑化法の認定申請手続に必要な書類は、次のとおりです。

贈与税	相続税
1．認定申請書及びその写し ※袋とじをして表と裏に割印を押してください。 　認定申請書内で別紙を参照する場合は、その「別紙」も一緒に袋とじしてください。	1．認定申請書及びその写し ※袋とじをして表と裏に割印を押してください。 　認定申請書内で別紙を参照する場合は、その「別紙」も一緒に袋とじしてください。
2．定款の写し ※贈与認定申請基準日において有効である定款の写しに、認定申請日付で原本証明をしてください。	2．定款の写し ※相続認定申請基準日において有効である定款の写しに、認定申請日付で原本証明をしてください。
3．株主名簿の写し（以下の4時点） 　(1) 贈与者が代表者であった時 　(2) 贈与の直前 　(3) 贈与の時 　(4) 贈与認定申請基準日	3．株主名簿の写し（以下の4時点） 　(1) 被相続人が代表者であった時 　(2) 相続の開始の直前 　(3) 相続の開始の時 　(4) 相続認定申請基準日
4．履歴事項全部証明書 　(1) 贈与認定申請基準日以降に取得した原本 　(2) 先代経営者が贈与の直前において代表者でない場合には、代表者であった旨の記載のある履歴事項又は閉鎖事項証明書の原本	4．履歴事項全部証明書 　(1) 相続認定申請基準日以降に取得した原本 　(2) 先代経営者が相続の開始の直前において代表者でない場合には、代表者であった旨の記載のある履歴事項又は閉鎖事項証明書の原本
5．贈与及び贈与税に関する書類 　(1) 贈与契約書の写し 　　その他の当該贈与の事実を証する書類	5．相続及び相続税に関する書類 　(1) 遺言書の写し又は遺産分割協議書の写し 　　その他当該株式の取得の事実を証する書類

(2) 申請会社の贈与対象株式に係る贈与税の見込額を記載した書類（贈与税申告書一式でも可）	(2) 申請会社の相続対象株式に係る相続税の見込額を記載した書類（相続税申告書の第1表、第8の2表及びその付表、第11表でも可）
6．従業員数証明書及び必要書類 　(1) 特例措置の場合 　　　贈与の時	6．従業員数証明書及び必要書類 　(1) 特例措置の場合 　　　相続の開始の時
7．贈与認定申請基準事業年度の決算関係書類等	7．相続認定申請基準事業年度の決算関係書類等
8．贈与の時以後、上場会社等又は風俗営業会社のいずれにも該当しない旨の誓約書	8．相続の開始の時以後、上場会社等又は風俗営業会社のいずれにも該当しない旨の誓約書
9．特別子会社・特定特別子会社に関する誓約書	9．特別子会社・特定特別子会社に関する誓約書
10．戸籍謄本等の原本 　(1) 贈与者 　(2) 経営承継受贈者 　(3) 申請会社の議決権を有する経営承継受贈者の親族全員 　(4) 剰余金の配当等又は損金不算入給与を受けた経営承継受贈者の親族全員（施行規則第6条第2項の事業実態要件に該当することで認定の申請をする場合は不要）	10．戸籍謄本等の原本 　(1) 被相続人 　(2) 経営承継相続人 　(3) 申請会社の議決権を有する経営承継相続人の親族全員 　(4) 剰余金の配当等又は損金不算入給与を受けた経営承継受贈者の親族全員（施行規則第6条第2項の事業実態要件に該当することで認定の申請をする場合は不要）
11．特例承継計画又はその確認書 ※特例措置で申請する場合 ※特例承継計画に記載した特例後継者に追加・変更がある場合は変更申請書を提出してください。既に変更申請書を提出し、確認を受けている場合は、その変更後の確認書を提出してください。	11．特例承継計画又はその確認書 ※特例措置で申請する場合 ※特例承継計画に記載した特例後継者に追加・変更がある場合は変更申請書を提出してください。既に変更申請書を提出し、確認を受けている場合は、その変更後の確認書を提出してください。

3 提出書類

12. 事前確認の確認書（変更確認書を含む。）の原本（確認書の交付を受けている場合）	12. 事前確認の確認書（変更確認書を含む。）の原本（確認書の交付を受けている場合）
13. その他、認定の参考となる書類	13. その他、認定の参考となる書類
14. 返信用封筒（定形外封筒。返信先宛先明記。切手貼付不要）	14. 返信用封筒（定形外封筒。返信先宛先明記。切手貼付不要）

（東京都産業労働局資料）

従業員数算出整理表（報告用）

会社名 ＿＿＿＿＿＿＿＿＿＿＿＿＿

報告基準日

通知日	適用年月日	改定・取得A		喪失B		差引計（A−B）			(c)	(d)	(a)+(b)+(c)−(d)
		(a)	(b)	(a)	(b)	(a)	(b)	(a)+(b)			
		厚生年金保険	70-75歳健康保険	厚生年金保険	70-75歳健康保険	厚生年金保険	70-75歳健康保険	計	70歳以上(b)以外	役員(使用人を除く)	常時使用する従業員の数
合計											
報告基準日	年 月 日					(a)	(b)		(c)	(d)	(a)+(b)+(c)−(d)

（神奈川県産業労働局資料）

第2章　❸ 経営承継円滑化法の認定申請

【従業員数証明書のひな型】

見本　　　従業員数証明書

平成〇〇年〇月〇日

東京都知事　殿

東京産業労働株式会社
代表取締役　東京　継男　㊞（法人実印）

　中小企業における経営の承継の円滑化に関する法律第12条第1項の認定（同法施行規則第6条第1項第〇号の事由に該当する場合）の申請をするにあたり、別添のとおり、贈与の時（相続の開始の時）における当社従業員数は〇〇人であることを証明します。

【作成のポイント】
〇認定申請日付けで作成すること
〇網掛け部分は、贈与か相続かによって変更すること

> ※同法施行規則の条項について
> 　第一種特例贈与認定中小企業者の場合：第6条第1項第11号
> 　第二種特例贈与認定中小企業者の場合：第6条第1項第13号
> 　第一種特例相続認定中小企業者の場合：第6条第1項第12号
> 　第二種特例相続認定中小企業者の場合：第6条第1項第14号

（東京都産業労働局資料）

【上場会社等又は風俗営業会社のいずれにも該当しない旨の誓約書のひな型】
① 贈与の場合

誓約書

平成○○年○月○日

東京都知事　殿

東京産業労働株式会社

代表取締役　東京　継男　㊞（法人実印）

　中小企業における経営の承継の円滑化に関する法律第12条第1項の認定（同法施行規則**第6条第1項第○号**の事由に該当する場合）の申請をするにあたり、当社は、贈与の時以後において、同法施行規則で規定する上場会社等又は風俗営業会社のいずれにも該当しないことを誓約します。

【作成のポイント】
○認定申請日付けで作成すること

> ※同法施行規則の条項について
> 　第一種特別贈与認定中小企業者の場合：第6条第1項第7号
> 　第二種特別贈与認定中小企業者の場合：第6条第1項第9号
> 　第一種特例贈与認定中小企業者の場合：第6条第1項第11号
> 　第二種特例贈与認定中小企業者の場合：第6条第1項第13号

（東京都産業労働局資料）

② 相続の場合

> ［見本］
>
> 誓約書
>
> 平成○○年○月○日
>
> 東京都知事　殿
>
> 　　　　　　　　　　　　　東京産業労働株式会社
> 　　　　　　　　　　　　　　代表取締役　東京　継男　㊞（法人実印）
>
> 　中小企業における経営の承継の円滑化に関する法律第12条第1項の認定（同法施行規則第6条第1項第○号の事由に該当する場合）の申請をするにあたり、当社は、被相続人に係る相続開始の時以後において、同法施行規則で規定する上場会社等又は風俗営業会社のいずれにも該当しないことを誓約します。

【作成のポイント】
○認定申請日付けで作成すること

> **※同法施行規則の条項について**
> 　第一種特別相続認定中小企業者の場合：第6条第1項第8号
> 　第二種特別相続認定中小企業者の場合：第6条第1項第10号
> 　第一種特例相続認定中小企業者の場合：第6条第1項第12号
> 　第二種特例相続認定中小企業者の場合：第6条第1項第14号

（東京都産業労働局資料）

4 5年経過後の実績報告等

1　特例承継計画に関する報告書の提出

　5年経過後には、経営承継円滑化法の認定に係る有効期限の翌日から4か月以内に、「特例承継計画に関する報告書」を都道府県知事に提出し、雇用確保要件の確認を受ける必要があります（円滑化省令20③）。

　また、この報告書と確認書は税務署に対して、「継続届出書」に添付して提出することになります。

　報告書の様式は次のとおりです。

第2章 ❹ 5年経過後の実績報告等

様式第27

特例承継計画に関する報告書

年　月　日

都道府県知事　殿

郵　便　番　号
会　社　所　在　地
会　　社　　名
電　話　番　号
代　表　者　の　氏　名　　　　　㊞

　中小企業における経営の承継の円滑化に関する法律施行規則第20条第3項の規定により、下記の事項を報告します。

記

1　第一種（第二種）特例贈与認定中小企業者又は第一種（第二種）特例相続認定中小企業者について

報告者の種別	☐第一種特例贈与認定中小企業者 ☐第一種特例相続認定中小企業者	☐第二種特例贈与認定中小企業者 ☐第二種特例相続認定中小企業者
認定年月日及び番号		年　月　日（　　号）
認定に係る贈与の日（相続の開始の日）		年　月　日
認定の有効期限		年　月　日
各贈与報告基準日（各相続報告基準日）		月　日

1 特例承継計画に関する報告書の提出

2　従業員の数について

認定に係る贈与の時の常時使用する従業員の数	贈与の時（相続の開始の時）			100分の80の数
	(a)　　　　　　　　　　　　人			(a)×80/100 ＝(b)　　　　人
各贈与報告基準日（各相続報告基準日）における常時使用する従業員の数及び常時使用する従業員の数の5年平均人数	1回目　（　　年　　月　　日）			(イ)　　　　　　人
	2回目　（　　年　　月　　日）			(ロ)　　　　　　人
	3回目　（　　年　　月　　日）			(ハ)　　　　　　人
	4回目　（　　年　　月　　日）			(ニ)　　　　　　人
	5回目　（　　年　　月　　日）			(ホ)　　　　　　人
	5　年　平　均　人　数			((イ)+(ロ)+(ハ)+(ニ)+(ホ))/5 ＝(c)　　　　人

3　平均雇用人数の5年間平均が贈与の時の従業員の数の8割を下回った理由
　　□　①高齢化が進み後を引き継ぐ者を確保できなかった
　　□　②採用活動を行ったが、人手不足から採用に至らなかった
　　□　③設備投資等、生産性が向上したため人手が不要となった
　　□　④経営状況の悪化により、雇用を継続できなくなった
　　□　⑤その他
　　　　（具体的に理由を記載：　　　　　　　　　　　　　　　　　　　　）

(備考)
① 用紙の大きさは、日本工業規格A4とする。
② 記名押印については、署名をする場合、押印を省略することができる。
③ 報告書の写し(別紙を含む)及び施行規則第20条第3項に掲げる書類を添付する。
④ 別紙については、中小企業等経営強化法に基づく認定経営革新等支援機関が記載する。
⑤ 本様式において「各贈与報告基準日(各相続報告基準日)」とある場合は、報告者の種別に合わせて対応する語句に読み替えるものとする。

(記載要領)
① 報告者が株式交換等により第一種(第二種)特例贈与認定中小企業者又は第一種(第二種)特例相続認定中小企業者たる地位を承継した株式交換完全親会社等である場合にあっては、「贈与報告基準日(相続報告基準日)における常時使用する従業員の数」については、第一種(第二種)特例贈与認定中小企業者又は第一種(第二種)特例相続認定中小企業者の常時使用する従業員の数に株式交換完全子会社等(承継前に第一種(第二種)特例贈与認定中小企業者又は第一種(第二種)特例相続認定中小企業者だったものに限る。)の常時使用する従業員の数を加算した数を記載する。
② 「5年平均人数」については、常時使用する従業員数の5年平均人数(その数に一人未満の端数があるときは、その端数を切り捨てた数)を記載する。

1 特例承継計画に関する報告書の提出

(別紙)

認定経営革新等支援機関による所見等

1　認定支援機関の名称等

認定経営革新等支援機関の名称	
(機関が法人の場合)代表者の氏名	㊞
住所又は所在地	

2　所見を記載した年月日
　　　　　　年　　　　月　　　　日

3　認定支援機関による所見

　

4　指導及び助言の内容
(雇用が8割を下回ったことについて、経営悪化を理由とする場合又は正当な理由が認められない場合には記載が必要。)

第2章　4 5年経過後の実績報告等

2　認定支援機関向け記載マニュアル

中小企業庁は、次のとおり認定支援機関向けの記載マニュアルを公表しています。

《実績報告書記載事項》
1．第一種（第二種）特例贈与認定中小企業者又は第一種（第二種）特例相続認定中小企業者について
　雇用実績について報告を行う中小企業者の、認定の類型や認定年月日、雇用判定期間を確認するための認定の有効期間や報告基準日等について記載してください。

2．従業員の数について
　贈与の時（相続の開始の時）における従業員数とその80％の数、各報告基準日における従業員の数と5年間の平均人数を記載してください。
　年次報告の際と同様に、従業員数は会社における
① 厚生年金保険の被保険者の数、
② 厚生年金保険の被保険者ではなく健康保険の被保険者である従業員の数、
③ 生年金保険・健康保険のいずれの被保険者でもない従業員の数、
の合計から、
④ 役員（使用人兼務役員を除く。）の数
を引いた数です。
　また、雇用判定の基準になる贈与（相続開始）時の従業員数の80％の数については、小数点第一位以下の数字がある場合は切り捨てるものとします。
（例：贈与時の従業員数が6人の場合には6人×80％＝4.8人ですが、小数点以下を切り捨て、4.0人を基準とします。つまり、認定後従業員数が5年間平均で4.0人を下回った場合には、本報告書の提出が必要になります。）

3．従業員数の5年間平均が贈与の時（相続の開始の時）の従業員の数の8割を下回った理由
　雇用が減少した理由について、①～⑤の中から当てはまるものを選択してください。「④経営状況の悪化により、雇用を継続できなくなった」を選択した場合、又は「⑤その他」を選択し、その具体的な理由が認定支援機関として正当でないと判断する場合は、認定支援機関による「4　指導及び助言の内容」の記載が必要になります。

2　認定支援機関向け記載マニュアル

(別紙) 認定経営革新等支援機関による所見等（認定支援機関が記載してください）

1．認定経営革新等支援機関の名称等
　　報告者に指導及び助言を行った認定支援機関の名称等について記載してください。
　　代表者欄に記入する氏名及び使用する印鑑は、当該認定支援機関における内部規定等により判断してください。

2．所見を記載した年月日
　　認定支援機関が所見（指導及び助言）について記載した年月日を記載してください。

3．認定支援機関による所見
　　平均雇用人数の5年間平均が8割を下回った理由について、その理由が事実であるかどうかを確認し、所見を記載してください。

【チェックポイント】
① 高齢化が進み後を引き継ぐ者を確保できなかった。を選択した場合
　…退職理由を確認し、雇用人数減少の主たる理由が高齢化による退職であることを確認してください。
② 採用活動を行ったが、人手不足から採用に至らなかった。を選択した場合
　…過去の求人状況（人材紹介会社やハローワーク等への求人状況や、自社広告等）を確認し、雇用人数減少の主たる理由が採用に至らなかったためであることを確認してください。
③ 設備投資等、生産性が向上したため人手が不要となった。を選択した場合
　…設備投資等の状況を確認し、雇用人数減少の主たる理由が生産性向上によるものであることを確認してください。
④ 経営状況の悪化により、雇用を継続できなくなった。を選択した場合
　…経営状況が悪化した理由について確認してください。そのうえで「4 指導及び助言の内容」欄を記載してください。
⑤ その他（具体的に理由を記載）。を選択した場合
　…雇用人数減少の主たる理由が当該具体的な理由であるかどうかを確認してください。その具体的な理由が認定支援機関として正当でないと判断する場合には、「4　指導及び助言の内容」欄に記載が必要です。

4．指導及び助言の内容

　（この欄は、「3　均雇用人数の5年間平均が贈与の時の従業員の数の8割を下回った理由」において、「④経営状況の悪化により、雇用を継続できなくなった」を選択した場合、又は「⑤その他」を選択し、その具体的な理由が認定支援機関として正当でないと判断する場合に記載が必要です。）

　「3　認定支援機関による所見」も踏まえ、その会社の経営改善のための指導及び助言を行い、その内容について記載してください。

【チェックポイント】

　当該中小企業者が事業を継続していくための指導及び助言を行ってください。

　また、「⑤その他」を選択し、その具体的な理由が認定支援機関として正当でないと判断する場合には、その正当でないと判断する理由を記載し、当該中小企業者が事業を継続していくための指導・助言を行ってください。

5 その他の申請様式・申請窓口

1 5年間の年次報告等

(1) 年次報告書・継続届出書の提出

　贈与・相続とも申告期限から5年間、都道府県知事に基準日（納税猶予の申告期限の翌日から起算して1年を経過するごとの日）の翌日から3か月以内に「年次報告書」を提出して確認を受けるとともに、同じく基準日の翌日から5か月以内に、その報告書と確認書を添付して税務署に「継続届出書」を提出します（円滑化省令12①③、措法70の7②⑨、70の7の2②⑩）。

　報告書の様式は次のとおりで、贈与・相続とも共通となっています。

　なお、特定資産に係る明細表（別紙2）は原則記入が必要ですが、平成29年度から、施行規則第6条第2項各号に掲げる要件(※)をすべて満たしている場合、その旨を証する書類を添付することで、特定資産等に係る明細表の(1)～(30)が記載不要となりました。

※ 施行規則第6条第2項で規定する事業実態要件（概要）
① 親族外従業員が5人以上いること
② 本社、事業所、工場など従業員が勤務するための物件を所有していること又は賃借していること
③ 贈与（相続）開始の日まで引き続いて3年以上にわたり次に掲げるいずれかの業務をしていること
　(イ) 商品販売等（商品の販売、資産の貸付又は役務の提供で、継続して対価を得て行われるもの、その商品の開発若しくは生産又は役務の開発を含む）
　　　ただし、資産の貸付けの相手方が「経営承継受贈者である場合」や「その同族関係者である場合」には、当該資産の貸付けは商品販売等の事業活動に該当しません。
　(ロ) 商品販売等を行うために必要となる資産（上記②の事務所等を除く）の所有又は賃貸
　(ハ) 上記(イ)及び(ロ)の業務に類するもの

様式第11

年次報告書

年　　月　　日

都道府県知事　殿

郵 便 番 号
会 社 所 在 地
会 　社 　名
電 話 番 号
代表者の氏名　　　　㊞

　中小企業における経営の承継の円滑化に関する法律施行規則第12条第1項又は第3項の規定（当該規定が準用される場合を含む。）により、下記の種別に該当する報告者として別紙の事項を報告します。

記

報告者の種別と申請基準日等について

報告者の種別	□第一種特別贈与認定中小企業者　　□第二種特別贈与認定中小企業者 □第一種特別相続認定中小企業者　　□第二種特別相続認定中小企業者 □第一種特例贈与認定中小企業者　　□第二種特例贈与認定中小企業者 □第一種特例相続認定中小企業者　　□第二種特例相続認定中小企業者	
報告者に係る認定の認定年月日等	認定年月日及び番号	年　　月　　日　（　　　　号）
	認定申請基準日	年　　月　　日
	報告基準日	年　　月　　日
	報告基準期間	年　月　日から　　年　月　日
	報告基準事業年度	年　月　日から　　年　月　日

(備考)
① 用紙の大きさは、日本工業規格 A4 とする。
② 記名押印については、署名をする場合、押印を省略することができる。
③ 本様式における第一種特別贈与（相続）認定中小企業者に係る規定は、第二種特別贈与（相続）認定中小企業者、第一種特例贈与（相続）認定中小企業者又は第二種特例贈与（相続）認定中小企業者について準用する。なお、本様式において「認定中小企業者」、「経営承継受贈者（経営承継相続人）」、「認定贈与株式」、「贈与認定申請基準日（相続認定申請基準日）」「贈与報告基準日（相続報告基準日）」、「贈与報告基準期間（相続報告基準期間）」又は「贈与報告基準事業年度（相続報告基準事業年度）」とある場合は、報告者の種別に合わせて対応する語句に読み替えるものとする。
④ 報告書の写し（別紙1及び別紙2を含む）及び施行規則第12条第2項（第4項）各号に掲げる書類を添付する。
⑤ 報告者が資産保有型会社又は資産運用型会社に該当する場合において、施行規則第6条第2項第1号及び第2号に該当する場合であって、同項第3号イからハまでに掲げるいずれかの業務をしているときには、その旨を証する書類を添付する。
⑥ 贈与報告基準事業年度（相続報告基準事業年度）終了の日において報告者に特別子会社がある場合にあっては特別子会社に該当する旨を証する書類、当該特別子会社が資産保有型子会社又は資産運用型子会社に該当しないとき（施行規則第6条第2項第1号及び第2号に該当する場合であって、同項第3号イからハまでに掲げるいずれかの業務をしているときを含む。）には、その旨を証する書類を添付する。
⑦ 報告者の経営承継受贈者（経営承継相続人）が当該報告者の代表者でない場合（その代表権を制限されている場合を含む。）又は経営承継贈与者が当該報告者の代表者若しくは役員（代表者を除き、当該報告者から給与（債務の免除による利益その他の経済的な利益を含む。）の支給を受けた役員に限る。）となった場合であって、当該経営承継受贈者（経営承継相続人）が施行規則第9条第10項各号のいずれかに該当するに至っていたときには、その旨を証する書類を添付する。

(記載要領)
① 単位が「％」の欄は小数点第1位までの値を記載する。
② 報告者が株式交換等により認定中小企業者たる地位を承継した株式交換完全親会社等である場合にあっては、贈与報告基準日（相続報告基準日）における常時使用する従業員の数」については、認定中小企業者の常時使用する従業員の数に株式交換完全子会社等（承継前に認定中小企業者だったものに限る。）の常時使用する従業員の数を加算した数を記載する。
③ 「各贈与報告基準日（相続報告基準日）における常時使用する従業員の数及び常時使用する従業員の数の5年平均人数」については、過去の年次報告分も含めて各贈与報告基準日（相続報告基準日）における常時使用する従業員の数を記載し、5回目の年次報告時には、常時使用する従業員数の5年平均人数（その数に一人未満の端数があるときは、その端数を切り捨てた数）も記載する。
④ 「贈与報告基準期間（相続報告基準期間）における代表者の氏名」については、贈与報告基準期間（相続報告基準期間）内に代表者の就任又は退任があった場合には、すべての代表者の氏名をその就任又は退任のあった期間ごとに記載する。
⑤ 「贈与報告基準事業年度（相続報告基準事業年度）（　年　月　日から　年　月　日まで）における特定資産等に係る明細表」については、贈与報告基準事業年度（相続報告基準事業年度）に該当する事業年度が複数ある場合には、その事業年度ごとに同様の表を記載する。「特定資産」又は「運用収入」については、該当するものが複数ある場合には同様の欄を追加して記載する。（施行規則第6条第2項の規定によりそれぞれに該当しないものとみなされた場合には空欄とする。）
⑥ 「損金不算入となる給与」については、法人税法第34条及び第36条の規定により報告者の各事業年度の所得の金額の計算上損金の額に算入されないこととなる給与（債務の免除による利益その他の経済的な利益を含む。）の額を記載する。（施行規則第6条第2項の規定によりそれぞれに該当しないものとみなされた場合には空欄とする。）
⑦ 「(*3)を発行している場合にはその保有者」については、申請者が会社法第108条第1項第8号に掲げる事項について定めがある種類の株式を発行している場合に記載し、該当する者が複数ある場合には同様の欄を追加して記載する。
⑧ 「総収入金額（営業外収益及び特別利益を除く。）」については、会社計算規則（平成18年法務省令第13号）第88条第1項第4号に掲げる営業外収益及び同項第6

号に掲げる特別利益を除いて記載する。
⑨ 「同族関係者」については、該当する者が複数ある場合には同様の欄を追加して記載する。
⑩ 「特別子会社」については、贈与報告基準期間（相続報告基準期間）中において報告者に特別子会社がある場合に記載する。なお、特別子会社が複数ある場合には、それぞれにつき記載する。「株主又は社員」が複数ある場合には、同様の欄を追加して記載する。

(別紙1)

第＿＿種＿＿＿＿＿＿認定中小企業者に係る報告事項①
（認定年月日：　　年　月　日、認定番号：　　　　　）

1　経営承継受贈者（経営承継相続人）について

贈与報告基準日（相続報告基準日）における総株主等議決権数	(a)		個
氏名			
住所			
贈与報告基準日（相続報告基準日）における同族関係者との保有議決権数の合計及びその割合	(b)+(c)		個
	((b)+(c))／(a)		％
贈与報告基準日（相続報告基準日）における保有議決権数及びその割合	(b)		個
	(b)／(a)		％
適用を受ける租税特別措置法の規定及び当該規定の適用を受ける株式等に係る議決権数(*1) （本認定番号の認定に係る株式等に係る議決権数のみを記載。） 　□第70条の7　　　　□第70条の7の5 　□第70条の7の2　　□第70条の7の6 　□第70条の7の4　　□第70条の7の8			個
(*1)のうち贈与報告基準日（相続報告基準日）までに譲渡した数			個

贈与報告基準日（相続報告基準日）における同族関係者	氏名（会社名）	住所（会社所在地）	保有議決権数及びその割合	
			(c)	個
			(c)／(a)	％

2　贈与者が経営承継受贈者へ認定贈与株式を法第12条第1項の認定に係る贈与をする前に、当該認定贈与株式を法第12条第1項の認定に係る受贈をしている場合に記載すべき事項について

本申請に係る株式等の贈与が該当する贈与の類型	□該当無し	
	□第一種特別贈与認定株式再贈与	□第二種特別贈与認定株式再贈与
	□第一種特例贈与認定株式再贈与	□第二種特例贈与認定株式再贈与

	氏名	認定日	左記認定番号	左記認定を受けた株式数
認定中小企業者の認定贈与株式を法第12条第1項の認定に係る受贈をした者に、贈与をした者。(当該贈与をした者が複数ある場合には、贈与した順にすべてを記載する。)				

3　認定中小企業者について

主たる事業内容		
贈与認定申請基準日（相続認定申請基準日）（合併効力発生日等）（株式交換効力発生日等）における資本金の額又は出資の総額		円
贈与報告基準日（相続報告基準日）における資本金の額又は出資の総額		円
贈与認定申請基準日（相続認定申請基準日）（合併効力発生日等）（株式交換効力発生日等）と比して減少した場合にはその理由		
贈与認定申請基準日（相続認定申請基準日）（合併効力発生日等）（株式交換効力発生日等）における準備金の額		円
贈与報告基準日（相続報告基準日）における準備金の額		円
贈与認定申請基準日（相続認定申請基準日）（合併効力発生日等）（株式交換効力発生日等）と比して減少した場合にはその理由		
贈与報告基準日（相続報告基準日）における常時使用する従業員の数	(a)+(b)+(c)-(d)	人
厚生年金保険の被保険者の数	(a)	人
厚生年金保険の被保険者ではなく健康保険の被保険者である者の数	(b)	人
厚生年金保険・健康保険のいずれの被保険者でもない従業員の数	(c)	人
役員（使用人兼務役員を除く。）の数	(d)	人

各贈与報告基準日（相続報告基準日）における常時使用する従業員の数及び常時使用する従業員の数の5年平均人数	1 回目	（　年　月　日）	(イ)	人
	2 回目	（　年　月　日）	(ロ)	人
	3 回目	（　年　月　日）	(ハ)	人
	4 回目	（　年　月　日）	(ニ)	人
	5 回目	（　年　月　日）	(ホ)	人
	5　年　平　均　人　数		((イ)+(ロ)+(ハ)+(ニ)+(ホ))/5 人	
贈与報告基準期間（相続報告基準期間）における代表者の氏名	年　月　日から　年　月　日まで			
	年　月　日から　年　月　日まで			
	年　月　日から　年　月　日まで			

4　贈与報告基準期間（相続報告基準期間）中における特別子会社について

区分	特定特別子会社に　該当／非該当		
会社名			
会社所在地			
主たる事業内容			
総株主等議決権数	(a)		個
株主又は社員	氏名（会社名）	住所（会社所在地）	保有議決権数及びその割合
			(b)　　　　　　　　個 (b)／(a)　　　　　　％

(別紙2)

　　　　　第　　種　　　　　　　認定中小企業者に係る報告事項②
　　　　　（認定年月日：　　年　月　日、認定番号：　　　　　）

1　認定中小企業者における特定資産等について

贈与報告基準事業年度（相続報告基準事業年度）（　年　月　日から　年　月　日まで）における特定資産等に係る明細表					
種別		内容	利用状況	帳簿価額	運用収入
有価証券	特別子会社の株式又は持分（(*2)を除く。）			(1)　　　　円	(12)　　　　円
	資産保有型子会社又は資産運用型子会社に該当する特別子会社の株式又は持分（*2）			(2)　　　　円	(13)　　　　円
	特別子会社の株式又は持分以外のもの			(3)　　　　円	(14)　　　　円
不動産	現に自ら使用しているもの			(4)　　　　円	(15)　　　　円
	現に自ら使用していないもの			(5)　　　　円	(16)　　　　円
ゴルフ場その他の施設の利用に関する権利	事業の用に供することを目的として有するもの			(6)　　　　円	(17)　　　　円
	事業の用に供することを目的としないで有するもの			(7)　　　　円	(18)　　　　円
絵画、彫刻、工芸品その他の有形の文化的所産である動産、貴金属及び宝石	事業の用に供することを目的として有するもの			(8)　　　　円	(19)　　　　円
	事業の用に供することを目的としないで有するもの			(9)　　　　円	(20)　　　　円

現金、預貯金等	現金及び預貯金その他これらに類する資産			(10) 円	(21) 円
	経営承継受贈者(経営承継相続人)及び当該経営承継受贈者(経営承継相続人)に係る同族関係者等(施行規則第1条第13項第2号ホに掲げる者をいう。)に対する貸付金及び未収金その他これらに類する資産			(11) 円	(22) 円
特定資産の帳簿価額の合計額	(23)=(2)+(3)+(5)+(7)+(9)+(10)+(11) 円		特定資産の運用収入の合計額	(25)=(13)+(14)+(16)+(18)+(20)+(21)+(22) 円	
資産の帳簿価額の総額	(24) 円		総収入金額	(26) 円	
贈与報告基準事業年度(相続報告基準事業年度)終了の日以前の5年間(贈与(相続の開始)の日前の期間を除く。)に経営承継受贈者(経営承継相続人)及び当該経営承継受贈者(経営承継相続人)に係る同族関係者に対して支払われた剰余金の配当等及び損金不算入となる給与の金額			剰余金の配当等	(27) 円	
			損金不算入となる給与	(28) 円	
特定資産の帳簿価額等の合計額が資産の帳簿価額等の総額に対する割合	(29)=((23)+(27)+(28))/((24)+(27)+(28)) %		特定資産の運用収入の合計額が総収入金額に占める割合	(30)=(25)/(26) %	
会社法第108条第1項第8号に掲げる事項について定めがある種類の株式(*3)の発行の有無				有□　無□	
(*3)を発行している場合にはその保有者	氏名(会社名)		住所(会社所在地)		
総収入金額(営業外収益及び特別利益を除く。)				円	

(2) 提出書類

年次報告書の提出の際に必要な書類は、次のとおりです（円滑化省令12②④）。

贈与税	相続税
1．年次報告書（様式第11）及びその写し ※袋とじをして表と裏に割印を押してください。 年次報告書内で別紙を参照させる場合は、その「別紙」も一緒に袋とじしてください。	1．年次報告書（様式第11）及びその写し ※袋とじをして表と裏に割印を押してください。 年次報告書内で別紙を参照させる場合は、その「別紙」も一緒に袋とじしてください。
2．定款の写し ※贈与報告基準日において有効である定款の写しに、年次報告日付で原本証明をしてください。	2．定款の写し ※相続報告基準日において有効である定款の写しに、年次報告日付で原本証明をしてください。
3．株主名簿の写し（贈与報告基準日現在のもの）	3．株主名簿の写し（相続報告基準日現在のもの）
4．履歴事項全部証明書 贈与報告基準日以降に取得した原本	4．履歴事項全部証明書 相続報告基準日以降に取得した原本
5．従業員数証明書及び必要書類 （贈与報告基準日現在のもの）	5．従業員数証明書及び必要書類 （相続報告基準日現在のもの）
6．贈与報告基準事業年度の決算関係書類	6．相続報告基準事業年度の決算関係書類
7．上場会社等または風俗営業会社のいずれにも該当しない旨の誓約書	7．上場会社等または風俗営業会社のいずれにも該当しない旨の誓約書
8．特別子会社・特定特別子会社に関する誓約書	8．特別子会社・特定特別子会社に関する誓約書
9．その他、報告の参考となる書類	9．その他、報告の参考となる書類
10．返信用封筒（定形外封筒。返信先宛先明記。切手貼付不要）	10．返信用封筒（定形外封筒。返信先宛先明記。切手貼付不要）

（東京都産業労働局資料）

第2章　5　その他の申請様式・申請窓口

【従業員数証明書のひな型】

見本

従業員数証明書

平成〇〇年〇月〇日

東京都知事　殿

東京産業労働株式会社
代表取締役　東京　継男　（法人実印）

　中小企業における経営の承継の円滑化に関する法律施行規則第12条第〇項（当該規定が準用される場合を含む。）の規定による報告をするにあたり、贈与（相続）報告基準日における当社従業員数は〇〇人であることを証明します。

【作成のポイント】
〇年次報告日付けで作成すること
〇網掛け部分は、贈与か相続かによって変更すること

> ※同法施行規則の条項について
> 　贈与認定中小企業者の場合：第12条第1項
> 　相続認定中小企業者の場合：第12条第3項

（東京都産業労働局資料）

1 5年間の年次報告等

【上場会社等又は風俗営業会社のいずれにも該当しない旨の誓約書のひな型】

誓約書

平成○○年○月○日

東京都知事　殿

東京産業労働株式会社
代表取締役　東京　継男　　法人実印

　中小企業における経営の承継の円滑化に関する法律施行規則第12条第○項（当該規定が準用される場合を含む。）の規定による報告をするにあたり、当社は、贈与（相続）報告基準期間において、同法施行規則で規定する上場会社等又は風俗営業会社のいずれにも該当しないことを誓約します。

【作成のポイント】
○年次報告日付けで作成すること
○網掛け部分は、贈与か相続かによって変更すること

※同法施行規則の条項について
　贈与認定中小企業者の場合：第12条第1項
　相続認定中小企業者の場合：第12条第3項

（東京都産業労働局資料）

2　相続税の納税猶予への切替え

(1) 贈与税の申告期限から5年以内（認定の有効期間中）の場合

　贈与税の申告期限から5年以内に先代経営者等（贈与者）の相続が発生し、贈与税の納税猶予から相続税の納税猶予に切替える場合、相続開始の日の翌日から8か月以内に、都道府県知事に対して「臨時報告書」及び「切替確認申請書」を提出し、経営承継円滑化法の確認を受ける必要があります（円滑化省令12⑪、13②）。

　その後、相続税の申告期限までに、「非上場株式等の（特例）贈与者が死亡した場合の相続税の納税猶予及び免除」の適用を受ける旨を記載した相続税の申告書及び一定の書類を税務署へ提出するとともに、納税が猶予される相続税額及び利子税の額に見合う担保を提供する必要があります（措法70の7の4①）。

　「臨時報告書」及び「切替確認申請書」の様式は、下記のとおりです。

(2) 贈与税の申告期限から5年経過後の場合

　贈与税の申告期限から35年経過後に先代経営者の相続が発生した場合には、前掲**1**と同様ですが、「臨時報告書」の提出、確認の必要はありません。

様式第15

施行規則第12条第11項の規定による臨時報告書

　　　　　　　　　　　　　　　　　　　　　　　　　　年　　月　　日
都道府県知事　殿

　　　　　　　　　　　　郵　便　番　号
　　　　　　　　　　　　会　社　所　在　地
　　　　　　　　　　　　会　　社　　名
　　　　　　　　　　　　電　話　番　号
　　　　　　　　　　　　代表者の氏名　　　　　　　　　　　㊞

　中小企業における経営の承継の円滑化に関する法律施行規則第12条第11項の規定（当該規定が準用される場合を含む）により、下記の事項を報告します。

記

1　報告者の種別について

報告者の種別	□第一種特別贈与認定中小企業者　　□第二種特別贈与認定中小企業者 □第一種特例贈与認定中小企業者　　□第二種特例贈与認定中小企業者	
報告者に係る認定年月日等	認定年月日及び番号	年　月　日（　　号）
	贈与認定申請基準日	年　月　日
	臨時贈与報告基準日	年　月　日
	臨時贈与報告基準期間	年　月　日から　年　月　日
	臨時贈与報告基準事業年度	年　月　日から　年　月　日

2　経営承継受贈者について

臨時贈与報告基準日(*1)における総株主等議決権数	(a)	個
氏名		
住所		

臨時贈与報告基準日(*1)における同族関係者との保有議決権数の合計及びその割合			(b)+(c) ((b)+(c))／(a)	個 ％
臨時贈与報告基準日(*1)における保有議決権数及びその割合			(b) (b)／(a)	個 ％
適用を受ける租税特別措置法の規定及び当該規定の適用を受ける株式等に係る議決権数(*2) (本認定番号の認定に係る株式等に係る議決権数のみを記載。) □第70条の7　　　□第70条の7の5				個
(*2)のうち臨時贈与報告基準日(*1)までに譲渡した数				個
臨時贈与報告基準日(*1)における同族関係者	氏名（会社名）	住所（会社所在地）	保有議決権数及びその割合	
			(c) (c)／(a)	個 ％

3　認定中小企業者等について

主たる事業内容		
贈与認定申請基準日（合併効力発生日等）（株式交換効力発生日等）における資本金の額又は出資の総額		円
臨時贈与報告基準日における資本金の額又は出資の総額		円
贈与認定申請基準日（合併効力発生日等）（株式交換効力発生日等）と比して減少した場合にはその理由		
贈与認定申請基準日（合併効力発生日等）（株式交換効力発生日等）における準備金の額		円
臨時贈与報告基準日における準備金の額		円
贈与認定申請基準日（合併効力発生日等）（株式交換効力発生日等）と比して減少した場合にはその理由		
認定に係る贈与の時の常時使用する従業員の数	贈与の時	贈与の時の100分の80の数
	(a)　　　　　　　　　　人	(a) × 80/100 人
臨時贈与雇用判定期間内に存する贈与報告基準日及び当該贈与報告基準日における常時使用する従業員の数並びに常時使用する従業員の数の平均	年　　月　　日	人
	年　　月　　日	人
	年　　月　　日	人
	年　　月　　日	人
	常時使用する従業員の数の平均	人
臨時贈与報告基準期間における代表者の氏名	年　月　日から　年　月　日まで	
	年　月　日から　年　月　日まで	
	年　月　日から　年　月　日まで	

2 相続税の納税猶予への切替え

臨時贈与報告基準事業年度（　年　月　日から　年　月　日まで）における特定資産等に係る明細表					
種別		内容	利用状況	帳簿価額	運用収入
有価証券	特別子会社の株式又は持分（(*2)を除く。）			(1)　　　円	(12)　　　円
	資産保有型子会社又は資産運用型子会社に該当する特別子会社の株式又は持分（*2）			(2)　　　円	(13)　　　円
	特別子会社の株式又は持分以外のもの			(3)　　　円	(14)　　　円
不動産	現に自ら使用しているもの			(4)　　　円	(15)　　　円
	現に自ら使用していないもの			(5)　　　円	(16)　　　円
ゴルフ場その他の施設の利用に関する権利	事業の用に供することを目的として有するもの			(6)　　　円	(17)　　　円
	事業の用に供することを目的としないで有するもの			(7)　　　円	(18)　　　円
絵画、彫刻、工芸品その他の有形の文化的所産である動産、貴金属及び宝石	事業の用に供することを目的として有するもの			(8)　　　円	(19)　　　円
	事業の用に供することを目的としないで有するもの			(9)　　　円	(20)　　　円
現金、預貯金等	現金及び預貯金その他これらに類する資産			(10)　　　円	(21)　　　円
	経営承継受贈者及び当該経営承継受贈者に係る同族関係者等（施行規則第1条第13項第2号ホに掲げる者をいう。）に対する貸付金及び未収金その他これらに類する資産			(11)　　　円	(22)　　　円

特定資産の帳簿価額の合計額	(23)=(2)+(3)+(5)+(7)+(9)+(10)+(11) 円	特定資産の運用収入の合計額	(25)=(13)+(14)+(16)+(18)+(20)+(21)+(22) 円
資産の帳簿価額の総額	(24) 円	総収入金額	(26) 円
臨時贈与報告基準事業年度終了の日以前の5年間（贈与の日前の期間を除く。）に、経営承継受贈者及び当該経営承継受贈者に係る同族関係者に対して支払われた剰余金の配当等及び損金不算入となる給与の金額		剰余金の配当等	(27) 円
		損金不算入となる給与	(28) 円
特定資産の帳簿価額等の合計額が資産の帳簿価額等の総額に対する割合	(29)=((23)+(27)+(28))/((24)+(27)+(28)) ％	特定資産の運用収入の合計額が総収入金額に占める割合	(30)=(25)／(26) ％
会社法第108条第1項第8号に掲げる事項について定めがある種類の株式(*3)の発行の有無			有□　無□
(*3)を発行している場合にはその保有者	氏名（会社名）	住所（会社所在地）	
総収入金額（営業外収益及び特別利益を除く）			円

4　相続の開始の時における特別子会社について

区分			特定特別子会社に　該当／非該当	
会社名				
会社所在地				
主たる事業内容				
総株主等議決権数			(a)	個
株主又は社員	氏名（会社名）	住所（会社所在地）	保有議決権数及びその割合	
			(b)	個
			(b)／(a)	％

(備考)
① 用紙の大きさは、日本工業規格 A4 とする。
② 記名押印については、署名をする場合、押印を省略することができる。
③ 報告書の写し及び施行規則第 12 条第 12 項各号に掲げる書類を添付する。
④ 本様式における第一種特別贈与認定中小企業者に係る規定は、第二種特別贈与認定中小企業者、第一種特例贈与認定中小企業者及び第二種特例贈与認定中小企業者について準用する。なお、本様式において「認定中小企業者」、「経営承継受贈者」、「経営承継贈与者」、「贈与認定申請基準日」、「臨時贈与報告基準日」、「臨時贈与報告基準期間」又は「臨時贈与報告基準事業年度」とある場合は、報告者の種別に合わせてそれぞれ対応する語句に読み替えるものとする。
⑤ 報告者が資産保有型会社又は資産運用型会社に該当する場合において、第 1 号及び第 2 号に該当する場合であって、同項第 3 号イからハまでに掲げるいずれかの業務をしているときには、その旨を証する書類を添付する。
⑥ 臨時贈与報告基準事業年度終了の日において報告者に特別子会社がある場合にあっては特別子会社に該当する旨を証する書類、当該特別子会社が資産保有型子会社又は資産運用型子会社に該当しないとき（第 6 条第 2 項第 1 号及び第 2 号に該当する場合であって、同項第 3 号イからハまでに掲げるいずれかの業務をしているときを含む。）には、その旨を証する書類を添付する。
⑦ 報告者の経営承継受贈者が当該報告者の代表者でない場合（その代表権を制限されている場合を含む。）又は経営承継贈与者が当該報告者の代表者若しくは役員（代表者を除き、当該報告者から給与（債務の免除による利益その他の経済的な利益を含む。）の支給を受けた役員に限る。）となった場合であって、当該経営承継受贈者が施行規則第 9 条第 10 項各号のいずれかに該当するに至っていたときには、その旨を証する書類を添付する。

(記載要領)
① 報告者が株式交換等により第一種特別贈与認定中小企業者たる地位を承継した株式交換完全親会社等である場合にあっては、「臨時贈与報告基準日における常時使用する従業員の数」については、第一種特別贈与認定中小企業者の常時使用する従業員の数に株式交換完全子会社等（承継前に第一種特別贈与認定中小企業者だったものに限る。）の常時使用する従業員の数を加算した数を記載する。
② 単位が「％」の欄は小数点第 1 位までの値を記載する。

③ 「認定に係る贈与の時の常時使用する従業員の数」の贈与の時の100分の80の数は、その数に一人未満の端数があるときは、その端数を切り捨てた数とする。
④ 「臨時贈与雇用判定期間内に存する贈与報告基準日及び当該贈与報告基準日における常時使用する従業員の数及び常時使用する従業員の数の平均」については、臨時贈与雇用判定期間（認定に係る贈与税申告期限の翌日から経営承継贈与者の死亡の日の前日までの期間）内に存する贈与報告基準日及び当該基準日における常時使用する従業員の数及びそれぞれの贈与報告基準日における常時使用する従業員の数を当該基準日の数で除して計算した数（その数に一人未満の端数があるときは、その端数を切り捨てた数とする。）を記載する。
⑤ 「臨時贈与報告基準期間における代表者の氏名」については、臨時贈与報告基準期間内に代表者の就任又は退任があった場合には、すべての代表者の氏名をその就任又は退任のあった期間ごとに記載する。
⑥ 「臨時贈与報告基準事業年度（　年　月　日から　年　月　日まで）における特定資産等に係る明細表」については、臨時贈与報告基準事業年度に該当する事業年度が複数ある場合には、その事業年度ごとに同様の表を記載する。「特定資産」又は「運用収入」については、該当するものが複数ある場合には同様の欄を追加して記載する。（の規定によりそれぞれに該当しないものとみなされた場合には空欄とする。）
⑦ 「損金不算入となる給与」については、法人税法第34条及び第36条の規定により報告者の各事業年度の所得の金額の計算上損金の額に算入されないこととなる給与（債務の免除による利益その他の経済的な利益を含む。）の額を記載する。（の規定によりそれぞれに該当しないものとみなされた場合には空欄とする。）
⑧ 「(*3)を発行している場合にはその保有者」については、申請者が会社法第108条第1項第8号に掲げる事項について定めがある種類の株式を発行している場合に記載し、該当する者が複数ある場合には同様の欄を追加して記載する。
⑨ 「総収入金額（営業外収益及び特別利益を除く）」については、会社計算規則（平成18年法務省令第13号）第88条第1項第4号に掲げる営業外収益及び同項第6号に掲げる特別利益を除いて記載する。「臨時贈与報告基準日(*1)における」については経営承継贈与者の相続の開始の直前における状況を、「臨時贈与報告基準日(*1)までに」については経営承継贈与者の相続の開始の直前までの状況を、それぞれ記載する。
⑩ 「同族関係者」については、該当する者が複数ある場合には同様の欄を追加し

て記載する。
⑪ 「特別子会社」については、臨時贈与報告基準期間中において報告者に特別子会社がある場合に記載する。なお、特別子会社が複数ある場合には、それぞれにつき記載する。「株主又は社員」が複数ある場合には、同様の欄を追加して記載する。

様式第17

施行規則第13条第2項の規定による確認申請書

年　月　日

都道府県知事　殿

　　　　　　　　　　　　　　　郵　便　番　号
　　　　　　　　　　　　　　　会　社　所　在　地
　　　　　　　　　　　　　　　会　　社　　名
　　　　　　　　　　　　　　　電　話　番　号
　　　　　　　　　　　　　　　代表者の氏名　　　　　　　　㊞

　中小企業における経営の承継の円滑化に関する法律施行規則第13条第1項（当該規定が準用される場合を含む。）の規定により、以下の確認を受けたいので、下記のとおり申請します。

記

1　申請者の種別について

申請者の種別	□第一種特別贈与認定中小企業者 □第一種特例贈与認定中小企業者	□第二種特別贈与認定中小企業者 □第二種特例贈与認定中小企業者
認定年月日及び番号		年　月　日（　　　号）

2　経営承継受贈者について

臨時贈与報告基準日(*1)における総株主等議決権数	(a)	個
氏名		
住所		
経営承継贈与者の相続の開始の直前における経営承継贈与者との関係	□直系卑属 □直系卑属以外の親族 □親族外	

2 相続税の納税猶予への切替え

経営承継贈与者の相続の開始の時における同族関係者との保有議決権数の合計及びその割合		(b)+(c)	個
		((b)+(c))／(a)	％
経営承継贈与者の相続の開始の時における保有議決権数及びその割合		(b)	個
		(b)／(a)	％
経営承継贈与者の相続の開始の日における同族関係者	氏名（会社名）	住所（会社所在地）	保有議決権数及びその割合
			(c) 個
			(c)／(a) ％

3 認定中小企業者について

主たる事業内容	
資本金の額又は出資の総額	円
経営承継贈与者（当該認定中小企業者の認定贈与株式を法第12条第1項の認定に係る贈与をした経営承継受贈者のうち最も古い時期に当該認定中小企業者の認定贈与株式を法第12条第1項の認定に係る受贈をした者に、贈与をした者。以下同じ。）の相続の開始の日	年　　月　　日

経営承継贈与者の相続の開始の時における常時使用する従業員の数		(a)+(b)+(c)-(d) 人
	厚生年金保険の被保険者の数	(a) 人
	厚生年金保険の被保険者ではなく健康保険の被保険者である者の数	(b) 人
	厚生年金保険・健康保険のいずれの被保険者でもない従業員の数	(c) 人
	役員（使用人兼務役員を除く。）の数	(d) 人

経営承継贈与者の相続の開始の日の翌日の属する事業年度の直前の事業年度（　　年　　月　　日から　　年　　月　　日まで）における特定資産等に係る明細表

	種別	内容	利用状況	帳簿価額	運用収入
有価証券	特別子会社の株式又は持分((*2)を除く。)			(1) 円	(12) 円
	資産保有型子会社又は資産運用型子会社に該当する特別子会社の株式又は持分(*2)			(2) 円	(13) 円
	特別子会社の株式又は持分以外のもの			(3) 円	(14) 円

不動産	現に自ら使用しているもの			(4) 円	(15) 円
	現に自ら使用していないもの			(5) 円	(16) 円
ゴルフ場その他の施設の利用に関する権利	事業の用に供することを目的として有するもの			(6) 円	(17) 円
	事業の用に供することを目的としないで有するもの			(7) 円	(18) 円
絵画、彫刻、工芸品その他の有形の文化的所産である動産、貴金属及び宝石	事業の用に供することを目的として有するもの			(8) 円	(19) 円
	事業の用に供することを目的としないで有するもの			(9) 円	(20) 円
現金、預貯金等	現金及び預貯金その他これらに類する資産			(10) 円	(21) 円
	経営承継受贈者及び当該経営承継受贈者に係る同族関係者等（施行規則第1条第13項第2号ホに掲げる者をいう。）に対する貸付金及び未収金その他これらに類する資産			(11) 円	(22) 円
特定資産の帳簿価額の合計額	(23)=(2)+(3)+(5)+(7)+(9)+(10)+(11) 円		特定資産の運用収入の合計額	(28)=(13)+(14)+(16)+(18)+(20)+(21)+(22) 円	
資産の帳簿価額の総額	(24) 円		総収入金額	(29) 円	
経営承継贈与者の相続の開始の日の翌日の属する事業年度の直前の事業年度終了の日以前の5年間（贈与の日前の期間を除く。）に経営承継受贈者及び当該経営承継受贈者に係る同族関係者に対して支払われた剰余金の配当等及び損金不算入となる給与の金額			剰余金の配当等	(25) 円	
			損金不算入となる給与	(26) 円	

2 相続税の納税猶予への切替え

特定資産の帳簿価額等の合計額が資産の帳簿価額等の総額に対する割合	(27)=((23)+(25)+(26))/((24)+(25)+(26))　　　　%	特定資産の運用収入の合計額が総収入金額に占める割合	(30)=(28)/(29)　　　　%
会社法第108条第1項第8号に掲げる事項について定めがある種類の株式(*3)の発行の有無			有□　無□
(*3)を発行している場合にはその保有者	氏名（会社名）		住所（会社所在地）
総収入金額（営業外収益及び特別利益を除く。）			円

4　相続の開始の時における特別子会社について

区分		特定特別子会社に 該当／非該当	
会社名			
会社所在地			
主たる事業内容			
総株主等議決権数		(a)　　　　個	
株主又は社員	氏名（会社名）	住所（会社所在地）	保有議決権数及びその割合
			(b)　　　　個 (b)／(a)　　　　%

(備考)
① 用紙の大きさは、日本工業規格 A4 とする。
② 記名押印については、署名をする場合、押印を省略することができる。
③ 本様式における第一種特別贈与認定中小企業者に係る規定は、第二種特別贈与認定中小企業者、第一種特例贈与認定中小企業者及び第二種特例贈与認定中小企業者について準用する。なお、本様式において「認定中小企業者」、「経営承継受贈者」、「経営承継贈与者」又は「認定贈与株式」とある場合は、報告者の種別に合わせてそれぞれ対応する語句に読み替えるものとする。
④ 報告書の写し及び施行規則第 13 条第 2 項各号に掲げる書類を添付する。
⑤ 報告者が資産保有型会社又は資産運用型会社に該当する場合において、施行規則第 6 条第 2 項第 1 号及び第 2 号に該当する場合であって、同項第 3 号イからハまでに掲げるいずれかの業務をしているときには、その旨を証する書類を添付する。
⑥ 経営承継贈与者（当該経営承継贈与者が当該第一種特別贈与認定中小企業者の経営承継受贈者へ認定贈与株式を法第 12 条第 1 項の認定に係る贈与をする前に、当該第一種特別贈与認定中小企業者の認定贈与株式を法第 12 条第 1 項の認定に係る受贈をしている場合にあっては、当該第一種特別贈与認定中小企業者の認定贈与株式を法第 12 条第 1 項の認定に係る贈与をした経営承継受贈者のうち最も古い時期に当該第一種特別贈与認定中小企業者の認定贈与株式を法第 12 条第 1 項の認定に係る受贈をした者に、贈与をした者。）の相続の開始の日の翌日の属する事業年度の直前の事業年度終了の日において報告者に特別子会社がある場合にあっては特別子会社に該当する旨を証する書類、当該特別子会社が資産保有型子会社又は資産運用型子会社に該当しないとき（施行規則第 6 条第 2 項第 1 号及び第 2 号に該当する場合であって、同項第 3 号イからハまでに掲げるいずれかの業務をしているときを含む。）には、その旨を証する書類を添付する。

(記載要領)
① 単位が「％」の欄は小数点第 1 位までの値を記載する。
② 「特定資産等」又は「運用収入」については、該当するものが複数ある場合には同様の欄を追加して記載する。（施行規則第 6 条第 2 項の規定によりそれぞれに該当しないものとみなされた場合には空欄とする。）
③ 「損金不算入となる給与」については、法人税法第 34 条及び第 36 条の規定に

より申請者の各事業年度の所得の金額の計算上損金の額に算入されないこととなる給与（債務の免除による利益その他の経済的な利益を含む。）の額を記載する。（施行規則第6条第2項の規定によりそれぞれに該当しないものとみなされた場合には空欄とする。）
④ 「同族関係者」については、該当する者が複数ある場合には同様の欄を追加して記載する。
⑤ 「(*3)を発行している場合にはその保有者」については、申請者が会社法第108条第1項第8号に掲げる事項について定めがある種類の株式を発行している場合に記載し、該当する者が複数ある場合には同様の欄を追加して記載する。
⑥ 「総収入金額（営業外収益及び特別利益を除く。）」については、会社計算規則（平成18年法務省令第13号）第88条第1項第4号に掲げる営業外収益及び同項第6号に掲げる特別利益を除いて記載する。
⑦ 「特別子会社」については、相続の開始の時において申請者に特別子会社がある場合に記載する。なお、特別子会社が複数ある場合には、それぞれにつき記載する。「株主又は社員」が複数ある場合には、同様の欄を追加して記載する。

第2章　5　その他の申請様式・申請窓口

3　各都道府県の申請窓口

【平成30年7月現在】

都道府県名 郵便番号	部署名 住　所	電話番号
北海道	経済部地域経済局中小企業課	011-204-5331
〒060-8588	北海道札幌市中央区北3条西6丁目	
青森県	商工労働部地域産業課創業支援グループ	017-734-9374
〒030-8570	青森県青森市長島1丁目1番1号	
岩手県	商工労働観光部経営支援課	019-629-5542
〒020-8570	岩手県盛岡市内丸10番1号	
宮城県	経済商工観光部中小企業支援室	022-211-2742
〒980-8570	宮城県仙台市青葉区本町3丁目8番1号	
秋田県	産業労働部産業政策課	018-860-2215
〒010-8572	秋田県秋田市山王3丁目1番1号	
山形県	商工労働部中小企業振興課	023-630-2359
〒990-8570	山形県山形市松波2丁目8番1号	
福島県	商工労働部経営金融課	024-521-7288
〒960-8670	福島県福島市杉妻町2番16号	
茨城県	産業戦略部中小企業課	029-301-3560
〒310-8555	茨城県水戸市笠原町978番6	
栃木県	産業労働観光部経営支援課	028-623-3173
〒320-8501	栃木県宇都宮市塙田1丁目1番20号	
群馬県	産業経済部商政課	027-226-3339
〒371-8570	群馬県前橋市大手町1丁目1番1号	
埼玉県	産業労働部産業支援課	048-830-3910
〒330-9301	埼玉県さいたま市浦和区高砂3丁目15番1号	
千葉県	商工労働部経営支援課	043-223-2712
〒260-8667	千葉県千葉市中央区市場町1番1号	
東京都	産業労働局商工部経営支援課	03-5320-4785
〒163-8001	東京都新宿区西新宿2丁目8番1号	
神奈川県	産業労働局中小企業部中小企業支援課 （かながわ中小企業成長支援ステーション）	046-235-5620
〒243-0435	神奈川県海老名市下今泉705番地1 県立産業技術総合研究所2階	

3 各都道府県の申請窓口

都道府県名 郵便番号	部署名 住　所	電話番号
新潟県	産業労働観光部産業政策課経営支援室	025-280-5235
〒950-8570	新潟県新潟市中央区新光町4番地1	
富山県	商工労働部経営支援課	076-444-3248
〒930-8501	富山県富山市新総曲輪1番7号	
石川県	商工労働部経営支援課	076-225-1522
〒920-8580	石川県金沢市鞍月1丁目1番地	
山梨県	産業労働部企業立地・支援課	055-223-1541
〒400-8501	山梨県甲府市丸の内1丁目6番1号	
長野県	産業労働部産業立地・経営支援課	026-235-7195
〒380-8570	長野県長野市大字南長野字幅下692番2号	
岐阜県	商工労働部商業・金融課	058-272-8389
〒500-8570	岐阜県岐阜市薮田南2丁目1番1号	
静岡県	経済産業部商工業局経営支援課	054-221-2807
〒420-8601	静岡県静岡市葵区追手町9番6号	
愛知県	産業労働部中小企業金融課	052-954-6332
〒460-8501	愛知県名古屋市中区三の丸3丁目1番2号	
三重県	雇用経済部中小企業・サービス産業振興課	059-224-2447
〒514-8570	三重県津市広明町13番地	
福井県	産業労働部産業政策課章規模企業応援室	0776-20-0367
〒910-8580	福井県福井市大手3丁目17番1号	
滋賀県	商工観光労働部中小企業支援課	077-528-3732
〒520-8577	滋賀県第津市京町4丁目1番1号	
京都府	商工労働観光部ものづくり振興課	075-414-4851
〒602-8570	京都府京都市上京区下立売通新町西入薮ノ内町	
大阪府	商工労働部中小企業支援室経営支援課	06-6210-9490
〒559-8555	大阪市住之江区南港北1丁目14番16号咲洲庁舎25階	
兵庫県	産業労働部産業振興局経営商業課	078-362-3313
〒650-8567	兵庫県神戸市中央区下山手通5丁目10番1号	
奈良県	産業振興総合センター創業・経営支援部経営支援課	0742-33-0817
〒630-8031	奈良県奈良市柏木町129番地1号	
和歌山県	商工観光労働部商工労働政策局商工振興課	073-441-2740
〒640-8585	和歌山県和歌山市小松原通1丁目1番	
鳥取県	商工労働部企業支援課	0857-26-7453
〒680-8570	鳥取県鳥取市東町1丁目220番地	

第2章 5 その他の申請様式・申請窓口

都道府県名 郵便番号	部署名 住　所	電話番号
島根県	商工労働部中小企業課	0852-22-5288
〒690-8501	島根県松江市殿町1番地	
岡山県	産業労働部経営支援課	086-226-7353
〒700-8570	岡山県岡山市北区内山下2丁目4番6号	
広島県	商工労働局経営革新課	082-513-3370
〒730-8511	広島県広島市中区基町10番52号	
山口県	商工労働部経営金融課	083-933-3185
〒753-8501	山口県山口市滝町1番1号	
徳島県	商工労働観光部商工政策課	088-621-2322
〒770-8570	徳島県徳島市万代町1丁目1番地	
香川県	商工労働部経営支援課	087-832-3345
〒760-8570	香川県高松市番町四丁目1番10号	
愛媛県	経済労働部産業支援局経営支援課	089-912-2480
〒790-8570	愛媛県松山市一番町4丁目4番2号	
高知県	商工労働部経営支援課	088-823-9697
〒780-8570	高知県高知市丸ノ内1丁目2番20号	
福岡県	商工部中小企業振興課	092-643-3425
〒812-8577	福岡県福岡市博多区東公園7番7号	
佐賀県	産業労働部経営支援課	0952-25-7182
〒840-8570	佐賀県佐賀市城内1丁目1番59号	
長崎県	産業労働部経営支援課	095-895-2616
〒850-8570	長崎県長崎市尾上町3番1号	
熊本県	商工観光労働部商工労働局商工振興金融課（製造業以外）	096-333-2316
	商工観光労働部新産業振興局産業支援課（製造業）	096-333-2319
〒862-8570	熊本県熊本市中央区水前寺6丁目18番1号	
大分県	商工労働部経営創造・金融課	097-506-3226
〒870-8501	大分県大分市大手町3丁目1番1号	
宮崎県	商工観光労働部商工政策課経営金融支援室	0985-26-7097
〒880-8501	宮崎県宮崎市橘通東2丁目10番1号	
鹿児島県	商工労働水産部経営金融課	099-286-2944
〒890-8577	鹿児島県鹿児島市鴨池新町10番1号	
沖縄県	商工労働部中小企業支援課	098-866-2343
〒900-8570	沖縄県那覇市泉崎1丁目2番2号	

第3章

手続上の留意点・認定申請書の記載事例

1 手続上の留意点

(1) 一般納税猶予制度との手続の相違

特例納税猶予制度の適用手続は、一般納税猶予制度における適用手続と基本的には同様となります。

ただし、特例納税猶予制度に規定されている「特例認定承継会社」としての認定を受けるためには、「特例承継計画」を作成し、その計画書を都道府県庁に提出することが追加されています。

(2) 「特例承継計画」の提出期限

「特例承継計画」の提出期限は平成35年（2023年）3月31日までとされていますが、都道府県知事に「特例認定承継会社」として認定申請する前、若しくは認定申請と同時に、この「特例承継計画」を提出する必要があります。

また、認定申請前（相続税・贈与税の申告期限の2か月前）であれば、「特例承継計画」の提出は株式の相続・贈与の前後は問わないため、平成30年1月から3月までの相続・贈与についても、その後に「特例承継計画」を提出すれば特例納税猶予制度の適用を受けるこができます。

(3) 特例納税猶予制度の適用が未定の場合

平成35年（2023年）3月31日までに「特例承継計画」の提出した場合において、結果として特例納税猶予制度の適用期間内（平成30年1月1日から平成39年（2027年）12月31日）に相続・贈与がなかったとしても、デメリットはありません。

そのため、少しでも特例納税猶予制度の適用を受ける可能性があれば、とりあえず「特例承継計画」は提出しておくべきであると考えます。

(4)「特例承継計画」に記載した後継者を変更等する場合の手続

「特例承継計画」に記載した後継者を変更・追加する場合には、「特例承継計画」を変更し都道府県庁で確認を受けなければなりません。後継者以外に、事業承継までの経営課題や、事業承継後の5年間で取り組む事業計画を変更した場合には、任意で変更の確認を受けることが可能です。

なお、当初の計画で具体的な事業計画が記載されていなかった場合には、それを具体化するための計画変更の手続きを行うことが求められます。

(5) 株式の贈与等を受けていない後継者は変更可能

後継者が特例納税猶予制度の適用を受けた後は、その後継者を変更することはできませんが、「特例承継計画」に複数の後継者が記載されている場合において、まだ株式の贈与等を受けていない後継者に限り、変更は可能となります。

(6) 認定支援機関と顧問税理士との関係

認定支援機関であれば、顧問税理士であっても差し支えありません。

また、認定支援機関である他に要件・制限はないため、会社の本店がある都道府県以外に所在する認定支援機関であっても認められます。

なお、計画の変更に当たり、当初の計画作成において指導・助言した認定支援機関と異なる機関がその変更に係る計画の指導・助言をすることも認められています。

(7)「認定申請書」は、贈与者・受贈者等ごとに提出

「先代経営者甲」が株式を「後継者A」に贈与した後に、「甲の配偶者

乙」から「後継者A」に追加で株式の贈与があった場合には、「先代経営者甲」から「後継者A」の贈与について認定を受けていたとしても、「甲の配偶者乙」から「後継者A」の贈与について「認定申請書」の提出が必要になります。

株式の贈与（順序）			特例承継計画	認定申請書
当初	先代経営者甲 ⇨	後継者A	提出が必要	提出が必要
その後	甲の配偶者乙 ⇨	後継者A	提出が必要	提出が必要

ただし、「特例承継計画」には、先代経営者と複数の後継者を記載する欄はありますが、先代経営者以外の贈与者等の記載欄はありません。

したがって、「先代経営者甲」から「後継者A」への株式の贈与について「特例承継計画」を提出すればよく、その後、「甲の配偶者乙」から株式の贈与を受ける際に「特例承継計画」を再度提出することは不要となります。

(8) 先代経営者以外の贈与が先に行われた場合

例えば、上記(7)において、「先代経営者甲」から「後継者A」への株式の贈与の前に、「甲の配偶者乙」から「後継者A」に株式の贈与があった場合には、「甲の配偶者乙」から「後継者A」に株式の贈与に対し特例納税猶予制度の適用はありません。

特例納税猶予制度は、「先代経営者」からの贈与があった後に、「その他の株主」からの贈与等について特例納税猶予制度が認められています。

(9) 「その他の株主」からの贈与の対象期間

先代経営者以外の配偶者等である「その他の株主」からの贈与は、先代経営者からの贈与等の日以後、その贈与等に係る認定の有効期間内（その贈与等に係る申告期限から5年）に贈与等の申告期限が到来するものが

対象になります。特例納税猶予制度が適用される期間は平成39年（2027年）12月31日までの贈与等とされていますが、例えば、先代経営者からの贈与が平成39年（2027年）に行われた場合であれば、「その他の株主」が平成44年（2032年）までに贈与を行えば、その贈与等は特例納税猶予制度の適用を受けることができます。

なお、その平成44年（2032年）年までに行う「その他の株主」からの贈与等については、「特例承継計画書」の再提出は不要ですが、「認定申請書」の提出は必要となります。

（10）既に一般納税猶予制度の適用を受けた後継者は特例納税猶予制度不適用

後継者が既に一般納税猶予制度の適用を受けている場合には、特例納税猶予制度の適用を受けることはできません。

（11）代表権が複数ある場合

先代経営者は贈与に際し代表権を有していないこと、また、後継者は贈与の際に代表権を有していることなどが特例納税猶予制度を受けるための要件とされていますが、先代経営者や後継者以外に代表権を有している者がいる場合であっても、後継者は特例の適用を受けることができます。

(12) 複数後継者への贈与と納税猶予の対象

　同じ贈与者（先代経営者及び先代経営者以外の株主）からの贈与は、後継者が異なる場合においても、納税猶予の対象となるのは原則1回限りとなります。

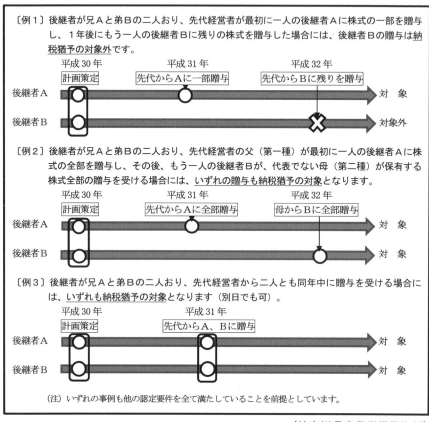

（神奈川県産業労働局資料）

(13) 税理士法人等の持分は対象外

　一般的な株式会社以外の医療法人・社会福祉法人等は、事業承継税制の対象外となります。

　中小企業基本法における「会社」とは、会社法上の会社だけでなく、

税理士法人等の士業法人もその「会社」の範囲に含まれているものと解されています。

しかし、事業承継税制の対象となる株式に係る「会社」は、会社法上の会社を指すと解されるため、株式会社等の株式が対象となり、医療法人や税理士法人等の士業法人の持分は対象となりません。

> ＜事業承継税制の適用対象法人＞
> 株式会社・合名会社・合資会社・合同会社等
> ＜適用対象外＞
> 医療法人・社会福祉法人・税理士法人等

※ 参考（ＦＡＱ「中小企業の定義について」（中小企業庁）
Ｑ２：中小企業基本法上の「会社」の定義を教えてください。
　　会社法上の会社を指すものと解しています。
　　また、下記の士業法人は、会社法の合名会社の規定を準用して実質的に会社形態をとっていると認められることから、中小企業基本法に規定する「会社」の範囲に含むものとして解しています。具体的には、以下のとおりです。

会社法上の会社等	株式会社 合名会社 合資会社 合同会社 （特例）有限会社（会社法の施行に伴う関係法律の整備等に関する法律）
士業法人	弁護士法に基づく弁護士法人 公認会計士法に基づく監査法人 税理士法に基づく税理士法人 行政書士法に基づく行政書士法人 司法書士法に基づく司法書士法人 弁理士法に基づく特許業務法人 社会保険労務士法に基づく社会保険労務士法人 土地家屋調査士法に基づく土地家屋調査士法人

2 認定申請書の記載事例

(1) 事例の概要（時系列）

特例承継計画の確認申請書の提出	2018 年 9 月 5 日
都道府県知事による特例承継計画の確認	2018 年 10 月 17 日
先代経営者からの株式の贈与	2018 年 10 月 29 日
第一種贈与認定中小企業者に係る認定申請書の提出	2018 年 11 月 15 日
都道府県知事による円滑化法の認定	2019 年 1 月 31 日
贈与税（納税猶予）の申告手続等	2019 年 3 月 15 日
先代経営者以外の株主からの株式の贈与	2019 年 7 月 1 日
第二種贈与認定中小企業者に係る認定申請書の提出	2019 年 7 月 10 日

(2) 特例承継計画の確認申請書

特例納税猶予制度の適用を受けるため、2018年9月5日に東京都知事に対して「特例承継計画の確認申請書」を提出しました。

なお、この確認申請書は、中小企業庁の「製造業」の記載例を改訂して作成しています。

様式第21

施行規則第17条第2項の規定による確認申請書
（特例承継計画）

2018年9月5日

東京都知事　殿

郵便番号　101-●●●●
会社所在地　東京都千代田区外神田●-●-●
会　社　名　中小鋳造株式会社
電話番号　03-●●●●-●●●●
代表者の氏名　中小　一郎　　㊞

　中小企業における経営の承継の円滑化に関する法律施行規則第17条第1項第1号の確認を受けたいので、下記のとおり申請します。

記

1　会社について

主たる事業内容	銑鉄鋳物製造業
資本金額又は出資の総額	50,000,000 円
常時使用する従業員の数	9 人

2　特例代表者について

特例代表者の氏名	中小　太郎
代表権の有無	□有　☑無（退任日　2016年5月26日）

3　特例後継者について

特例後継者の氏名（1）	中小　一郎
特例後継者の氏名（2）	
特例後継者の氏名（3）	

4 特例代表者が有する株式等を特例後継者が取得するまでの期間における経営の計画について

株式を承継する時期（予定）	2018年10月
当該時期までの経営上の課題	⇨ 工作機械向けパーツを中心に需要は好調だが、原材料の値上がりが続き、売上高営業利益率が低下している。 ⇨ また、人手不足問題は大きな課題であり、例年行っている高卒採用も応募が減ってきている。発注量に対して生産が追いつかなくなっており、従業員が残業をして対応している。今年からベトナム人研修生の受け入れを開始したが、まだ十分な戦力とはなっていない。
当該課題への対応	⇨ 原材料値上がりに伴い、発注元との価格交渉を継続的に行っていく。合わせて、平成30年中に予定している設備の入れ替えによって、生産効率を上げコストダウンを図っていく。 ⇨ 人材確保のため地元高校での説明会への参加回数を増やし、リクルート活動を積極的に行う。またベトナム人研修生のスキルアップのために、教育体制を見直すとともに、5Sの徹底を改めて行う。

5 特例後継者が株式等を承継した後5年間の経営計画

実施時期	具体的な実施内容
1年目	・ 設計部門を増強するとともに、導入を予定している新型CADを活用し、複雑な形状の製品開発を行えるようにすることで、製品提案力を強化し単価の向上を図る。 ・ 海外の安価な製品との競争を避けるため、BtoBの工業用品だけではなく、鋳物を活用したオリジナルブランド商品の開発（BtoC）に着手する。 ・ 生産力強化のため、新工場建設計画を策定。用地選定を開始する。

2年目	・ 新工場用の用地を決定、取引先、金融機関との調整を行う。 ・ 電気炉の入れ替えを行い、製造コストの低下を図る。 ・ オリジナルブランド開発について一定の結論を出し、商品販売を開始する。
3年目	・ 新工場建設着工を目指す。 ・ 3年目を迎える技能実習生の受け入れについて総括を行い、人材採用の方向性について議論を行う。
4年目	・ 新工場運転開始を目指すとともに、人員配置を見直す。増員のための採用方法については要検討。 ・ 少数株主からの株式の買い取りを達成する。
5年目	・ 新工場稼働による効果と今後の方向性についてレビューを行う。

(備考)
① 用紙の大きさは、日本工業規格 A4 とする。
② 記名押印については、署名をする場合、押印を省略することができる。
③ 申請書の写し(別紙を含む)及び施行規則第17条第3項各号に掲げる書類を添付する。
④ 別紙については、中小企業等経営強化法に規定する認定経営革新等支援機関が記載する。

(記載要領)
① 「2 特例代表者」については、本申請を行う時における申請者の代表者(代表者であった者を含む。)を記載する。
② 「3 特例後継者」については、該当するものが一人又は二人の場合、後継者の氏名 (2) の欄又は (3) の欄は空欄とする。
③ 「4 特例代表者が有する株式等を特例後継者が取得するまでの期間における経営の計画」については、株式等を特例

（別紙）

認定経営革新等支援機関による所見等

1　認定経営革新等支援機関の名称等

認定経営革新等支援機関の名称	●●商工会議所　㊞
（機関が法人の場合）代表者の氏名	中小企業相談所長　△△　△△
住所又は所在地	東京都千代田区丸の内●－●－●

2　指導・助言を行った年月日
　　2018年8月21日

3　認定経営革新等支援機関による指導・助言の内容

大半の株式は先代経営者である会長が保有しているが、一部現経営者の母、伯父家族に分散しているため、贈与のみならず買い取りも行って、安定した経営権を確立することが必要。

原材料の値上げは収益力に影響を与えているため、業務フローの改善によりコストダウンを行うとともに、商品の納入先と価格交渉を継続的に行っていくことが必要。原材料価格の推移をまとめ、値上げが必要であることを説得力を持って要求する必要がある。

新工場建設については、取引先の増産に対応する必要があるか見極める必要あり。最終商品の需要を確認するとともに、投資計画の策定の支援を行っていく。

なお、税務面については顧問税理士と対応を相談しながら取り組みを進めていくことを確認した。

(3) 第一種贈与認定中小企業者に係る認定申請書（先代経営者からの贈与）

　2018年10月17日の特例承継計画の確認を受け、同年10月29日に先代経営者（中小太郎）は子である特例後継者（中小一郎）に対し中小鋳造株式会社の株式の贈与を行いました。

　その後、同年11月15日に東京都知事に対して「第一種贈与認定中小企業者に係る認定申請書」の提出をしました。

　なお、特定資産に係る明細表（別紙1）は原則記入が必要ですが、2017年度から、施行規則第6条第2項各号に掲げる要件（※）をすべて満たしている場合、その旨を証する書類を添付することで、特定資産等に係る明細表の(1)～(30)が記載不要となりました。

※　施行規則第6条第2項で規定する事業実態要件（概要）
①　親族外従業員が5人以上いること
②　本社、事業所、工場など従業員が勤務するための物件を所有していること又は賃借していること
③　贈与（相続）開始の日まで引き続いて3年以上にわたり次に掲げるいずれかの業務をしていること
　(イ)　商品販売等（商品の販売、資産の貸付又は役務の提供で、継続して対価を得て行われるもの、その商品の開発若しくは生産又は役務の開発を含む）
　　　ただし、資産の貸付けの相手方が「経営承継受贈者である場合」や「その同族関係者である場合」には、当該資産の貸付けは商品販売等の事業活動に該当しません。
　(ロ)　商品販売等を行うために必要となる資産（上記②の事務所等を除く）の所有又は賃貸
　(ハ)　上記（イ）及び（ロ）の業務に類するもの

　また、この認定申請書は、中小企業庁の一般納税猶予制度における「認定申請書（様式第7）」の記載例を参考に作成しています。

様式第7の3

第一種特例贈与認定中小企業者に係る認定申請書

2018年11月15日

東京都知事　殿

郵便番号　101-●●●●
会社所在地　東京都千代田区外神田●-●-●
会　社　名　中小鋳造株式会社
電話番号　03-●●●●-●●●●
代表者の氏名　中小　一郎　　㊞

　中小企業における経営の承継の円滑化に関する法律第12条第1項の認定（同法施行規則第6条第1項第11号の事由に係るものに限る。）を受けたいので、下記のとおり申請します。

記

1　特例承継計画の確認について

施行規則第17条第1項第1号の確認（施行規則第18条第1項又は第2項の変更の確認をした場合には変更後の確認）に係る確認事項	確認の有無		☑有 □無（本申請と併せて提出）
	「有」の場合	確認の年月日及び番号	2018年10月17日 （●●●号）
		特例代表者の氏名	中小　太郎
		特例後継者の氏名	中小　一郎

2　贈与者及び第一種特例経営承継受贈者について

贈与の日			2018年10月29日
第一種特例贈与認定申請基準日			2018年10月29日
贈与税申告期限			2019年3月15日
第一種特例贈与認定申請基準事業年度			2017年4月1日から 2018年3月31日まで
総株主等 議決権数	贈与の直前	(a)	1,000個
	贈与の時	(b)	1,000個

贈与者	氏名		中小 太郎		
	贈与の時の住所		東京都台東区上野●-●-●		
	贈与の時の代表者への就任の有無		□有 ☑無		
	贈与の時における過去の法第12条第1項の認定（施行規則第6条第1項第11号又は第13号の事由に係るものに限る。）に係る贈与の有無		□有 ☑無		
	代表者であった時期		1985年4月1日から 2016年5月26日		
	代表者であって、同族関係者と合わせて申請者の総株主等議決権数の100分の50を超える数を有し、かつ、いずれの同族関係者（第一種特例経営承継受贈者となる者を除く。）が有する議決権数をも下回っていなかった時期(*)		1985年4月1日から 2016年5月26日		
	(*)の時期における総株主等議決権数		(c)		1,000個
	(*)の時期における同族関係者との保有議決権数の合計及びその割合		(d)+(e) ((d)+(e))／(c)		1,000個 100%
		(*)の時期における保有議決権数及びその割合		(d) (d)／(c)	800個 80%
		(*)の時期における同族関係者	氏名（会社名）	住所（会社所在地）	保有議決権数及びその割合
			中小　花子	東京都台東区上野●-●-●	(e)　　　200個 (e)／(c)　20%
	贈与の直前における同族関係者との保有議決権数の合計及びその割合		(f)+(g) ((f)+(g))／(a)		1,000個 100%
		贈与の直前における保有議決権数及びその割合		(f) (f)／(a)	700個 70%
		贈与の直前における同族関係者	氏名（会社名）	住所（会社所在地）	保有議決権数及びその割合
			中小　花子	東京都台東区上野●-●-●	(g)　　　200個 (g)／(a)　20%
			中小　一郎	東京都文京区湯島●-●-●	(g)　　　100個 (g)／(a)　10%
	(*2)から(*3)を控除した残数又は残額		(i)-(j)		567株(円)
	贈与の直前の発行済株式又は出資（議決権の制限のない株式等に限る。）の総数又は総額 (*1)		(h)		1,000株(円)

	（*1）の３分の２（*2）		(i)=(h)×2/3	667 株(円)
	贈与の直前において第一種特例経営承継受贈者が有していた株式等の数又は金額（*3）		(j)	100 株(円)
	贈与の直前において贈与者が有していた株式等（議決権に制限のないものに限る。）の数又は金額			700 株(円)
	贈与者が贈与をした株式等（議決権の制限のないものに限る。）の数又は金額			700 株(円)
第一種特例経営承継受贈者	氏名		中小　一郎	
	住所		東京都文京区湯島●-●-●	
	贈与の日における年齢		39 歳	
	贈与の時における贈与者との関係		☑直系卑属 □直系卑属以外の親族 □親族外	
	贈与の時における代表者への就任の有無		☑有　□無	
	贈与の日前３年以上にわたる役員への就任の有無		☑有　□無	
	贈与の時における過去の法第12条第１項の認定（施行規則第６条第１項第７号又は第９号の事由に係るものに限る。）に係る受贈の有無		□有　☑無	
	贈与の時における同族関係者との保有議決権数の合計及びその割合		(k)+(l)+(m)　　　1,000個 ((k)+(l)+(m))／(b)　　100%	
	保有議決権数及びその割合	贈与の直前	(k)　　100個 (k)／(a)　　10%	贈与者から贈与により取得した数（*4）	(l)　　700個
		贈与の時	(k)+(l)　　800個 ((k)+(l))／(b)　　80%		
		（*4）のうち租税特別措置法第70条の７の５第１項の適用を受けようとする株式等に係る議決権の数（*5）		700個	
		（*5）のうち第一種特例贈与認定申請基準日までに譲渡した数		0個	
	贈与の時における同族関係者	氏名（会社名）	住所（会社所在地）	保有議決権数及びその割合	
		中小　花子	東京都台東区上野●-●-●	(m)　　200個 (m)／(b)　　20%	

3　贈与者が第一種特例経営承継受贈者へ第一種特例認定贈与株式を法第12条第1項の認定に係る贈与をする前に、当該認定贈与株式を法第12条第1項の認定に係る受贈をしている場合に記載すべき事項について

本申請に係る株式等の贈与が該当する贈与の類型	☑該当無し □第一種特別贈与認定株式再贈与　　□第二種特別贈与認定株式再贈与 □第一種特例贈与認定株式再贈与　　□第二種特例贈与認定株式再贈与			
	氏名	認定日	左記認定番号	左記認定を受けた株式数
第一種特例贈与認定中小企業者の認定贈与株式を法第12条第1項の認定に係る受贈をした者に、贈与をした者（当該贈与をした者が複数ある場合には、贈与した順にすべてを記載する。）				

（備考）
① 用紙の大きさは、日本工業規格 A4 とする。
② 記名押印については、署名をする場合、押印を省略することができる。
③ 申請書の写し（別紙1及び別紙2を含む）及び施行規則第7条第6項の規定により読み替えられた同条第2項各号に掲げる書類を添付する。
④ 「施行規則第17条第1項第1号の確認（施行規則第18条第1項又は第2項の変更の確認をした場合には変更後の確認）に係る確認事項」については、当該確認を受けていない場合には、本申請と併せて施行規則第17条第2項各号に掲げる書類を添付する。また、施行規則第18条第1項又は第2項に定める変更をし、当該変更後の確認を受けていない場合には、本申請と併せて同条第5項の規定により読み替えられた前条第2項に掲げる書類を添付する。
⑤ 施行規則第6条第2項の規定により申請者が資産保有型会社又は資産運用型会社に該当しないものとみなされた場合には、その旨を証する書類を添付する。
⑥ 第一種特例贈与認定申請基準事業年度終了の日において申請者に特別子会社がある場合にあっては特別子会社に該当する旨を証する書類、当該特別子会社が資産保有型子会社又は資産運用型子会社に該当しないとき（施行規則第6条第2項の規定によりそれぞれに該当しないものとみなされた場合を含む。）には、その旨

第3章　❷ 認定申請書の記載事例

を証する書類を添付する。

(記載要領)
① 単位が「％」の欄は小数点第1位までの値を記載する。
② 「贈与者から贈与により取得した数」については、贈与の時以後のいずれかの時において申請者が合併により消滅した場合にあっては当該合併に際して交付された吸収合併存続会社等の株式等（会社法第234条第1項の規定により競売しなければならない株式を除く。）に係る議決権の数、贈与の時以後のいずれかの時において申請者が株式交換等により他の会社の株式交換完全子会社等となった場合にあっては当該株式交換等に際して交付された株式交換完全親会社等の株式等（会社法第234条第1項の規定により競売しなければならない株式を除く。）に係る議決権の数とする。
③ 「認定申請基準事業年度における特定資産等に係る明細表」については、第一種特例贈与認定申請基準事業年度に該当する事業年度が複数ある場合には、その事業年度ごとに同様の表を記載する。「特定資産」又は「運用収入」については、該当するものが複数ある場合には同様の欄を追加して記載する。（施行規則第6条第2項の規定によりそれぞれに該当しないものとみなされた場合には空欄とする。）
④ 「損金不算入となる給与」については、法人税法第34条及び第36条の規定により申請者の各事業年度の所得の金額の計算上損金の額に算入されないこととなる給与（債務の免除による利益その他の経済的な利益を含む。）の額を記載する。（施行規則第6条第2項の規定によりそれぞれに該当しないものとみなされた場合には空欄とする。）
⑤ 「(*3)を発行している場合にはその保有者」については、申請者が会社法第108条第1項第8号に掲げる事項について定めがある種類の株式を発行している場合に記載し、該当する者が複数ある場合には同様の欄を追加して記載する。
⑥ 「総収入金額（営業外収入及び特別利益を除く。）」については、会社計算規則（平成18年法務省令第13号）第88条第1項第4号に掲げる営業外収益及び同項第6号に掲げる特別利益を除いて記載する。
⑦ 「同族関係者」については、該当する者が複数ある場合には同様の欄を追加して記載する。
⑧ 「(*1)の3分の2」については、1株未満又は1円未満の端数がある場合にあっ

ては、その端数を切り上げた数又は金額を記載する。
⑨ 「特別子会社」については、贈与の時以後において申請者に特別子会社がある場合に記載する。特別子会社が複数ある場合には、それぞれにつき記載する。「株主又は社員」が複数ある場合には、同様の欄を追加して記載する。

(別紙1)

認定中小企業者の特定資産等について

主たる事業内容	銑鉄鋳物製造業
資本金の額又は出資の総額	50,000,000 円

認定申請基準事業年度における特定資産等に係る明細表

種別		内容	利用状況	帳簿価額	運用収入
有価証券	特別子会社の株式又は持分((*2)を除く。)			(1) － 円	(12) － 円
	資産保有型子会社又は資産運用型子会社に該当する特別子会社の株式又は持分(*2)			(2) － 円	(13) － 円
	特別子会社の株式又は持分以外のもの			(3) － 円	(14) － 円
不動産	現に自ら使用しているもの	東京都千代田区外神田●-●-●土地		(4) 100,000,000円	(15) 0 円
		同上所在の建物	本社工場	50,000,000円	
		上記に係る建物附属設備		5,000,000円	
	現に自ら使用していないもの			(5) － 円	(16) － 円
ゴルフ場その他の施設の利用に関する権利	事業の用に供することを目的として有するもの			(6) － 円	(17) － 円
	事業の用に供することを目的としないで有するもの	△△カントリークラブ会員権	接待用	(7) 4,000,000円	(18) 0 円

絵画、彫刻、工芸品その他の有形の文化的所産である動産、貴金属及び宝石	事業の用に供することを目的として有するもの		(8) －円	(19) －円
	事業の用に供することを目的としないで有するもの		(9) －円	(20) －円
現金、預貯金等	現金及び預貯金その他これらに類する資産	現金 当座預金 普通預金 定期預金 保険積立金	(10) 1,000,000円 5,000,000円 10,000,000円 50,000,000円 20,000,000円	(21) 0円 0円 1,000円 50,000円 0円
	経営承継受贈者及び当該経営承継受贈者に係る同族関係者等（施行規則第1条第12項第2号ホに掲げる者をいう。）に対する貸付金及び未収金その他これらに類する資産	長期貸付金	中小一郎に対する貸付金	(11) 10,000,000円	(22) 200,000円
特定資産の帳簿価額の合計額	(23)＝(2)＋(3)＋(5)＋(7)＋(9)＋(10)＋(11) 100,000,000円		特定資産の運用収入の合計額	(25)＝(13)＋(14)＋(16)＋(18)＋(20)＋(21)＋(22) 251,000円
資産の帳簿価額の総額	(24) 500,000,000円		総収入金額	(26) 400,000,000円
認定申請基準事業年度終了の日以前の5年間（贈与の日前の期間を除く。）に経営承継受贈者及び当該経営承継受贈者に係る同族関係者に対して支払われた剰余金の配当等及び損金不算入となる給与の金額		剰余金の配当等	(27) 12,500,000円	
		損金不算入となる給与	(28) －円	
特定資産の帳簿価額等の合計額が資産の帳簿価額等の総額に対する割合	(29)＝((23)＋(27)＋(28))／((24)＋(27)＋(28)) ％		特定資産の運用収入の合計額が総収入金額に占める割合	(30)＝(25)／(26) 0.1％
会社法第108条第1項第8号に掲げる事項について定めがある種類の株式(*3)の発行の有無				有☐　無☑
(*3)を発行している場合にはその保有者	氏名（会社名）		住所（会社所在地）	
総収入金額（営業外収益及び特別利益を除く。）				399,000,000円

(別紙2)

認定中小企業者の常時使用する従業員の数及び特別子会社について

1　認定中小企業者が常時使用する従業員の数について

常時使用する従業員の数	贈与の時 (a)＋(b)＋(c)－(d)　　　　9人	
	厚生年金保険の被保険者の数	(a)　　　　8人
	厚生年金保険の被保険者ではなく健康保険の被保険者である従業員の数	(b)　　　　2人
	厚生年金保険・健康保険のいずれの被保険者でもない従業員の数	(c)　　　　2人
	役員（使用人兼務役員を除く。）の数	(d)　　　　3人

2　贈与の時以後における認定中小企業者の特別子会社について

区分	特定特別子会社に　該当／非該当		
会社名			
会社所在地			
主たる事業内容			
資本金の額又は出資の総額	円		
総株主等議決権数	(a)　　　　個		
株主又は社員	氏名（会社名）	住所（会社所在地）	保有議決権数及びその割合 (b)　　　　個 (b)／(a)　　　　％

(4) 第二種贈与認定中小企業者に係る認定申請書（先代経営者以外の株主からの贈与）

先代経営者からの贈与については、2019年1月31日に円滑化法の認定を受け、同年3月15日に贈与税（納税猶予）の申告手続等を行いました。

その後、2019年7月1日に特例後継者（中小一郎）は、母親である中小花子より中小鋳造株式会社の株式の贈与を受け、同年7月10日に東京都知事に対して「第二種贈与認定中小企業者に係る認定申請書」の提出をしました。

なお、「特例承継計画」には先代経営者と複数の後継者を記載する欄はありますが、先代経営者以外の贈与者等の記載欄はありません。
したがって、「その他の株主」である中小花子からの贈与については、「特例承継計画の確認申請書」の再提出は不要となります。

また、特定資産に係る明細表（別紙1）は原則記入が必要ですが、2017年度から、施行規則第6条第2項各号に掲げる要件（※）をすべて満たしている場合、その旨を証する書類を添付することで、特定資産等に係る明細表の(1)～(30)が記載不要となりました。

※ 施行規則第6条第2項で規定する事業実態要件（概要）
① 親族外従業員が5人以上いること
② 本社、事業所、工場など従業員が勤務するための物件を所有していること又は賃借していること
③ 贈与（相続）開始の日まで引き続き3年以上にわたり次に掲げるいずれかの業務をしていること
　(イ) 商品販売等（商品の販売、資産の貸付又は役務の提供で、継続して対価を得て行われるもの、その商品の開発若しくは生産又は役務の開発を含む）
　　ただし、資産の貸付けの相手方が「経営承継受贈者である場合」や「その同族関係者である場合」には、当該資産の貸付けは商品販売等の事業活動に

該当しません。
(ロ) 商品販売等を行うために必要となる資産（上記②の事務所等を除く）の所有又は賃貸
(ハ) 上記（イ）及び（ロ）の業務に類するもの

　前述（3）同様、この認定申請書は、中小企業庁の一般納税猶予制度における「認定申請書（様式第7）」の記載例を参考に作成しています。

様式第7の4

第二種特例贈与認定中小企業者に係る認定申請書

2019 年 7 月 10 日

東京都知事 殿

郵 便 番 号　101-●●●●
会 社 所 在 地　東京都千代田区外神田●-●-●
会　　社　　名　中小鋳造株式会社
電 話 番 号　03-●●●●-●●●●
代表者の氏名　中小　一郎　　　　㊞

　中小企業における経営の承継の円滑化に関する法律第12条第1項の認定（同法施行規則第6条第1項第13号の事由に係るものに限る。）を受けたいので、下記のとおり申請します。

記

1　第一種特例経営承継贈与又は第一種特例経営承継相続について

本申請に係る認定にあたり必要な施行規則第6条第1項第11号又は第12号の事由に係る第一種特例経営承継贈与又は第一種特例経営承継相続の有無		☑有 □無
「有」 の場合	当該贈与者（当該被相続人）	中小　太郎
	第一種特例経営承継受贈者 （第一種特例経営承継相続人）	中小　一郎
	☑当該贈与の日　□当該相続の開始の日	2018年10月29日
	当該第一種特例経営承継贈与又は第一種特例経営承継相続に係る認定の有効期間（当該認定を受ける前の場合は、その見込み）	2018年10月29日 ～ 2024年3月15日まで

2　贈与者及び第二種特例経営承継受贈者について

贈与の日	2019年7月1日
第二種特例贈与認定申請基準日	2019年10月15日
贈与税申告期限	2020年3月16日

第3章 ❷ 認定申請書の記載事例

第二種特例贈与認定申請基準事業年度		2018年4月1日から2019年4月1日まで		
総株主等議決権数	贈与の直前		(a)	1,000個
	贈与の時		(b)	1,000個
贈与者	氏名		中小　花子	
	贈与の時の住所		東京都台東区上野●-●-●	
	贈与の時の代表者への就任の有無			□有 ☑無
	贈与の時における過去の法第12条第1項の認定（施行規則第6条第1項第11号及び第13号の事由に係るものに限る。）に係る贈与の有無			□有 ☑無
	贈与の直前における同族関係者との保有議決権数の合計及びその割合		(c)+(d)	1,000個
			((c)+(d))／(a)	100%
	贈与の直前における保有議決権数及びその割合		(c)	200個
			(c)／(a)	20%
	贈与の直前における同族関係者	氏名（会社名）	住所（会社所在地）	保有議決権数及びその割合
		中小　一郎	東京都文京区湯島●-●-●	(d) 800個
				(d)／(a) 80%
	(*2)から(*3)を控除した残数又は残額		(f)-(g)	株（円）
	贈与の直前の発行済株式又は出資（議決権の制限のない株式等に限る。）の総数又は総額(*1)		(e)	1,000株（円）
	（*1）の3分の2(*2)		(f)=(e)×2/3	667株（円）
	贈与の直前において経営承継受贈者が有していた株式等の数又は金額(*3)		(g)	800株（円）
	贈与の直前において贈与者が有していた株式等（議決権に制限のないものに限る。）の数又は金額			200株（円）
	贈与者が贈与をした株式等（議決権の制限のないものに限る。）の数又は金額			200株（円）
第二種特例経営承継受贈者	氏名		中小　一郎	
	住所		東京都文京区湯●-●-●	
	贈与の日における年齢		40歳	
	贈与の時における贈与者との関係		☑直系卑属 □直系卑属以外の親族 □親族外	
	贈与の時における代表者への就任の有無			☑有 □無
	贈与の日前3年以上にわたる役員への就任の有無			☑有 □無

贈与の時における過去の法第12条第1項の認定(施行規則第6条第1項第7号又は第9号の事由に係るものに限る。)に係る受贈の有無				☐有 ☑無	
贈与の時における同族関係者との保有議決権数の合計及びその割合				(h)+(i)+(j) 1,000個 ((h)+(i)+(j))／(b) 100%	
保有議決権数及びその割合	贈与の直前	(h) (h)／(a)	800個 80%	贈与者から贈与により取得した数(*4)	(i) 200個
	贈与の時	(h)+(i) ((h)+(i))／(b)	1,000個 100%		
	(*4)のうち租税特別措置法第70条の7の5第1項の適用を受けようとする株式等に係る議決権の数(*5)			200個	
	(*5)のうち第二種特例贈与認定申請基準日までに譲渡した数			0個	
贈与の時における同族関係者	氏名(会社名)	住所(会社所在地)		保有議決権数及びその割合	
				(m) 0個 (m)／(b) 0%	

3 贈与者が第二種特例経営承継受贈者へ第二種特例認定贈与株式を法第12条第1項の認定に係る贈与をする前に、当該認定贈与株式を法第12条第1項の認定に係る受贈をしている場合に記載すべき事項について

本申請に係る株式等の贈与が該当する贈与の類型	☑該当無し ☐第一種特別贈与認定株式再贈与　　　☐第二種特別贈与認定株式再贈与 ☐第一種特例贈与認定株式再贈与　　　☐第二種特例贈与認定株式再贈与			
	氏名	認定日	左記認定番号	左記認定を受けた株式数
第二種特例贈与認定中小企業者の認定贈与株式を法第12条第1項の認定に係る受贈をした者に、贈与をした者。(当該贈与をした者が複数ある場合には、贈与した順にすべてを記載する。)				

(備考)
① 用紙の大きさは、日本工業規格A4とする。
② 記名押印については、署名をする場合、押印を省略することができる。
③ 申請書（別紙1及び別紙2を含む）の写し及び施行規則第7条第8項の規定により読み替えられた同条第2項各号に掲げる書類を添付する。
④ 施行規則第6条第2項の規定により申請者が資産保有型会社又は資産運用型会社に該当しないものとみなれた場合には、その旨を証する書類を添付する。
⑤ 第二種特例贈与認定申請基準事業年度終了の日において申請者に特別子会社がある場合にあっては特別子会社に該当する旨を証する書類、当該特別子会社が資産保有型子会社又は資産運用型子会社に該当しないとき（施行規則第6条第2項の規定によりそれぞれに該当しないものとみなされた場合を含む。）には、その旨を証する書類を添付する。

(記載要領)
① 単位が「%」の欄は小数点第1位までの値を記載する。
② 「贈与者から贈与により取得した数」については、贈与の時以後のいずれかの時において申請者が合併により消滅した場合にあっては当該合併に際して交付された吸収合併存続会社等の株式等（会社法第234条第1項の規定により競売しなければならない株式を除く。）に係る議決権の数、贈与の時以後のいずれかの時において申請者が株式交換等により他の会社の株式交換完全子会社等となった場合にあっては当該株式交換等に際して交付された株式交換完全親会社等の株式等（会社法第234条第1項の規定により競売しなければならない株式を除く。）に係る議決権の数とする。
③ 「認定申請基準事業年度における特定資産等に係る明細表」については、第二種特例贈与認定申請基準事業年度に該当する事業年度が複数ある場合には、その事業年度ごとに同様の表を記載する。「特定資産」又は「運用収入」については、該当するものが複数ある場合には同様の欄を追加して記載する。（施行規則第6条第2項の規定によりそれぞれに該当しないものとみなされた場合には空欄とする。）
④ 「損金不算入となる給与」については、法人税法第34条及び第36条の規定により申請者の各事業年度の所得の金額の計算上損金の額に算入されないこととなる給与（債務の免除による利益その他の経済的な利益を含む。）の額を記載する。

(施行規則第6条第2項の規定によりそれぞれに該当しないものとみなされた場合には空欄とする。)
⑤ 「(*3)を発行している場合にはその保有者」については、申請者が会社法第108条第1項第8号に掲げる事項について定めがある種類の株式を発行している場合に記載し、該当する者が複数ある場合には同様の欄を追加して記載する。
⑥ 「総収入金額（営業外収入及び特別利益を除く。）」については、会社計算規則（平成18年法務省令第13号）第88条第1項第4号に掲げる営業外収益及び同項第6号に掲げる特別利益を除いて記載する。
⑦ 「同族関係者」については、該当する者が複数ある場合には同様の欄を追加して記載する。
⑧ 「(*1)の3分の2」については、1株未満又は1円未満の端数がある場合にあっては、その端数を切り上げた数又は金額を記載する。
⑨ 「特別子会社」については、贈与の時以後において申請者に特別子会社がある場合に記載する。特別子会社が複数ある場合には、それぞれにつき記載する。「株主又は社員」が複数ある場合には、同様の欄を追加して記載する。

第3章　❷ 認定申請書の記載事例

(別紙1)

認定中小企業者の特定資産等について

主たる事業内容	銑鉄鋳物製造業	
資本金の額又は出資の総額	50,000,000 円	

認定申請基準事業年度における特定資産等に係る明細表

種別		内容	利用状況	帳簿価額	運用収入
有価証券	特別子会社の株式又は持分((*2) を除く。)			(1) －円	(12) －円
	資産保有型子会社又は資産運用型子会社に該当する特別子会社の株式又は持分(*2)			(2) －円	(13) －円
	特別子会社の株式又は持分以外のもの			(3) －円	(14) －円
不動産	現に自ら使用しているもの	東京都千代田区外神田●-●-●土地		(4) 100,000,000円	(15) 0円
		同上所在の建物	本社工場	48,000,000円	
		上記に係る建物附属設備		4,500,000円	
	現に自ら使用していないもの			(5) －円	(16) －円
ゴルフ場その他の施設の利用に関する権利	事業の用に供することを目的として有するもの			(6) －円	(17) －円
	事業の用に供することを目的としないで有するもの	△△カントリークラブ会員権	接待用	(7) 4,000,000円	(18) 0円

絵画、彫刻、工芸品その他の有形の文化的所産である動産、貴金属及び宝石	事業の用に供することを目的として有するもの			(8) －円	(19) －円
	事業の用に供することを目的としないで有するもの			(9) －円	(20) －円
現金、預貯金等	現金及び預貯金その他これらに類する資産	現金 当座預金 普通預金 定期預金 保険積立金		(10) 500,000円 4,000,000円 12,000,000円 50,000,000円 21,000,000円	(21) 0円 0円 1,000円 50,000円 0円
	経営承継受贈者及び当該経営承継受贈者に係る同族関係者等（施行規則第1条第12項第2号ホに掲げる者をいう。）に対する貸付金及び未収金その他これらに類する資産	長期貸付金	中小一郎に対する貸付金	(11) 8,800,000円	(22) 180,000円

特定資産の帳簿価額の合計額	(23)=(2)+(3)+(5)+(7)+(9)+(10)+(11) 100,300,000円	特定資産の運用収入の合計額	(25)=(13)+(14)+(16)+(18)+(20)+(21)+(22) 231,000円
資産の帳簿価額の総額	(24) 505,000,000円	総収入金額	(26) 405,000,000円
認定申請基準事業年度終了の日以前の5年間（贈与の日前の期間を除く。）に経営承継受贈者及び当該経営承継受贈者に係る同族関係者に対して支払われた剰余金の配当等及び損金不算入となる給与の金額		剰余金の配当等	(27) 12,500,000円
		損金不算入となる給与	(28) －円
特定資産の帳簿価額等の合計額が資産の帳簿価額等の総額に対する割合	(29)=((23)+(27)+(28))/((24)+(27)+(28)) 21.7%	特定資産の運用収入の合計額が総収入金額に占める割合	(30)=(25)/(26) 0.1%
会社法第108条第1項第8号に掲げる事項について定めがある種類の株式(*3)の発行の有無			有☐　無☑
(*3)を発行している場合にはその保有者	氏名（会社名）	住所（会社所在地）	
総収入金額（営業外収益及び特別利益を除く。）			404,500,000円

第3章 ❷ 認定申請書の記載事例

(別紙2)

　　　　　認定中小企業者の常時使用する従業員の数及び特別子会社について

1　認定中小企業者が常時使用する従業員の数について

常時使用する従業員の数	贈与の時 (a)+(b)+(c)－(d)　　　　11人	
	厚生年金保険の被保険者の数	(a)　　　　9人
	厚生年金保険の被保険者ではなく健康保険の被保険者である従業員の数	(b)　　　　3人
	厚生年金保険・健康保険のいずれの被保険者でもない従業員の数	(c)　　　　2人
	役員（使用人兼務役員を除く。）の数	(d)　　　　3人

2　贈与の時以後における認定中小企業者の特別子会社について

区分	特定特別子会社に　該当／非該当		
会社名			
会社所在地			
主たる事業内容			
資本金の額又は出資の総額			円
総株主等議決権数	(a)		個
株主又は社員	氏名（会社名）	住所（会社所在地）	保有議決権数及びその割合
			(b)　　　　個
			(b)／(a)　　　　％

〈参考〉

中小企業庁より平成 30 年 10 月 1 日に申請書の記載例が公表されていますので掲載します。

第一種特例贈与認定申請書（様式7の3）の記載の手引き

中小企業者が贈与税納税猶予制度のための知事認定（法第12条第1項の認定：施行規則第6条第1項第11号の事由に係るもの）を受けようとする場合には、当該認定に係る贈与の日の属する年の10月15日から翌年の1月15日までに、所定の申請書及び添付書類を都道府県知事に提出し、認定申請をする必要があります。様式は第7の3を使用し、下記の記載例を参考に作成してください。

【申請書記載例】

これはあくまで1つの例示ですので、併せて経営承継円滑化法施行規則及び申請マニュアル（現在作成中）等も確認してください。なお、認定申請基準年度に該当する事業年度が2期以上ある場合は、別紙1を事業年度ごとに複数作成してください。

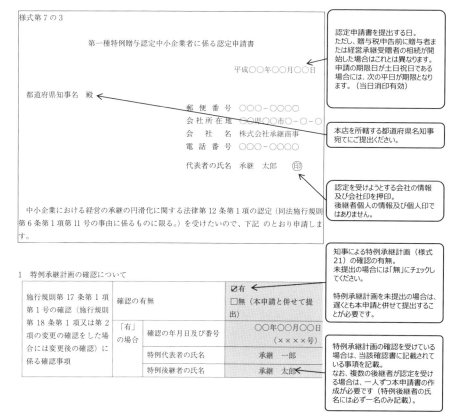

第3章 ❷ 認定申請書の記載事例

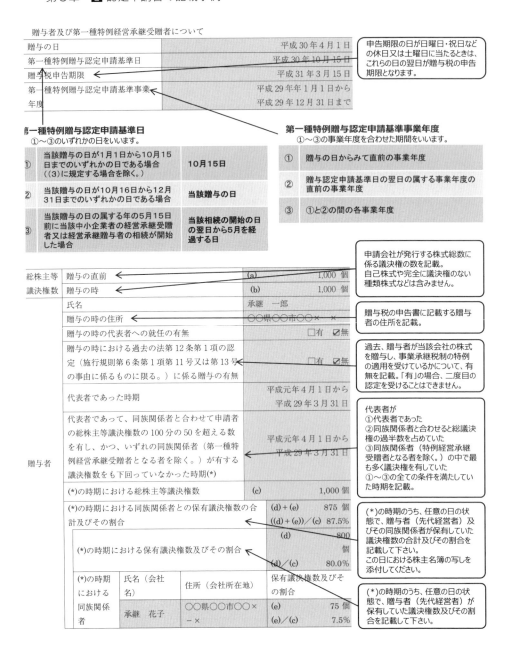

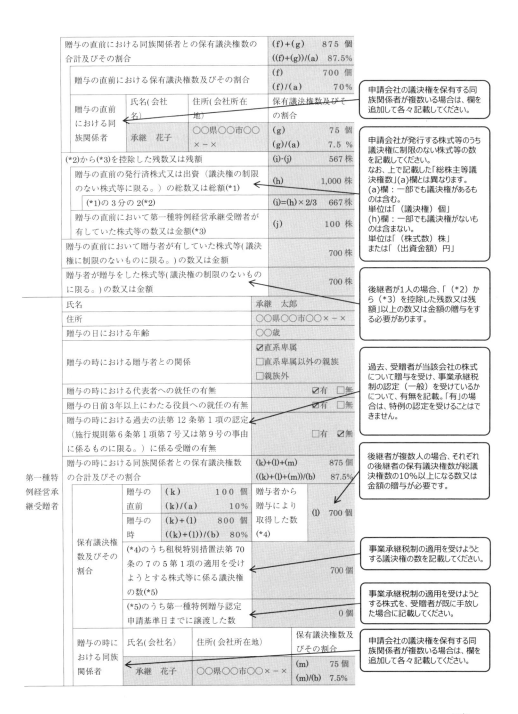

第3章 ❷ 認定申請書の記載事例

3　贈与者が第一種特例経営承継受贈者へ第一種特例認定贈与株式を法第12条第1項の認定に係る贈与をする前に、当該認定贈与株式を法第12条第1項の認定に係る受贈をしている場合に記載すべき事項について

本申請に係る株式等の贈与が該当する贈与の類型	☑該当無し □第一種特別贈与認定株式再贈与　　□第二種特別贈与認定株式再贈与 □第一種特例贈与認定株式再贈与　　□第二種特例贈与認定株式再贈与			
	氏名	認定日	左記認定番号	左記認定を受けた株式数
第一種特例贈与認定中小企業者の認定贈与株式を法第12条第1項の認定に係る受贈をした者に、贈与をした者（当該贈与をした者が複数ある場合には、贈与した順にすべてを記載する。）				

「猶予継続贈与」の適用を受ける場合（当該申請会社が過去に納税猶予制度を活用したことがある場合）のみ記載することになります。該当がない場合は「該当なし」にチェックしてください。
※該当する場合には、事前に担当者までご連絡ください。
具体的には次の例のようにケースに応じて記載してください。
（例）
本申請の贈与者：B
本申請の受贈者：C
Bは6年前にA（Bの父）からの贈与を受けた際に一般措置で認定を受け、納税猶予されている場合。

当該株式を2代目であるBが取得した原因に基づき記載することになります。
よって、このケースでは「第一種特別贈与認定株式再贈与」にチェックをしてください。
「猶予継続贈与」については、申請マニュアルをご参照ください。

※この欄は該当がある場合のみ記載して下さい。
「猶予継続贈与」の贈与者に、当該認定贈与株式に該当する株式を贈与した者を記載してください。
（例）
本申請の贈与者：B
本申請の受贈者：C
Bは6年前にA（Bの父）からの贈与を受けた際に一般措置で認定を受け、納税猶予されている場合。

氏名の欄：Aの名前
認定日：AからBの贈与について事業承継税制の認定を受けた日
認定番号：認定を受けた際の文書番号
左記認定を受けた株数：AからBの贈与について納税猶予の認定を受けた株数

別紙1の記載例

- 明細を申請書に書ききれない場合等には、別紙（形式自由、A4）を用いても差し支えありません。
- 認定申請事業年度が2期分になる場合には、事業年度ごとに別紙1を複数作成してください。
- 事業実態要件を満たすことにより、資産保有型会社及び資産運用型会社に該当しない場合には、緑の欄は記載不要です。事業実態があることを証明する書類等を添付してください。

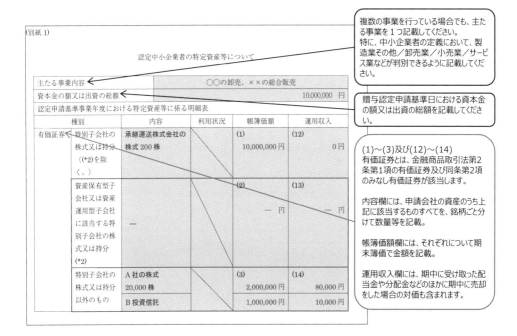

第３章 ❷ 認定申請書の記載事例

不動産	現に自ら使用しているもの	○○県○○市○○×－×		(4) 100,000,000円	(15) 6,000,000円	(4)(15)不動産とは、土地、借地権、建物、建物と一体不可分の付属設備及び建物と同一視できる構築物が該当します。 内容欄には、申請会社の資産のうち上記に該当するものすべてを、所在・面積及び種別がわかるように具体的に記載。 利用状況欄には、申請会社が事業用として使用しているか否かがわかるように記載。 （自ら使用の例：本社、支店、工場、従業員宿舎 　自ら使用ではない例：販売用土地、賃貸マンション、役員住宅、遊休地） 帳簿価額欄には、それぞれについて期末簿価で金額を記載。 運用収入欄には、期中の賃貸料収入などのほかに期中に売却をした場合の対価も含まれます。 (5)(16)同一の土地・建物の中に、自社利用している部分とそうでない部分がある場合は、床面積割合など合理的な方法により按分をして記載。
		同上所在の建物	本社	50,000,000円		
		上記に係る建物付属設備（電気工事一式）		500,0000円		
		○○県△△市○○×－×所在の土地 600㎡のうち3分の2部分		120,000,000円	0円	
		同上所在の建物のうち3F～6F部分	営業所及び従業員宿舎	30,000,000円		
		上記に係る建物付属設備（電気工事）		1,000,000円		
	現に自ら使用していないもの	○○県△△市○○×－×所在の土地 600㎡のうち3分の2部分		(5) 60,000,000円	(16) 0円	
		同上所在の建物のうち1F、2F部分	子会社（承継運送株式会社）へ賃貸	15,000,000円		
		上記に係る建物付属設備（電気工事）		250,000円		
ゴルフ場その他の施設の利用に関する権利	事業の用に供することを目的として有するもの	―	―	(6) ―円	(17) ―円	(6)(7)(17)(18)ゴルフ場その他の施設の利用に関する権利 (8)(9)(19)(20)絵画、彫刻、工芸品その他の有形文化的所産である動産、貴金属及び宝石 において、事業の用に供する目的のものには、例えばゴルフ会員権販売事業者が保有する在庫、古物商や貴金属販売店が保有する在庫（棚卸資産）などが該当します。 他方、接待用で所有しているものは、事業用以外のものに該当します。
	事業の用に供することを目的としないで有するもの	Cゴルフクラブ会員権		(7) 3,000,000円	(18) 0円	
		Dリゾート会員権		1,000,000円	0円	
絵画、彫刻、工芸品その他の有形の文化的所産である動産、貴金属及び宝石	事業の用に供することを目的として有するもの	―	―	(8) ―円	(19) ―円	
	事業の用に供することを目的としないで有するもの	絵画E	社長室展示用	(9) 0円	(20) 2,000,000円	

現金、預貯金等	現金及び預貯金その他これらに類する資産	現金		(10) 100,000,000 円	(21) 0 円
		当座預金		200,000,000 円	0 円
		定期預金		30,000,000 円	10,000 円
		保険積立金		20,000,000 円	0 円
	経営承継受贈者及び当該経営承継受贈者に係る同族関係者等（施行規則第1条第12項第2号ホに掲げる者をいう。）に対する貸付金及び未収金その他これらに類する資産	短期貸付金	承継 一郎に対する貸付金	(11) 5,000,000 円	(22) 0 円
		預け金	承継運送株式会社への預け金	40,000,000 円	0 円

> (10)(21)現預金その他これらに類する資産とは、申請会社の資産のうち現金や各種預貯金以外にも、これらと同視しうる積立金なども該当します。

> (11)(22)貸付金及び未収金その他これらに類する資産とは、申請会社の資産（債権）のうち、経営承継受贈者及びその同族関係者に対する預け金や差入保証金、立替金等も該当します。
> 利用状況欄には、貸付金・未収入金の債務者氏名又は会社名を記載して下さい。

特定資産の帳簿価額の合計額	(23)=(2)+(3)+(5)+(7)+(9)+(10)+(11) 474,750,000 円	特定資産の運用収入の合計額	(25)=(13)+(14)+(16)+(18)+(20)+(21)+(22) 5,100,000 円
資産の帳簿価額の総額	(24) 1,000,000,000 円	総収入金額	(26) 500,000,000 円
認定申請基準事業年度終了の日以前の5年間（贈与の日前の期間を除く。）に経営承継受贈者及び当該経営承継受贈者に係る同族関係者等に対して支払われた剰余金の配当等及び損金不算入となる給与の金額		剰余金の配当等	(27) — 円
		損金不算入となる給与	(28) — 円
特定資産の帳簿価額等の合計額が資産の帳簿価額等の総額に対する割合	(29)=((23)+(27)+(28))/((24)+(27)+(28)) 47.4%	特定資産の運用収入の合計額が総収入金額に占める割合	(30)=(25)/(26) 1.0%
会社法第108条第1項第8号に掲げる事項について定めがある種類の株式(*3)の発行の有無			□有 ☑無
(*3)を発行している場合にはその保有者	氏名（会社名） —	住所（会社所在地） —	
総収入金額（営業外収益及び特別利益を除く。）			450,000,000 円

> 総収入金額には損益計算書の（売上高）＋（営業外収益）＋（特別利益）の合計額を記載してください。
> ただし、期中に固定資産や有価証券などの売却がある場合は、損益に関わらず売却対価に直してから金額を加算し、当該年度の総収入金額を算出してください。

> 剰余金の配当欄には、該当期間中に経営承継受贈者及びその同族関係者に対して支払った剰余金や利益の配当金額の、該当期間における合計金額を記載してください。

> 損金不算入給与欄には、当該期間中に経営承継受贈者及びその同族関係者に対して支払われた給与のうち、法人税法第34条及び第36条の規定により損金の額に算入されない金額があった場合に、その合計金額を記載してください。
> 損金不算入となった金額が、いつの支払い日の給与から算出すべきか特定できない場合は、事業年度に対する該当期間の日数按分で算出してください。

> (24)資産の帳簿価格の総額欄には、貸借対照表の資産の部の合計額（以下の留意点に気をつけてください。）を記載して下さい。

※資産の帳簿価額の総額欄の留意点
1. 貸借対照表に計上されている帳簿価額を用いて計算してください。
2. 減価償却資産・特別償却適用資産・圧縮記帳適用資産については、それぞれ対応する減価償却累計額・特別償却準備金・圧縮積立金等を控除した後の帳簿価額を用いてください（直接減額方式にあわせて計算します）。
3. 貸倒引当金・投資損失引当金等の評価性引当金については、資産の帳簿価額の総額・特定資産の帳簿価額の合計額から控除する前（引当前）の金額を記載してください。

第3章 ❷ 認定申請書の記載事例

別紙2の記載例

(別紙2)

認定中小企業者の常時使用する従業員の数及び特別子会社について

1 認定中小企業者が常時使用する従業員の数について

常時使用する従業員の数		贈与の時 (a)+(b)+(c)-(d) 100人
	厚生年金保険の被保険者の数	(a) 95人
	厚生年金保険の被保険者ではなく健康保険の被保険者である従業員の数	(b) 7人
	厚生年金保険・健康保険のいずれの被保険者でもない従業員の数	(c) 1人
	役員(使用人兼務役員を除く。)の数	(d) 3人

(a)欄には、厚生年金保険に加入している人数を記載してください。ただし、平均的な従業員と比して労働時間が4分の3に満たない短時間労働者などは含みません。

(b)欄には、厚生年金保険の加入対象外で健康保険のみに加入している人数を記載してください。(例:70歳以上の従業員または役員)

(c)欄には、社会保険加入対象外の常時使用する従業員数を記載して下さい。(例:75歳以上の従業員)
ただし、平均的な従業員と比して労働時間が4分の3に満たない短時間労働者などは含みません。

(d) 欄には、(a)(b)または(e)(f)でカウントした方のうち役員の数を記載してください(申請会社にいる全役員の人数ではありません)。なお、役員とは、株式会社の場合には取締役、会計参与及び監査役を指しますが、使用人兼務役員の方は含みません。

2 贈与の時以後における認定中小企業者の特別子会社について

区分			特定特別子会社に 該当 / 非該当	
会社名			承継運送株式会社	
会社所在地			○○県△△市○○×-×	
主たる事業内容			運輸業	
資本金の額又は出資の総額				10,000,000 円
総株主等議決権数		(a)	100 個	
株主又は社員	氏名（会社名）	住所（会社所在地）	保有議決権数及びその割合	
	株式会社承継商事	○○県○○市○-○-○	(b)	100 個
			(b)/(a)	100 %

贈与の時以後に特別子会社が複数ある場合は、表を追加してそれぞれ記載してください。なお、特別子会社が特定特別子会社に該当するかどうかも記載してください。

それぞれの定義は下記のとおりです。会社法上の子会社の定義とは異なりますのでご注意ください。

特別子会社

次に掲げる者により、その総株主議決権数の過半数を保有される会社
（1）中小企業者
（2）代表者
（3）代表者の親族（配偶者、6親等内の血族及び3親等内の姻族）
（4）代表者と事実上婚姻関係にある者など特別の関係がある者
（5）次に掲げる会社
① （2）～（4）により総株主議決権数の過半数を保有されている会社
② （2）～（4）及びこれと（5）①の関係がある会社により総株主議決権数の過半数を保有されている会社
③ （2）～（4）及びこれと（5）①又は（5）②の関係がある会社により総株主議決権数の過半数を保有されている会社

特定特別子会社

次に掲げる者により、その総株主議決権数の過半数を保有される会社
（1）中小企業者
（2）代表者
（3）代表者と生計を一にする親族
（4）代表者と事実上婚姻関係にある者など特別の関係がある者
（5）次に掲げる会社
① （2）～（4）により総株主議決権数の過半数を保有されている会社
② （2）～（4）及びこれと（5）①の関係がある会社により総株主議決権数の過半数を保有されている会社
③ （2）～（4）及びこれと（5）①又は（5）②の関係がある会社により総株主議決権数の過半数を保有されている会社

第一種特例相続認定申請書（様式8の3）の記載例

中小企業者が相続税納税猶予制度のための知事認定(法第12条第1項の認定：施行規則第6条第1項第12号の事由に係るもの)を受けようとする場合には、当該認定に係る相続開始の日の翌日から5か月を経過する日から8カ月を経過する日までの間に、所定の申請書及び添付書類を都道府県知事に提出し、認定申請をする必要があります。様式は第8の3を使用し、下記の記載例を参考に申請書を作成してください。

【申請書記載例】

これはあくまで1つの例示ですので、併せて経営承継円滑化法施行規則及び申請マニュアル（作成中）等も確認してください。なお、認定申請基準年度に該当する事業年度が2期以上ある場合は、別紙1を事業年度ごとに複数作成してください。

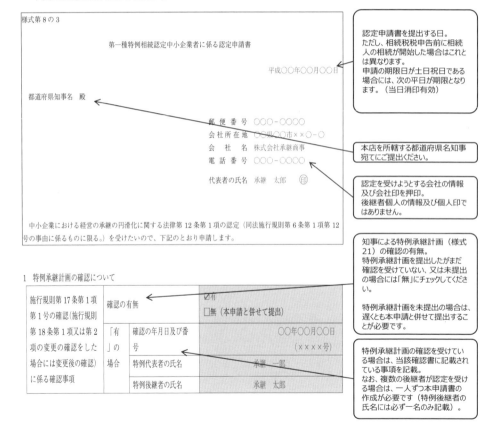

2 被相続人及び第一種特例経営承継相続人について

相続の開始の日	平成30年1月1日
第一種特例相続認定申請基準日	平成30年6月1日
相続税申告期限	平成30年11月1日
第一種特例相続認定申請基準事業年度	平成29年1月1日から平成29年12月31日まで

相続認定申請基準日とは、相続開始の日の翌日から5カ月を経過する日(応当日)です。

申告期限の日が日曜日・祝日などの休日又は土曜日に当たるときは、これらの日の翌日が相続税の申告期限となります。

第一種特例相続認定申請基準事業年度
①～③の事業年度を合わせた期間をいいます。

①	相続開始の日からみて直前の事業年度
②	相続認定申請基準日の翌日からみて直前の事業年度
③	(1)と(2)の間の各事業年度

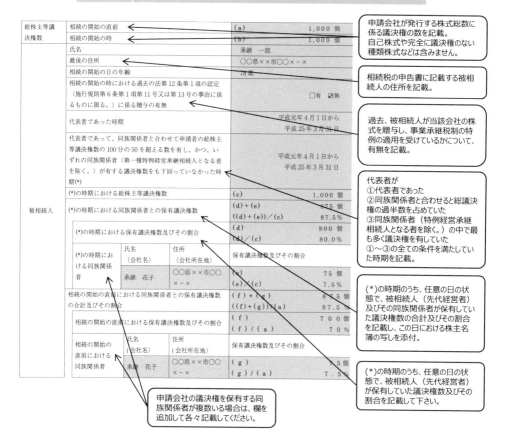

第3章 ❷ 認定申請書の記載事例

	氏名			承継 太郎		
第一種特例経営承継相続人	住所			○○県○○市××○-○		
	相続の開始の直前における被相続人との関係			☑直系卑属 □直系卑属以外の親族 □親族外		
	相続の開始の日の翌日から5月を経過する日における代表者への就任の有無			☑有 □無		
	相続の開始の直前における役員への就任の有無			☑有 □無		
	相続の開始の時における過去の法第12条第1項の認定（施行規則第6条第1項第7号又は第9号の事由に係るものに限る。）に係る受贈の有無			□有 ☑無		
	相続の開始の時における同族関係者との保有議決権数の合計及びその割合			(h)+(i)+(j) ((h)+(i)+(j))/(b)	875 個 87.5%	
	保有議決権数及びその割合	相続の開始の直前	(h) (h)/(a)	100 個 10%	被相続人から相続又は遺贈により取得した数(*1)	(i) 700 個
		相続の開始の時	(h)+(i) ((h)+(i))/(b)	800 個 80%		
		(*1)のうち租税特別措置法第70条の7の6第1項の適用を受けようとする株式等に係る数(*2)			700 個	
		(*2)のうち第一種特例相続認定申請基準日までに譲渡した数			0 個	
	相続の開始の時における同族関係者	氏名（会社名）	住所（会社所在地）	保有議決権数及びその割合		
		承継 花子	○○県○○市××○-○	(j) (j)/(b)	75 個 7.5%	

過去、相続人が会社の株式について贈与又は相続を受け、事業承継税制（一般）の認定をうけているかについて、有無を記載。「有」の場合は、一般の認定と特例の認定を合わせて受けることはできません。

事業承継税制の適用を受けようとする議決権の数を記載。

事業承継税制の適用を受けようとする株式を、第一種特例経営承継相続人が既に手放した場合に記載してください。

申請会社の議決権を保有する同族関係者が複数いる場合は、欄を追加して各々記載してください。

別紙1の記載例

- 明細を申請書に書ききれない場合等には、別紙（形式自由、A4）を用いても差し支えありません。
- 認定申請事業年度が2期分になる場合には、事業年度ごとに別紙1を複数作成してください。
- 事業実態要件を満たすことにより、資産保有型会社及び資産運用型会社に該当しない場合には、緑の欄は記載不要です。事業実態があることを証明する書類等を添付してください。

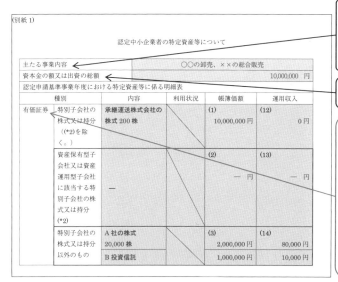

第3章 ❷ 認定申請書の記載事例

区分	利用状況	内容		帳簿価格	運用収入
不動産	現に自ら使用しているもの	○○県○○市○○×ー×		(4) 100,000,000 円	(15) 6,000,000 円
		同上所在の建物	本社	50,000,000 円	
		上記に係る建物付属設備（電気工事一式）		500,000 円	
		○○県△△市○○×ー×所在の土地 600㎡のうち3分の2部分	営業所及び従業員宿舎	120,000,000 円	0 円
		同上所在の建物のうち3F〜6F部分		30,000,000 円	
		上記に係る建物付属設備（電気工事）		1,000,000 円	
	現に自ら使用していないもの	○○県△△市○○×ー×所在の土地 600㎡のうち3分の2部分	子会社（承継運送株式会社）へ賃貸	(5) 60,000,000 円	(16) 0 円
		同上所在の建物のうち1F、2F部分		15,000,000 円	
		上記に係る建物付属設備（電気工事）		250,000 円	
ゴルフ場その他の施設の利用に関する権利	事業の用に供することを目的として有するもの	―	―	(6) ― 円	(17) ― 円
	事業の用に供することを目的としないで有するもの	Cゴルフクラブ会員権		(7) 3,000,000 円	(18) 0 円
		Dリゾート会員権		1,000,000 円	0 円
絵画、彫刻、工芸品その他の有形の文化的所産である動産、貴金属及び宝石	事業の用に供することを目的として有するもの	―	―	(8) ― 円	(19) ― 円
	事業の用に供することを目的としないで有するもの	絵画E	社長室展示用	(9) 0 円	(20) 2,000,000 円

> (4)(15)不動産とは、土地、借地権、建物、建物と一体不可分の付属設備及び建物と同一視できる構築物が該当します。
>
> 内容欄には、申請会社の資産のうち上記に該当するものすべてを、所在・面積及び種別がわかるように具体的に記載。
>
> 利用状況欄には、申請会社が事業用として使用しているか否かがわかるように記載。
>   （自ら使用の例：本社、支店、工場、従業員宿舎
>   自ら使用ではない例：販売用土地、賃貸マンション、役員住宅、遊休地）
>
> 帳簿価格欄には、それぞれについて期末簿価で金額を記載。
>
> 運用収入欄には、期中の賃貸料収入などのほかに期中に売却をした場合の対価も含まれます。
>
> (5)(16)同一の土地・建物の中に、自社利用している部分とそうでない部分がある場合は、床面積割合など合理的な方法により按分をして記載。

> (6)(7)(17)(18)ゴルフ場その他の施設の利用に関する権利
>
> (8)(9)(19)(20)絵画、彫刻、工芸品その他の有形文化的所産である動産、貴金属及び宝石
>
> において、事業の用に供する目的のものには、例えばゴルフ会員権販売事業者が保有する在庫、古物商や貴金属販売店が保有する在庫（棚卸資産）などが該当します。
> 他方、接待用で所有しているものは、事業用以外のものに該当します。

現金、預貯金等	現金及び預貯金その他これらに類する資産	現金		(10) 100,000,000 円	(21) 0 円
		当座預金		200,000,000 円	0 円
		定期預金		30,000,000 円	10,000 円
		保険積立金		20,000,000 円	0 円
	経営承継相続人及び当該経営承継受贈者に係る同族関係者等（施行規則第1条第12項第2号ホに掲げる者をいう。）に対する貸付金及び未収金その他これらに類する資産	短期貸付金	承継 一郎に対する貸付金	(11) 5,000,000 円	(22) 0 円
		預け金	承継運送株式会社への預け金	40,000,000 円	0 円
特定資産の帳簿価額の合計額	(23)=(2)+(3)+(5)+(7)+(9)+(10)+(11) 474,750,000 円	特定資産の運用収入の合計額		(25)=(13)+(14)+(16)+(18)+(20)+(21)+(22) 5,100,000 円	
資産の帳簿価額の総額	(24) 1,000,000,000 円	総収入金額		(26) 500,000,000 円	
認定申請基準事業年度終了の日以前の5年間（相続開始の日前の期間を除く。）に経営承継受贈者及び当該経営承継受贈者に係る同族関係者に対して支払われた剰余金の配当等及び損金不算入となる給与の金額		剰余金の配当等		(27) ― 円	
		損金不算入となる給与		(28) ― 円	
特定資産の帳簿価額等の合計額が資産の帳簿価額等の総額に対する割合	(29)=((23)+(27)+(28))/((24)+(27)+(28)) 47.4%	特定資産の運用収入の合計額が総収入金額に占める割合		(30)=(25)/(26) 1.0%	
会社法第108条第1項第8号に掲げる事項について定めがある種類の株式(*3)の発行の有無				□有 ☑無	
(*3)を発行している場合にはその保有者	氏名（会社名）		住所（会社所在地）		
総収入金額（営業外収益及び特別利益を除く。）				450,000,000 円	

注記：
- (10)(21)現預金その他これらに類する資産とは、申請会社の資産のうち現金や各種預貯金以外にも、これらと同視しうる積立金なども該当します。
- (11)(22)貸付金及び未収金その他これらに類する資産とは、申請会社の資産（債権）のうち、相続人及びその同族関係者に対する預け金や差入保証金、立替金等も該当します。利用状況欄には、貸付金・未収入金の債務者氏名又は会社名を記載して下さい。
- 総収入金額には損益計算書の（売上高）＋（営業外収益）＋（特別利益）の合計額を記載してください。ただし、期中に固定資産や有価証券などの売却がある場合は、損益に関わらず売却対価に直してから金額を加算し、当該年度の総収入金額を算出してください。
- 剰余金の配当欄には、該当期間中に相続人及びその同族関係者に対して支払った剰余金や利益の配当金額の、該当期間における合計金額を記載してください。
- 損金不算入給与欄には、当該期間中に相続人及びその同族関係者に対して支払われた給与のうち、法人税法第34条及び第36条の規定により損金の額に算入されない金額があった場合に、その合計金額を記載してください。損金不算入となった金額が、いつの支払い日の給与から算出すべきか特定できない場合は、事業年度に対する該当期間の日数按分で算出してください。
- (24)資産の帳簿価格の総額欄には、貸借対照表の資産の部の合計額（以下の留意点に気をつけてください。）を記載して下さい。

※資産の帳簿価額の総額欄の留意点
1. 貸借対照表に計上されている帳簿価額を用いて計算してください。
2. 減価償却資産・特別償却適用資産・圧縮記帳適用資産については、それぞれ対応する減価償却累計額・特別償却準備金・圧縮積立金等を控除した後の帳簿価額を用いてください（直接減額方式にあわせて計算します）。
3. 貸倒引当金・投資損失引当金等の評価性引当金については、資産の帳簿価額の総額・特定資産の帳簿価額の合計額から控除する前（引当前）の金額を記載してください。

第3章 ❷ 認定申請書の記載事例

別紙2の記載例

(別紙2)

認定中小企業者の常時使用する従業員の数及び特別子会社について

1　認定中小企業者が常時使用する従業員の数について

常時使用する従業員の数	贈与の時 (a)+(b)+(c)-(d) 　　　　　　　　　　　　　　100人
厚生年金保険の被保険者の数	(a)　　　　　　　　　　　　　95人
厚生年金保険の被保険者ではなく健康保険の被保険者である従業員の数	(b)　　　　　　　　　　　　　7人
厚生年金保険・健康保険のいずれの被保険者でもない従業員の数	(c)　　　　　　　　　　　　　1人
役員（使用人兼務役員を除く。）の数	(d)　　　　　　　　　　　　　3人

(a)欄には、厚生年金保険に加入している人数を記載してください。ただし、平均的な従業員と比して労働時間が4分の3に満たない短時間労働者などは含みません。

(b)欄には、厚生年金保険の加入対象外で健康保険のみに加入している人数を記載してください。（例：70歳以上の従業員または役員）

(c)欄には、社会保険加入対象外の常時使用する従業員数を記載して下さい。（例：75歳以上の従業員）ただし、平均的な従業員と比して労働時間が4分の3に満たない短時間労働者などは含みません。

(d)　欄には、(a)(b)または(e)(f)でカウントした方のうち役員の数を記載してください（申請会社にいる全役員の人数ではありません）。なお、役員とは、株式会社の場合には取締役、会計参与及び監査役を指しますが、使用人兼務役員の方は含みません。

2　相続の開始の時以後における特別子会社について

区分			特定特別子会社に　該当 / 非該当	
会社名			承継運送株式会社	
会社所在地			○○県△△市○○×-×	
主たる事業内容			運輸業	
資本金の額又は出資の総額			10,000,000 円	
総株主等議決権数			(a)	100 個
株主又は社員	氏名（会社名）	住所（会社所在地）	保有議決権数及びその割合	
	株式会社承継商事	○○県○○市○-○-○	(b)	100 個
			(b)/(a)	100%

- 相続開始の時以後に特別子会社が複数ある場合は、表を追加してそれぞれ記載してください。なお、特別子会社が特定特別子会社に該当するかどうかも記載してください。

- それぞれの定義は下記のとおりです。会社法上の子会社の定義とは異なりますのでご注意ください。

- 議決権を有する株主(持分会社の場合は社員)を、欄を追加するなどして全て記載して下さい。

- 相続の開始の時以後で、従業員数が一番多かった時点の従業員の数を記載して下さい。

特別子会社

次に掲げる者により、その総株主議決権数の過半数を保有される会社
　(1) 中小企業者
　(2) 代表者
　(3) 代表者の親族（配偶者、6親等内の血族及び3親等内の姻族）
　(4) 代表者と事実上婚姻関係にある者など特別の関係がある者
　(5) 次に掲げる会社
　　① (2)～(4)により総株主議決権数の過半数を保有されている会社
　　② (2)～(4)及びこれと(5)①の関係がある会社により総株主議決権数の過半数を保有されている会社
　　③ (2)～(4)及びこれと(5)①又は(5)②の関係がある会社により総株主議決権数の過半数を保有されている会社

特定特別子会社

次に掲げる者により、その総株主議決権数の過半数を保有される会社
　(1) 中小企業者
　(2) 代表者
　(3) 代表者と生計を一にする親族
　(4) 代表者と事実上婚姻関係にある者など特別の関係がある者
　(5) 次に掲げる会社
　　① (2)～(4)により総株主議決権数の過半数を保有されている会社
　　② (2)～(4)及びこれと(5)①の関係がある会社により総株主議決権数の過半数を保有されている会社
　　③ (2)～(4)及びこれと(5)①又は(5)②の関係がある会社により総株主議決権数の過半数を保有されている会社

著者略歴

【編著者】

平川　忠雄（ひらかわ　ただお）

　東京生まれ。中央大学経済学部卒業。日本税理士会連合会理事、同税制審議委員、東京税理士会常務理事、日本税務会計学会・学会長などを歴任。現在、中央大学経理研究所講師、日本税務研究センター研究員、日本税務会計学会・顧問、公的審議委員として経済産業省、中小企業庁、国土交通省、税制審議会、日本商工会議所、東京商工会議所の委員を務める。税理士法人平川会計パートナーズ・代表社員として、企業や個人に対するタックス・プランニングの指導などコンサルタント業務に従事。

　著書等：「居住用財産に係る税務の徹底解説」（税務研究会）「業種別で見る8％消費税」（税務研究会）、「相続税　修正申告と更正の請求の実務」（税務研究会）、「家事関連費を中心とした必要経費の実務」（税務研究会）、「平成30年度税制改正と実務の徹底対策」（日本法令）、「新税務調査手続の疑問と解答」（ぎょうせい）、「業種別　税務・会計実務処理マニュアル」（新日本法規）「企業組織再編税制の実務」（税務経理協会）、「取引相場のない株式の評価完全入門」（税務経理協会・共著）ほか多数。

■税理士法人　平川会計パートナーズ（千代田本部）

　　　　　〒101-0021　東京都千代田区外神田6丁目9番6号
　　　　　TEL　03（3836）0876　FAX　03（3836）0886
　　　　　http://www.hirakawa-tax.co.jp

【著者】

中島　孝一（なかじま　こういち）

　東京生まれ。現在、東京税理士会・会員相談室相談員、日本税務会計学会・副学会長、税理士法人平川会計パートナーズ・所属税理士。

　著書等：「居住用財産に係る税務の徹底解説」（税務研究会）「業種別で見る8％消費税」（税務研究会）、「相続税　修正申告と更正の請求の実務」（税務研究会）、「家事関連費を中心とした必要経費の実務」（税務研究会）、「平成30年度税制改正と実務の徹底対策」（日本法令・共著）、「法人税　税務証拠フォーム作成マニュアル」（日本法令・共著）、「新税務調査手続の疑問と解答」（ぎょうせい・共著）、「事業承継税制ナビ」（税務経理協会・共著）、「資産をめぐる複数税目の実務」（新日本法規・共著）、「租税基本判例80」（日本税務研究センター・共著）、「取引相場のない株式の評価完全入門」（税務経理協会・共著）他

■税理士法人　平川会計パートナーズ（千代田本部）

西野　道之助（にしの　みちのすけ）

　東京生まれ。中央大学経済学部卒業。現在、日本税務会計学会・委員、税理士法人平川会計パートナーズ・社員税理士。

　著書等：「居住用財産に係る税務の徹底解説」（税務研究会）「業種別で見る8％消費税」（税務研究会）、「相続税　修正申告と更正の請求の実務」（税務研究会）、「家事関連費を中心とした必要経費の実務」（税務研究会）、「平成30年度税制改正と実務の徹底対策」（日本法令・共著）、「資産をめぐる複数税目の実務」（新日本法規・共著）、「法人税　税務証拠フォーム作成マニュアル」（日本法令・共著）、「業種別　税務・会計実務処理マニュアル」（新日本法規）他

■税理士法人　平川会計パートナーズ（上野本社）

若山　寿裕（わかやま　としひろ）

東京生まれ。明治大学商学部卒業。現在、税理士法人平川会計パートナーズ・所属税理士。

著書等：「居住用財産に係る税務の徹底解説」（税務研究会）「家事関連費を中心とした必要経費の実務」（税務研究会）、「平成30年度税制改正と実務の徹底対策」（日本法令・共著）、「資産をめぐる複数税目の実務」（新日本法規・共著）、「税理士必携業種別税務ハンドブック」（ぎょうせい・共著）、「民事信託実務ハンドブック」（日本法令・共著）、「取引相場のない株式の評価完全入門」（税務経理協会・共著）他

■税理士法人　平川会計パートナーズ（上野本社）

本書の内容に関するご質問は、ファクシミリ等、文書で編集部宛にお願いいたします。(fax 03-6777-3483)
なお、個別のご相談は受け付けておりません。

「事業承継税制の特例」完全ガイド

平成30年11月10日　初版第1刷印刷
平成30年11月20日　初版第1刷発行

（著者承認検印省略）

Ⓒ 編著者　平　川　忠　雄
Ⓒ 著　者　中　島　孝　一
　　　　　西　野　道　之　助
　　　　　若　山　寿　裕

発行所　税務研究会出版局

週刊「税務通信」「経営財務」発行所

代表者　山　根　毅

郵便番号100-0005
東京都千代田区丸の内1-8-2
鉄鋼ビルディング
振替00160-3-76223

電話〔書籍編集〕　03(6777)3463
　　〔書店専用〕　03(6777)3466
　　〔書籍注文〕　03(6777)3450
　　〈お客さまサービスセンター〉

各事業所　電話番号一覧

北海道 011(221)8348　　神奈川 045(263)2822　　中　国 082(243)3720
東　北 022(222)3858　　中　部 052(261)0381　　九　州 092(721)0644
関　信 048(647)5544　　関　西 06(6943)2251

当社HP → https://www.zeiken.co.jp

乱丁・落丁の場合は、お取替え致します。　　印刷・製本　㈱光邦
ISBN978-4-7931-2402-0